KB274669

영국의 인도 통치 정책

영국의 인도 통치 정책

영국의 인도 통치 정책

조길태

The Humanities

15

민음사

머리말

근대 세계사의 전개 과정에서 볼 수 있는 하나의 뚜렷한 양상은 제국주의와 이에 저항하는 독립운동으로 나타났다. 서구 열강의 제국주의 세력은 아시아와 아프리카로 집요하게 진출하여 대부분의 국가들을 식민지로 만들어버렸고, 식민지로 전락한 이들 국가들은 자유와 독립을 쟁취하기 위해 끊임없이 투쟁하였다.

제국주의 열강의 대표적인 국가로는 영국을, 나라의 크기나 지배 기간 등으로 볼 때 식민지의 표본적인 국가로는 인도를 떠올리게 된다. 영국이 추진한 통치 정책은 제국주의 열강이 보여준 식민 통치의 전형이었고, 인도가 이에 맞서 전개한 민족주의 운동 내지 독립운동 또한 수많은 국가들이 보여준 독립운동의 모범이었다. 영국은 국가이익을 우선시하는 거대한 제국주의적 구도 속에서 정책의 일관성을 보이면서도 때로는 억압 정책을 때로는 회유 정책을 펴며 치밀하게 인도를 통치해나갔고, 인도 또한 지배자에 대한 협력과 저항을 교차해가며 독립의 길로 매진하였다.

인도의 민족주의 운동에 관해서는 이미 조그마한 책으로 정리하여 펴낸 바 있으므로 여기서는 영국이 인도에서 펼친 원대하고 치밀한 제국주의 정책과 함께 인도의 지배 과정에서 나타난 구체적인 사례를 살펴보고자 한다.

먼저 영국 동인도회사가 인도의 벵골 지방을 장악한 후 무차별적인 수탈을 자행했던 실상을 살펴보았다. 약 200년에 걸친 영국의 인도 지배를 "법의 지배에 입각한 평화와 질서가 보장되었던 통치"라고 아무리 찬양하는 사람이라도 초기 10여 년 동안 벵골 지방에서 저지른 무자비한 수탈에 대해서는 "유일하게 오점을 남긴 시대"로 인정할 수밖에 없다.

벵골 지방에 대한 대대적인 수탈 행위로 동인도회사 직원들은 영국에서 새로운 '벼락부자' 집단으로 성장해갔지만 동인도회사 자체의 이익은 크게 감소하는 기이한 현상이 나타났다. 이와 같은 동인도회사의 행태를 바로잡기 위해 영국의 정부와 의회가 개입한 것이 총독 정치의 시작이었다. 이 책의 앞부분에서는 총독 정치가 확립되어 가는 과정과 함께 원주민에게 가한 또 다른 억압 조치의 실상을 살펴보았다. 이는 영국의 의회정치 사상 가장 소란스러운 탄핵재판의 하나를 보여주기도 했다. 또한 이후 인도인들로부터 상당한 호평을 받기도 했던 세제(稅制) 개혁이 추진된 과정을 고찰했다.

영국의 복음주의와 공리주의의 영향을 받아 영어교육이 인도에 도입되었지만, 영국 정부의 진정한 의도는 인도 국민의 문맹 퇴치나 지적 수준의 향상이 아니라 인도 통치라는 원대한 제국주의적 이상의 실현이었다. 그 다음으로는 인도 국민으로부터 가장 긍정적인 반응을 불러왔던 자유민주주의적 개혁을 살펴보았다. 특히 지방자치제의 도입은 영국의 인도 통치에 있어서 가장 훌륭한 민주적 정책으로 평가받는 경향이 있다. 그것은 인도가 가난한 나라이면서도 오늘날 '세계에서 가장 큰 민주정치 국가'로서 모범을 보이고 있는 점을 고려할 때 더욱 그러하다. 인도에 지방자치제를 도입한 업적을 긍정적으로 인정하면서도 영국의 진정한 의도가 어디에 있었는가를 비판적으로 검토하고, 지방자치제의 도입과 인도국민회의의 창설을 영국 제국주의 정책의 원대한 이상과도 결부시켜 구명하고자 했다.

한국과 인도는 제국주의 열강의 지배 아래서 닮은꼴의 비극적 역사를 경험했다. 우리는 일본이 그 선배 격인 영국의 제국주의 정책을 존중하여 모방한 흔적을 수없이 발견할 수 있다. 이 책이 영국과 일본의 제국주의 정책을 비교하고 아울러 인도와 한국의 독립운동사를 비교, 연구하는 데 다소나마 도움이 될 수 있기를 소망할 따름이다.

출판계의 어려운 현실에도 불구하고 시장성을 기대하기 어려운 소외된 연구 분야의 이 책이 빛을 볼 수 있도록 특별히 배려해주신 민음사 박맹호 사장님과 박상순 주간님께 깊은 감사를 드린다. 또한 교정 작업에서 세세한 부분까지 지적하면서 도움을 준 양은영 씨에게도 더더욱 깊은 감사의 마음을 표한다.

2004년 2월

조길태(曺吉泰)

차례

1
영국의 인도 수탈 정책

일찍이 식민지 획득에 있어서 가장 성공적이었던 나라인 영국은 세계 도처에 많은 식민지를 경영하며 영광을 누려왔다. 영국이 다스려온 식민지는 대개 두 가지 유형으로 대별할 수 있다.

하나는 정착 식민지Settlement Colonies로서 대부분 온대 지방에 분포되어 있으며 그 대표적인 예로는 오스트레일리아, 미국, 캐나다 및 케이프 식민지 등을 들 수 있다. 이들 식민지는 새로운 생활 터전을 마련하려고, 혹은 종교적 자유를 찾아 본국에서 이주한 영국인들에 의해서 건설되었다. 때로는 원주민을 정복하여 그들을 희생시키고 자신들의 국가를 건설하기도 했지만 그보다는 원주민과 화합하여 신천지의 주인이 되는 쪽을 선호했으며 이런 지역에서는 대체로 원주민의 종교나 생활 습속이 그대로 온존되었다.

이와는 그 성격을 달리한 다른 하나는 착취 식민지Exploitation Colonies이다. 이 식민지군(群)은 주로 열대 지방에서 찾아볼 수 있으며 이집트, 열대 아프리카 및 말레이시아 식민지 등이 여기에 속한다.

이들 국가에는 대대적인 영국인의 이주가 없었으며, 또 혹서의 기후 때문에 백인들이 정착하기에는 부적당했다. 이들 지역에서 영국의 주요한 목적은 무역과 지하자원의 개발이었다. 때로는 모국의 이익을 위해 식민지의 희생을 돌보지 않았으며, 무력의 행사도 빈번하였다.

인도는 이 계열의 식민지 중에서도 다소 특징적인 차이점을 가지고 있다. 영국의 법조문이나 공문서에서는 인도를 식민지로 기재한 일이 없으며 언제나 대영제국에 의존하는 하나의 분리된 제국으로서 다루고 있다.[1] 주요 식민지는 합법적인 절차를 통해 식민 의회에서 안출한 정책을 정부가 추진하는 방식을 따랐으나 인도는 그러한 독립적인 주권을 소유하지 못했고 인도 총독은 영국의 인도상(印度相)의 지배를 받는 것이 일반적이었다. 인도에 대한 영국의 관심은 식민이나 선교 사업 등이 아닌 순전히 상업적인 이익의 획득에만 있었다. 그러나 모국의 영구적인 이권을 확보하기 위해서는 단순히 상업적인 문제뿐만 아니라 전 분야에 걸친 광범위한 통치가 요구되었다.

인도에서 영국이 하나의 유력한 세력으로 대두하여 자신들의 지배권을 확대해나가기 시작한 것은 18세기 중엽부터이다. 이후 약 200여 년간에 걸친 영국의 인도 지배가 양국 상호 간에 미친 영향은 어떤 것이었을까? 영국의 인도 통치를 두고 공과(功過)를 평가하는 데 있어서 학자들은 저마다 서로 다른 견해를 보이고 있다. 영국의 인도 지배를 긍정적으로 보는 측에 의하면 영국은 "수억의 국민에게 질서를 부여하고 성공적인 선정을 베풀어 인도와 영국 두 나라에 불멸의 표지를 남겼고,"[2] "자유와 공명정대함을 추구했으며 '자연'에 대한 투쟁을 인간에 대한 투쟁보다 더 일반적인 것으로 여겼다는 점"[3]이야

---

1) P. Reinsch, *Colonial Government*(New York, 1984), 22쪽.
2) A. Newton, *A Hundred Years of the British Empire*(London, 1980), 24쪽.
3) J. Williamson, *The British Empire and Commonwealth*(London, 1976), 389쪽.

말로 영국 통치사의 독특한 성격이라고 주장한다.

그러나 부정적인 견해를 가지고 있는 학자들은 극렬한 언사를 동원해 영국의 통치를 비판한다. "군인의 횡포에 의해서 강요된 상업적인 행위가 지상에서 가장 부유한 제국을 약탈과 빈곤 속으로 몰아넣었고, 동인도회사의 비인도적이고 탐욕스러우며 가혹한 요구는 인간을 지배하는 하나의 새로운 통치 형태를 창조했다."[4] "영국의 제국주의는 인도의 수탈을 기초로 하여 수립되었고, 이는 영국이 유럽 열강과 패권을 놓고 다투는 데 이루 헤아릴 수 없는 이점을 안겨주었다."[5]

'인도는 영국 제국주의라는 왕관에서 가장 찬란하게 빛나는 보석'이었다고들 말한다. 제국주의 국가로서 대영제국이 누렸던 영광은 식민지 인도를 떠나서는 생각할 수 없는 것이다. 인도는 영국이 유럽 열강 틈새에서 패권을 다투고 산업 발전을 이룩하는 데 큰 도움을 주었다. 영국의 자본주의적 제국주의는 인도의 착취에 근거하여 수립되었다. 18세기의 인도 약탈은 영국 산업자본주의의 발달을 가능하게 했던 재화 축적의 원천이었으며, 19세기에 인도는 영국 제조업자들을 위한 주요한 상품 시장이 되었다. 따라서 유럽 열강의 잉여 자본 투자와 더불어 본격적인 제국주의의 시대가 열리기 전에 이미 인도는 영국의 원료 공급지와 상품 시장으로 전락하여 고전적 식민지의 전형을 보여주고 있었다.

영국의 인도 통치 시기를 크게 나누어 생각해본다면 대폭동(세포이 항쟁, 1857~1858)을 기점으로 하여, 영국 동인도회사가 그들의 지배권을 꾸준히 강화해나간 전반기와 영국 국왕이 인도의 왕을 겸했던 후반의 직접 통치기로 구분할 수 있을 것이다.

인도에 대한 수탈의 역사를 1813년의 동인도회사 특허법과 관련지

---

4) G. Sanderson, *India and British Imperialism*(New York, 1991), 131쪽.

5) J. Beauchamp, *British Imperialism in India*(London, 1975), 11쪽.

어 그 이전의 동인도회사 독점 시대와 이후 독점이 철폐되고 영국의 산업 금융 자본이 인도를 공략했던 제국주의 시대로 구분해서 생각할 수 있다. 인도의 경제적 구조가 결정적으로 파괴된 것은 19세기의 일이라 하더라도 영국의 인도에 대한 경제적 수탈은 그 이전 시기에 극단적으로 진행되어 파국에 이르렀다. 이는 동인도회사가 대대적인 직접적 수탈을 자행한 결과였다.

로버트 클라이브(Robert Clive, 1725~1774)는 영국의 인도 지배를 구축하는 데 자타가 공인하는 제1의 공로자였다. 영국보다 스무 배나 큰 인도아대륙(印度亞大陸)을 식민지로 다스리는 발판을 마련함으로써 영국인에게 영광과 자부심을 안겨주었던 인물이지만, 반면에 인도인의 입장에서 보면 약 200년 동안이나 제국주의 지배 아래에서 겪어야 했던 비극적인 치욕의 역사로 통하는 문을 열어놓은 원한 깊은 인물이다.

여기서는 18세기 중엽 약 10년 동안에 걸친 클라이브의 벵골 지배 기간만을 고찰하기로 한다. 이 시기는 영국이 인도를 통치한 전 기간을 통틀어 가장 비인도적이고 무차별적인 수탈을 자행했던 때이므로, 당시 영국 동인도회사의 행태를 고찰함으로써 인도에 대한 영국 제국주의 지배의 한 단면을 엿보고자 한다.

1 플라시 전투와 동인도회사의 벵골 지배

인도를 고통과 빈곤의 나락으로 떨어뜨린 데 가장 큰 책임이 있는 인물인 클라이브는 벵골의 약탈과 노략질이 시작되던 해인 1757년에 당시 벵골 주도(州都)였던 무르시다바드를 방문했다. 그는 무르시다바드가 런던의 크기와 인구 및 부(富)에 필적할 뿐만 아니라 궁전도 유럽의 것보다 더 크고 주민들은 런던의 시민들보다도 더 부유한 생활을 하고 있는 것을 보았다.[6] 무르시다바드는 "분명 세계에서 가장 부유한 도시 가운데 하나임에 틀림없으며, 런던과 다른 점이 있다면 런던보다 더 크고 무한한 부를 소유한 개인들이 존재한다."[7]는 사실이다. 클라이브는 "인도는 그 주인들을 세계에서 가장 부유한 존재로 만들 만큼 무진장한 부를 간직한 나라"라고 보았고, 또 "벵골 지방은 지상의 낙원이라고 불리며 여분의 것으로도 인도의 다른 하나의 큰 지역에 공급하고 남을 만큼 생필품이 풍부할 뿐만 아니라, 매우 귀중한 재화들조차도 벵골 주민들이 사용하고 또 전 세계 사람들이 사용할 수 있을 만큼 풍부하다."[8]라고 말했다.

캘커타의 영국 동인도회사 참사위원이었던 할웰 J. Holwell은 원주민 지배자가 다스리는 벵골에 대해 언급하면서 "정말이지 이 행복한 주민들을 괴롭히는 것은 잔인한 짓일 것이다. 여기에서는 주민의 자유와 재산이 침해당하는 일이 없으며, 어떠한 도적 행위에 대해서도 공적(公的)으로나 사적으로 들은 바가 없다. 건전한 정책과 인도주의에 입각한 신중한 행정조직에 의해 부를 쌓은 고장인 다카는 구석구석 경작되지 아니한 곳이 없으며, 주민의 안락과 만족에 필수적인 모든 것이 풍족하다. 재판은 공평무사하게 이루어지고 있었다."[9]라고 묘사했다. 1656년과 1668년에 인도를 찾았던 버니어 Bernier는 벵골 지방의 비옥한 토지에 대해 기록하는 데 누구보다 적극적이었다. "이 집트가 어느 시대를 막론하고 세계에서 가장 훌륭하고 풍요로운 나

---

6) W. Durant, *Our Oriental Heritage*(New York : Simon & Schuster, 1984), 481쪽.

7) P. J. Marshall, *The Eighteenth Century in Indian History; Evolution or Revolution?* (Oxford University Press, 2003), 406쪽.

8) Lajpat Rai, *England's Debt to India*(New Delhi : Government of India, 1987), 24쪽.

9) Dadabhai Naoroji, *Poverty and Un-British Rule in India*(New Delhi : Government of India, 1982), 527~528쪽.

라로 묘사되고 있지만, 내가 두 차례 인도를 방문하여 얻은 지식은 나로 하여금 이집트보다 앞서는 곳이 벵골이라고 믿도록 만들고 있다."[10] 르넬 J. Rennell도 벵골을 이집트만큼이나 비옥한 곳으로 묘사했다. "토지가 풍요로워 개량하여 북돋우지 않더라도 부주의나 게으름 때문에 농사를 망치는 일이 없다."[11] 동인도회사 참사위원이었던 스크래프턴 L. Scrafton도 『힌두스탄 통치에 대한 반성』에서 "힌두스탄의 법은 압제에 대한 방벽으로서 현명하게 제정되어 있기에 세계 어디에도 더 잘 다스려지고 있는 곳이 드물다. 제조업과 상업과 농업은 계속하여 번영했으며 누구도 압제의 손길을 느끼지 못한다."[12]라고 기록했다.

벵골 지방의 번영에 관해서는 인도 사람이 아닌 서양 사람들이 당대 혹은 후대에 남긴 기록에서 얼마든지 찾아볼 수 있다. 영국의 유명한 역사가이며 정치가였던 매콜리(Thomas B. Macaulay, 1800~1859)는 동인도회사가 벵골 지방을 정복한 해인 1757년 당시 이 지방의 형편을 다음과 같이 묘사했다. "인도의 어느 지역도 농업과 상업에 있어서 벵골만 한 자연적 이점(利點)을 갖지 못했다. 무슬림 전제군주와 마라타 해적들의 횡포에도 불구하고 벵골은 동양 전체를 통틀어 에덴동산으로 알려져왔다. 벵골의 인구는 급격히 증가했다. 변방 지역들은 곡물이 넘쳐 번영을 누렸으며, 런던과 파리의 귀부인들은 벵골인들의 베틀로 짠 섬세한 면직물로 옷을 지어 입는다."[13]

---

10) Bernier, *Travels*, II, 181쪽.(N. K. Sinha, *The History of Bengal 1757~1905*, (Delhi, 1987), 20쪽에서 재인용.)

11) N. Sinha, 앞의 책, 20쪽.

12) Luke Scrafton, *Reflections on the Government of Hindoostan*(London, 1763), 12쪽. (S. N. Gupta, *British; the Magnificent Exploiters of India*(New Delhi, 1995), 16쪽에서 재인용.)

13) T. B. Macaulay, *Critical, Historical and Miscellaneous Essays*(Boston, 1989), 517쪽.

서구 자본주의 사회는 세계시장을 수립하고 거기에 근거하여 생산 체계를 강화하는 것을 목표로 삼아 집요하게 추진해나갔다. 영국 동인도회사의 원래 목표는 인도뿐만 아니라 동양 전체에 대한 무역 독점권을 확보하는 것이었다. 그들은 영국 제조업체들을 위한 시장을 탐색하는 데서 더 나아가 인도와 동양 여러 나라 사이에 상품의 원활한 공급로를 확보함으로써 영국과 유럽의 기존 시장과 연결하여 높은 이익을 창출하고자 했다.

절대주의 시대의 경제 정책은 중상주의(重商主義)였으며 중상주의의 핵심은 중금주의와 국내 산업 보호였다. 인도 상품을 구입하면서 그에 상응하여 팔 만한 상품이 없던 영국으로서는 귀금속과 교환할 수밖에 없었는데, 이는 중상주의적 관점에서 보면 영국 측에 대단히 우려스러운 불리한 현상이었다. 중상주의자들이 바라본 이상이란 부강한 국가였으며 이는 다른 나라들을 희생시키면서 자국의 부를 꾀하는 것을 의미했다. 중상주의자들이 말하는 국가의 번영이란 첫째 조밀한 인구, 둘째 전 국민의 고용에 있으며, "국민의 행복이란 비옥한 땅과 대규모의 주민, 그리고 이들 주민이 이익을 내는 무역에 완전 고용되는 데 있다."[14] 인구가 많으면 많을수록 국가의 무역 규모는 더욱 커지게 되며 따라서 무역이야말로 재화를 국내로 유입할 수 있는 수단이라는 점이 보편적으로 받아들여졌다.

영국 동인도회사는 엘리자베스 여왕의 특허장에 의해 설립된 후 수라트와 마드라스에 이어 1668년 캘커타의 북쪽 교외에 윌리엄 요새 Fort William를 건설했다. 1700년에는 사타나티 등 세 개 마을을 무굴제국의 왕자로부터 매입했으며, 곧 이어 캘커타는 별개의 행정구로 성장하여 대(對)벵골 무역의 중심지가 되었다. 영국과 인도 사이

---

14) P. J. Thomas, *Mercantilism and the East India Trade*(London, 1983), 74쪽.

에 평화적인 무역만이 이루어지던 동안에는 우호 관계가 유지될 수 있었지만 동인도회사가 캘커타에 축성을 추진하자 이는 궁극적으로 양측의 충돌을 불러왔다.

벵골 토후(土侯) 시라즈 웃 다울라Siraj ud Daulah는 1756년 6월 캘커타를 공격하여 동인도회사의 책임자 드레이크R. Drake 지사(知事)가 선상(船上)으로 피신한 상태에서 영국의 근거지를 함락시켰다. 이른바 '블랙홀의 참사'[15]가 마드라스에 전해지자 영국 동인도회사 측은 로버트 클라이브를 사령관으로 한 원정군을 보내 캘커타를 수복했다. 젊은 클라이브의 군사적 명성은 본국에까지 전해져 갈채를 받았다.

영국 동인도회사 측과 벵골 토후의 충돌은 잠시 소강상태에 들어갔으나 유럽에서의 정치적 분쟁이 인도아대륙에 당장 파급되었다. 7년전쟁(1756~1763)에서 영국과 프랑스가 직접 대결함에 따라 이는 곧바로 인도에까지 비화(飛火)하여 벵골에서 두 나라 동인도회사의 충돌을 불러일으켰다.

클라이브는 벵골에서 프랑스 세력을 물리치는 것이 매우 중요하다고 생각했다. 그는 인도에 서로 대립하는 유럽의 여러 세력들이 공존할 수는 없다고 판단했다. 시라즈 웃 다울라가 프랑스 세력을 공공연하게 옹호하는 상황에서 영국 측은 토후를 제거해버리는 방향으로 마음을 굳혔다. 프랑스 측으로 기운 토후는 "열 명의 수도승들은 한 이불 밑에서 잘 수 있지만 두 명의 왕이 한 나라를 다스릴 수는 없는 일이다."[16]라고 말하면서 영국의 세력 확장을 경계하며 적개심을

---

15) 영국인 146명을 '블랙홀 Black Hole'이라고 부르는 11평 남짓한 수비대 감옥에 가두었던 사건이다. 토후는 이들을 살려준다고 약속했으나 폭음 후에 잠들었다가 아침에 깨어나 옥문을 열어보니 123명이 사망해 있었다. 생존자인 참사위원 존 할웰은 토후 앞에 끌려나와 갖은 욕설과 모욕을 당했다.

공공연히 드러내고 있었다. 7년전쟁의 발발 소식을 이듬해 초에 전해 들은 클라이브는 윗슨 C. Watson 제독과 함께 프랑스의 근거지인 찬데르나고르를 공격하여 장악했다.

플라시 Plassey 전투를 전후하여 동인도회사 직원들 사이에서 도덕성이나 청렴성은 찾아볼 수 없었으며 오직 냉엄한 사리사욕만이 그들을 지배했다. 끊임없이 음모가 추진되었으며 야망과 탐욕 그리고 의심과 배신이 함께하고 있었다. 당사자는 클라이브 자신이었으며, 중간에서 양측을 연결하고 있던 인물은 벵골의 주도에 머물면서 모든 부정부패의 장본인이었던 워츠 W. Watts와 클라이브의 비서 스크래프턴이었다. 클라이브는 토후 측의 군사령관 자파르 Mir Jafar로부터 자신이 토후를 계승하는 조건으로 시라즈 웃 다울라를 축출하는 일을 돕겠다는 제의를 받았다. 자파르와 협상하는 데는 오미찬드 Omichand가 활약했다. 오미찬드는 클라이브의 전기작가들에 의해 시크교도 혹은 힌두로 기록되고 있는데,[17] 캘커타에 40여 년 동안 거주하면서 거상(巨商)으로 성장했고 또한 대지주로, 그것도 악덕지주로 이름난 인물이었다. 그는 영국인들과 초석을 거래했고 아편 거래를 독점하려고 시도했던 적도 있었으며 유럽으로 수출하는 인도 산물을 선적하는 일을 맡기도 했다.

오미찬드는 재빠른 관찰력, 재능, 책략, 기민성, 인내심, 부도덕성, 비굴, 탐욕, 변절의 마음을 한데 갖춘 인물이었다.[18] 오미찬드는 음모 사실을 토후 시라즈 웃 다울라에게 폭로하겠다고 위협했으며, 토후가 소유하고 있는 재화 가운데 5퍼센트 혹은 300만 루피의 배분을 요구

---

16) N. C. Chaudhuri, *Clive of India; A Political and Psychological Essay*(Bombay, 1996), 200쪽.

17) Mark Bence-Jones, *Clive of India*(London, 1994), 106쪽; A. J. Arbuthnot, *Lord Clive*(Delhi, 1988), 69쪽; N. C. Chaudhuri, 같은 책, 235쪽.

18) T. B. Macaulay, *Essays on Clive and Warren Hastings*(Delhi, 1988), 42쪽.

하면서 자파르와의 비밀 계약서에 이 조항을 넣어야 한다고 클라이브 측을 협박했다. 클라이브는 "지상에서 가장 지독한 악한"이라고 그를 비난했다.[19] 클라이브는 오미찬드의 요구 조건을 캘커타의 참사위원회에 회부했는데 여기에서는 불화 관계에 있던 윗슨 제독도 클라이브의 의견에 동의했다. 그들은 오미찬드의 요구를 거절했을 때 토후 시라즈 웃 다울라를 물러나게 하려는 계획이 위기에 봉착하게 될 것을 염려하여 동인도회사와 자파르가 서명할 협약서를 두 부 작성하기로 했다. 하나에는 오미찬드가 요구한 조항이 들어 있었고 또 다른 하나에는 이 조항이 삭제되어 있었다. 워츠는 캘커타와 무르시다바드를 왕래하면서 영국 측에서는 기독교의 성서를 두고 서명하고, 자파르는 『코란』과 아들의 머리에 손을 얹고 맹서한 협약서를 만들었다.[20]

클라이브는 자파르가 서명한 공수동맹(攻守同盟)의 협약문을 되돌려 받은 후 곧 진격을 개시했다. 클라이브의 병력은 3,200명인데 비해, 토후군은 5만에 달했다. 동인도회사의 병력 가운데 영국인은 900명뿐이었고 200명은 유라시아인, 나머지 2,100명은 인도인 용병(세포이)이었다. 클라이브의 군대에는 기병은 없고 대포 몇 문(門)이 있었을 뿐인데, 토후군은 53문의 대포를 가진 35,000명의 포병과 15,000명의 기병으로 구성되어 있었다. 또 토후군에는 찬데르나고르에서 활동 중이던 사오십 명의 프랑스인이 가담해 있었다.[21]

클라이브는 자파르로부터 확실한 정보를 전해 듣길 몹시 기대했으나 그가 보내온 내용은 한결같이 애매했다. 플라시로 진군하면서도 클라이브는 자파르로부터 전투에 합류하겠다는 확답을 얻지 못했다.

---

19) A. J. Arbuthnot, 앞의 책, 69~70쪽; N. C. Chaudhuri, 앞의 책, 233쪽.
20) R. A. Huttenback, *The British Imperial Experience*(New York, 1996), 5쪽.
21) A. J. Arbuthnot, 앞의 책, 76~78쪽; N. C. Chaudhuri, 앞의 책, 246쪽.

클라이브는 1757년 6월 23일 아침 자파르에게 서한을 보내 "당신과 합류하기 위해 나아가고 있다. 그러나 만약 당신이 이에 응하지 않는다면, 안됐지만 내가 토후와 화해해도 이해하라."[22]라고 사실상 최후통첩을 보냈다.

토후가 가장 신뢰했던 마단Mir Madan 장군의 전사로 토후군의 사기는 땅에 떨어졌으며, 이후 토후는 이미 배신해버린 사람들의 조언에 귀를 기울이는 형국이었다. 영국군의 용기와 훈련 또한 승리의 요인이었지만 플라시 전투에서는 근접하여 싸운 적도 없었다. 자파르가 지휘하는 군대는 영국군에 맞서 싸울 뜻이 없었다. 토후는 전쟁을 치러본 경험이 없었으며 가지고 있던 대포 53문 가운데 41문은 단 한 발도 쏘아보지 못했다. 토후군이 철수를 시작한 후에야 클라이브는 자파르로부터 아침의 서신에 대한 회답을 받았다.[23]

플라시 전투의 결과로 영국 측은 세포이 사망자 14명에 부상자 36명 그리고 유럽인 사망자 4명에 부상자 9명으로서 총 60여명의 사상자를 낸 데 비해, 토후군의 사상자는 약 500명에 이르렀다.[24]

플라시 전투는 그 병력의 규모에도 불구하고 채 하루도 가지 못한 보잘것없는 싸움이었다. 아침에 전투가 시작되어 오후에 영국군의 승리가 결정 났다. 플라시 전투는 "전투라기보다는 일종의 오합지졸의 모임"[25]이었고 "단순한 소규모의 충돌에 불과했으며,"[26] "포성(砲聲)"[27]이상의 것은 아니었다고 묘사되기도 했다.

22) N.C. Chaudhuri, 앞의 책, 246~247쪽.

23) N. Sinha, 앞의 책, 6쪽.

24) Mark Bence-Jones, 앞의 책, 142쪽 ; N. C. Chaudhuri, 앞의 책, 246쪽 ; A. J. Arbuthnot, 앞의 책, 82~83쪽.

25) P. Roberts, *History of British India*(Oxford, 1982), 140쪽.

26) R. C. Majumdar, *An Advanced History of India*(London, 1986), 665쪽.

27) V. Smith, *The Oxford History of India*(Oxford University Press, 1985), 468쪽.

전투가 진행되는 동안에 자파르가 보여주었던 소극적이고 애매한 태도에도 불구하고 클라이브는 그를 신뢰하기로 하고 토후 자리에 앉혔다. 시라즈 웃 다울라는 변장하고 도주하다가 붙잡혀 자파르 앞에 끌려왔다. 그는 공포에 사로잡혀 눈물과 울음으로 애걸했지만 자파르가 망설이고 있을 때 열여덟 살 난 자파르의 아들 손에 살해되었다.[28]

플라시 전투의 승리에도 불구하고 동인도회사의 캘커타 참사위원회는 이 사건이 기껏해야 사소한 상업적 문제를 해결하는 데 도움을 줄 것이라는 정도로 생각했다. 전투가 끝난 후 동인도회사는 "이 승리가 우리의 우의와 동맹을 굳건히 하고 우리의 교역을 가장 안전한 바탕 위에서 수행할 수 있도록 하며, 또 앞으로는 토후의 지방정부가 이 지역에서 프랑스 세력이 다시 발붙이는 것을 막는 데 최상의 방책"[29]이 되어주기를 희망했다. 그러나 그들의 간섭과 플라시 전투의 결과는 그들이 기대하고 희망했던 수준에만 머물지 않았다.

플라시 전투는 영령인도사(英領印度史)에 있어서 획기적인 사건이었다. 프랑스 세력이 인도에서 거세되었고, 영국이 이제 단독으로 인도 무역에서 인도 경영으로 나아가는 계기가 되었으며, 벵골뿐만 아니라 전 인도를 지배하게 되는 첫 발판이 되었다. 영국은 종래의 평화적 무역만을 추구하던 소극적인 태도에서 한 발자국 나아가, 자신들의 상업적 이익을 확보하기 위해서는 인도의 원주민 세력과 실력으로 대결한다는 적극적인 강경책을 취하기 시작했다.

인도 역사상 보기 드문 광대한 판도를 장악했던 무굴제국은 아우랑제브 Aurangzeb 황제의 사망과 더불어 급격히 약화되었다. 거대한 무굴제국이 서로 각축하는 수많은 후계 정치 세력으로 분열되면서

---

28) T. B. Macaulay, *Essays on Clive and Warren Hastings*, 49, 53쪽.
29) N. C. Chaudhuri, 앞의 책, 255~256쪽.

나타난 심각한 정치적, 사회적 불안은 영국 동인도회사의 무역 활동을 위협했다. 이러자 영국은 직접 인도의 정치적 지배자가 되는 방향으로 나아가기로 마음먹었다.[30] 플라시 전투를 계기로 영국은 인도와의 관계에 있어서 회유책과 억압책을 그들의 실리와 그때그때의 정세에 따라 교차적으로 사용해나갔다. 영국의 인도 지배의 역사는 플라시 전투와 함께 시작되었다.

영국의 상업 부르주아지는 모든 힘을 외국 무역에 집중함으로써 그들의 재부와 영향력을 표출하기 시작했다. 15년 동안의 특허 기간이 명시되어 있었던 동인도회사가 '한시적'이 아닌 '영속적'인 주식회사로 자리 잡기까지는 오랜 시일이 소요되었다. 크롬웰O. Cromwell의 특허장에 의해 동인도회사는 마침내 하나의 영속적인 주식회사로 인정받았다. 동인도회사의 운영은 최초의 특허장에서와 마찬가지로 회장, 부회장 및 24명의 임원들로 구성된 이사회가 맡았다. 첫 특허장에는 그들의 주식 보유 자격에 관한 언급이 없었으나 1628년에 가면 1,000파운드에서 4,000파운드까지 제한했으며, 1698년 이후에는 2,000파운드로 하향 조정되었다.[31]

값싸고 질 좋은 인도산 옥양목이 대량으로 유입됨에 따라 영국의 직물 공업은 큰 타격을 입게 되었다. 국산품 애용이라는 애국심이 항상 발동하는 것은 아니며 어느 때고 또 어느 나라에서고 소비자들은 가장 값싼 시장에서 상품을 구입하기 마련이다. 영국 국민들은 대체로 영국산의 3분의 1 혹은 때로는 6분의 1 가격으로 인도의 면직물과 견직물을 구입할 수 있었다.[32]

---

30) P. J. Marshall, *The Eighteenth Century in Indian History*(Oxford University Press, 2003), 63쪽.

31) Lucys Sutherland, *East India Company in 18th Century Politics*(Oxford, 1992), 7쪽.

32) P. Thomas, 앞의 책, 51쪽.

인도의 면직물이 영국으로 수입되어 광범하게 시판된 것은 영국의 직물 산업을 파괴했을 뿐만 아니라 외국 무역을 위축시키는 결과를 가져왔다. 토머스 로T. Roe가 "유럽은 출혈하며 수출함으로써 아시아를 부유하게 만들고 있다."[33]라고 말했던 것은 동인도회사의 대(對)동양 무역이 시작된 이후 지속적으로 엄청난 양의 값싸고 질 좋은 인도산 면직물과 향료 등이 영국으로 유입되었기 때문이었다. 윌리엄 3세 때 영국 의회는 법률로 이의 수입을 금지했으며 이러한 제재는 더욱 강화되어 이런 물품을 소유하거나 착용하는 사람에게는 200파운드의 벌금을 부과했다.[34] 그 후에도 영국 직물업자들의 비탄 어린 목소리와 압력에 영향을 받아 똑같은 법규들이 제정되었으며 동인도회사는 유럽 대륙으로 재수출한다는 조건 아래서만 동양으로부터 직물을 수입해 들일 수 있었다.

18세기 후반 들어 자행된 인도 약탈에 힘입어 근대 영국은 발전했다. 영국은 농업 위주 국가였으며 단지 모직물 산업이 발달했을 뿐이었다. 산업자본주의로 나아가기 위한 산업적 토대는 어느 정도 마련되어 있었지만 산업자본주의 단계로 도약하기 위해서는 당시 영국의 경제적 수준보다는 더 큰 규모의 자본축적이 요구되었다. 플라시 전투에서 동인도회사가 거둔 승리는 영국에 이러한 자본축적의 길을 열어주는 신호탄이었다.

플라시 전투 이후에 영국의 인도 수탈이 대대적이고도 무차별적으로 자행되었다는 점에는 의문의 여지가 없지만, 인도의 역사가들 특히 사회주의 학자들 사이에서는 이때의 수탈을 근거로 하여 영국의

---

33) S. Bhattacharya, *The East India Company and the Economy of Bengal*(Calcutta, 1989), 214쪽.

34) A. Lyall, *The Rise and Expansion of the British Dominion in India*(London, 1987), 398쪽.

산업혁명이 일어날 수 있었다는 주장이 강하게 대두되고 있다.[35] 이들에 따르면 플라시 전투를 계기로 벵골을 장악한 후 영국에서는 산업혁명을 예고하는 일련의 큰 발명들이 이루어졌다. 인력(人力) 대신에 동력과 기계를 이용함으로써 생산 부문에 엄청난 변혁을 불러온 것을 산업혁명이라고 규정한다면, 분명히 1760년대에 하그리브스 J. Hargreaves의 다축방적기(多軸紡績機)와 와트 J. Watt의 증기기관, 그리고 아크라이트 R. Arkwright의 수력방적기(水力紡績機) 발명으로 영국 직물 공업에 혁명적인 변혁이 일어났으며 또한 이때에 스미턴 J. Smeaton이 용광로를 발명함으로써 산업혁명의 발걸음을 가속화시켰던 것이 사실이다.

소리 없이 조용하게 진행되어온 산업혁명이 언제 시작되었느냐 하는 문제는 학자들 사이에 의견의 일치를 보지 못하고 있는 부분이다. '산업혁명'이란 용어를 처음으로 만들어 사용했고 이 방면의 고전적인 저서 『산업혁명사』를 남긴 아널드 토인비 A. Toynbee를 비롯한 대부분의 학자들이 산업혁명의 시작을 1760년대로 보고 있으며 혹은 10년쯤 늦추어 계산하는 것이 일반적인 견해이다. 문제는 영국의 산업혁명이 플라시 전투 이후에 일어난 인도의 착취에서 비롯되었다고 단정할 수 있느냐 하는 것이다. 이 무렵 직물 공업에 획기적인 진전을 불러온 발명품들이 출현한 것은 사실이지만, 이를 훨씬 이전부터 꾸준히 진행되어온 일련의 발명들의 연장 선상에 놓고 생각해볼 수도 있는 것이다.

산업혁명을 예고하는 일련의 새로운 발명품들의 출현은 몇몇 과학기술 천재들에 의해서만 가능했던 것이 아니다. 발명품들을 대대적으로 이용하기 위한 필수조건으로서의 충분한 자본축적 또한 요구되었

---

35) R. Palme Dutt, *India Today and Tomorrow*(Delhi, 1975), 45쪽.

다. 이러한 자본축적에는 1694년에 설립된 영국은행 Bank of England
이 상당한 역할을 했다. 인도 사회주의 학자들은 마르크스의 이론을
빌려 근대 세계의 기본적인 자본축적은 초기 부르주아 계급의 성장
과 그 발전 단계에서와 마찬가지로 무엇보다도 중남미로부터의 귀금
속의 유입과 노예무역, 그리고 인도의 약탈에서 비롯되었다고 주장한
다. 18세기 후반 영국의 갑작스러운 대규모 자본축적은 특히 인도의
착취에 기인하는 바가 크며, 따라서 인도의 약탈이야말로 영국 산업
혁명을 가능하게 했던 가장 중요한 요인이라는 것이다.[36]

미국혁명 시대에 살았던 애덤스 B. Adams는 인도에서 유입된 자본
이 영국의 산업혁명을 촉진시키는 결정적인 계기가 되었음을 강조했
다. "인도의 재화가 유입되어 영국의 화폐자본 형성에 크게 도움을
줌으로써 영국의 주식시장에 활기를 불어넣었을 뿐만 아니라 산업
활동에 탄력성과 속도감을 부여했다. 플라시 전투 직후부터 벵골의
약탈물이 런던에 흘러들기 시작했으며, 그 효과는 즉각적으로 나타났
다. 인도의 재화가 유입되고 그에 뒤따른 금융 신용의 확대가 이루어
지기 전에는 산업혁명의 목표를 추진하기에 충분한 어떤 힘도 존재
하지 않았다. 만약 제임스 와트가 반세기 전에 살았더라면 그와 그의
발명품은 이름도 없이 사장되고 말았을 것임에 틀림없다."[37]

인도 근무를 지냈고 정치인이었던 딕비 W. Digby는 "영국 산업이
최고의 자리를 차지할 수 있었던 원인은 벵골과 남인도 카르나타카
의 광범한 재화를 이용할 수 있었던 데 있다. 인도의 재화가 영국으
로 유출되기 시작한 것과 때맞춰 영국 산업이 융성한 것은 우연이
아니다. 영국의 무한한 번영은 그 기원을 거슬러 올라가 보면 18세기
중엽 이후 인도와의 관계에서부터 출발한다."[38]라고 기술했다.

---

36) 같은 책, 46쪽.
37) B. Adams, *The Law of Civilization and Decay*(New York, 1943), 297쪽.

26

인도의 재화 유출이 영국 산업혁명의 전개에 직접적인 영향을 주었느냐 하는 문제는 논란의 여지가 있지만 플라시 전투 이후 영국의 인도에 대한 수탈은 본격적으로 자행되었다. 때를 같이하여 영국의 산업혁명이 본격적으로 추진되었으며 초기 산업혁명은 직물 공업의 발전에 다름 아니었다는 점을 생각하면 이는 인도와 결코 무관할 수 없다. 영국의 직물 공업은 인도의 재화와 목화를 기반으로 하여 발전했다. 미국의 독립운동으로 인한 관계 악화로 영국은 목화의 수입을 미국이 아닌 인도에 거의 전적으로 의존할 수밖에 없는 상황이었다. 인도의 면직물 수입을 억제하면서 산업혁명을 통해 생산비를 절감함으로써 영국의 값싼 면직물이 오히려 인도로 역수출되었고 그 결과 세계 최고의 위상을 자랑했던 인도의 면직물 공업은 비참하게 무너지는 운명을 맞게 되었다.

2 클라이브와 수탈 행위

1707년 황제 아우랑제브의 사망은 무굴제국의 붕괴를 촉진시켰으며, 벵골 지방의 쇠퇴도 거의 같은 시기에 나타났다. 1700년부터 1756년까지, 즉 무르시드 쿨리 칸으로부터 알리 바르디 칸까지 네 명의 토후가 다스렸던 기간은 매콜리가 표현한 바와 같이 호사스런 생활의 연속이었다. "벵골 토후들은 한적한 궁전에서 대마(大麻)를 씹고 첩들이나 애무하면서 광대놀음을 즐기는 나태하고 방탕한 생활에 빠져" 세월을 보냈으며, "플라시 전투는 이후 연속해서 일어난 악(惡)의 시작을 의미하는 신의 심판"[39]이었다. 플라시 전투는 벵골 지방에 대한

---

38) W. Digby, *Prosperous British India; A Revelation from Official Records*(London, 1971), 30~31쪽.

동인도회사의 무차별적인 착취의 시작이었으며 이는 또한 약 200년
에 걸친 영국 제국주의 지배의 길을 열어 젖힌 사건이었다.

플라시 전투 이후 클라이브의 공식적인 지위는 영국 동인도회사
캘커타 특별위원회의 한 구성원에 불과했으며, 그가 벵골 지방의 동
인도회사 문제를 다루는 공식적 우두머리인 참사위원회 의장이 된
것은 1758년 6월이었다. 물론 그 동안에도 클라이브는 벵골 지방의
화전(和戰) 문제에 있어서 전권을 행사했으며 실제적인 독재자로서
그의 행동에 사실상 제한은 없었다. 이제 그는 인도에서 동인도회사
세력의 근거지인 벵골 지방의 행정 및 군사적 수장(首長)인 벵골 지
사가 되었다.

벵골 토후 자파르는 영국의 경쟁 세력인 프랑스인들이 어느 곳에
도 정착하는 것을 허용치 않겠다고 약속했으며, "영국의 적은 인도인
이건 유럽인이건 간에 나의 적이다."[40]라고 다짐했다. 자파르가 지불
하기로 약속한 금액은 약 250만 파운드(2,050만 루피)가량이었는데 클
라이브와 함께 찾은 무르시다바드의 금고에는 150만 파운드도 남아
있지 않았다. 클라이브는 당장은 약정액의 절반만 챙기는 것으로 만
족할 수밖에 없었고 이 액수도 3분의 2는 현금으로, 나머지 3분의 1은
귀금속으로 받았으며, 원래 약정한 액수의 나머지 절반은 자파르가 3년
동안 분할하여 갚기로 했다.[41]

한편 클라이브와 자파르 사이의 밀약을 중재했던 오미찬드는 "계
략이었으므로 한 푼도 지불할 수 없다."라는 클라이브의 충격적인 말
을 듣고 실의에 빠져 죽었다.[42] 참사위원회는 오미찬드 문제를 놓고

---

39) T. B. Macaulay, *Essays on Clive and Warren Hastings*, 13쪽.
40) N. Sinha, 앞의 책, 24쪽.
41) A. J. Arbuthnot, 앞의 책, 87~88쪽.
42) 같은 책, 87~88쪽 ; T. B. Macaulay, *Essays on Clive and Warren Hastings*, 50쪽.

망설였지만 클라이브는 단호하게 거부하는 태도를 보였다. 물론 변절자는 오미찬드가 아니라 클라이브라는, 인도인이 쓴 『클라이브 전기』도 있다. 오미찬드는 인도에서 사라졌지만 오히려 영국 윤리학자들 사이에서 클라이브의 악랄한 행위의 순교자로서 명성을 얻었고, 그 이름은 한 세기가 지난 후에 인도로 역수출되어 인도 민족주의자들이 클라이브와 대영제국을 후려칠 때 사용하는 지팡이가 되기도 했다. 벵골어로 쓴 『날조범 클라이브 *Jaliat Clive*』라는 전기가 출판되기도 했다.[43]

매콜리는 영국 동인도회사가 벵골을 지배하기 시작한 당대에 살았던 존 애덤스 J. Adams 미국 대통령의 동생인 브룩스 애덤스의 증언보다 더 좋은 자료가 있을 수 없다고 말하면서 플라시 전투 이후에 일어난 사태에 대해 다음과 같이 기록했다.

재물의 소나기가 동인도회사와 그 직원들에게 쏟아져 내렸다. 은화 80만 파운드가 무르시다바드로부터 캘커타로 강을 따라 보내졌다. 이 재화를 운반하는 선단은 백여 척으로 구성되었다. 클라이브로 말하면 스스로 자제하지 않는 한 재화를 획득하는 데 한도가 없었다. 벵골의 재화는 그에게 모든 문을 열어둔 채였다. 클라이브는 산더미처럼 쌓인 금과 은 사이를 거닐고 루비와 다이아몬드의 왕관을 썼으며 모든 것이 그의 마음대로였다. 그는 20만 내지 30만 파운드를 받아 챙겼다.[44]

아무튼 1757년 말 무르시다바드의 자파르가 보낸 80만 파운드를 실은 보물선이 도착하자 캘커타의 동인도회사 '바보들 dunderheads'은 열광했다.[45] 자파르가 지불하기로 약속한 액수 이외에도 클라이브

---

43) N. C. Chaudhuri, 앞의 책, 259~260쪽.
44) T. B. Macaulay, *Essays on Clive and Warren Hastings*, 54쪽.

를 비롯한 참사위원 및 군 지휘관들이 개인적인 예물이란 이름으로 받은 액수는 엄청난 것이었다. 이렇게 수수한 예물은 말년의 클라이브를 곤경에 빠뜨린 요인이기도 했다. 1773년 영국 의회의 특별위원회가 작성한 보고서에 제시된 목록을 보면 1757년부터 1766년까지 클라이브와 동인도회사 직원들이 토후와 원주민으로부터 받은 액수는 대략 다음과 같다.[46]

로저 드레이크(윌리엄 요새 지사)   280,000Rs.(£31,500)

로버트 클라이브(벵골 지사 및 군사령관)   2,080,000(234,000)

윌리엄 워츠(참사위원)   1,040,000(117,000)

제임스 킬패트릭(소령, 클라이브의 참모)   540,000(60,750)

찰스 매닝엄(참사위원)   240,000(27,000)

리처드 베커(참사위원)   240,000(27,000)

참사위원 여섯 명(각각 10만 루피씩)   600,000(68,200)

존 월시(클라이브의 밀사)   500,000(56,250)

루크 스크래프턴(참사위원)   200,000(22,500)

헨리 러싱턴   50,000(5,625)

그랜트   100,000(11,250)

몇 사람의 군 지휘관에게 예물로 주어진 것은 여기에 포함되지 않았으며, 육해군 모든 장병에게 고루 나누어주기 위해 500만 루피(약 60만 파운드)를 벵골 토후가 지불했다. 이때 클라이브의 몫으로 20만 루피가 배정되었으나 이 액수는 위의 도표에 나타난 총액에 포함되었다.

---

45) Karl Marx, *Notes on Indian History 664~1858*(Moscow: Progress Publishers, 1993), 66쪽.
46) N. C. Chaudhuri, 앞의 책, 261쪽.

동인도회사의 앞잡이로 벵골 토후 자리에 오른 자파르는 회사 측에 벵골, 비하르, 오리사, 즉 사실상 인도의 북동부 지역 대부분에 대한 무역 특권을 인정했다. 자파르는 후글리 강 하류로는 새로이 성을 쌓지 않을 것이며, 영국군의 지원을 요청할 때는 그 유지비를 부담하겠다고 약속했다. 그러한 약속 외에도 토후는 동인도회사와 그 군대의 유지비 등을 지원한다는 명목으로 1,238,575파운드를 지불했는데 그 가운데 클라이브는 31,500파운드를 착복했다.[47]

클라이브에게는 엄청난 예물 이외에도 '자기르jagir'의 특권이 부여되었다. 클라이브가 파트나로부터 캘커타로 돌아오는 길에 벵골 토후의 근거지인 무르시다바드에 이르렀을 때 그는 자파르로부터 비단 가방을 넘겨받았다. 나중에 클라이브는 가방을 열어보지도 않았고 거기에 무엇이 들어 있었는지 몰랐다고 증언했지만 가방 안의 문서는 해마다 30만 루피(27,000파운드)의 수입을 보장하는 자기르의 특권을 인정하는 것이었다. 클라이브 자신은 종종 말했듯이 "요구하지도 않았고 물론 생각지도 않았던 것이었지만" 이 자기르의 특권은 클라이브를 영국에서 가장 많은 수입을 올리는 사람의 하나로 만들어버렸다.[48]

자기르는 어떤 토지에서 나온 수입을 군주가 지정한 특정인에게 지급하는 것을 말한다. 자기르는 대체로 군 지휘관에게 임무를 원활히 수행할 수 있도록 부여되는 것이었다. 많은 군사를 일으키고 이를 유지하기 위해서는 자금이 필요하기 때문이었다. 군대는 적게는 스무 명에서 많게는 7,000여 명에 이르렀으므로 이에 대해 지휘관은 해마다 1,000루피에서 많은 경우 35만 루피의 수입을 보장받았다. 많은 군사를 유지하는 지휘관은 대개 국가의 주요한 위치에 있는 관리이기

---

47) Romesh Dutt, *The Economic History of India under Early British India 1757~1837* (Delhi, 1987), 22쪽.
48) Mark Bence-Jones, 앞의 책, 173쪽.

마련이었다.

클라이브에 의해 벵골 토후 자리에 오른 자파르는 1757년 말부터 클라이브에게 자기르를 인정하겠다고 전해왔다. 벵골 토후가 부여하는 것이었지만 공식적으로는 델리의 무굴 황제의 명령으로 6,000명의 보병과 5,000마리의 말을 거느리는 지휘관인 유럽인 '클라이브 대령'에게 인정된 것이었다. 특혜는 캘커타 동인도회사의 지사 및 참사위원회에 보낸 명령서에 의해 수행되었는데, 지정된 토지의 지대(地代)를 참사위원회에 지불하는 것이 아니라 지사 즉 클라이브 개인에게 지불하는 방식이었다. 클라이브는 자신의 입장을 떳떳하게 가져가기 위해 수입의 일부를 500명의 유럽인 군사 유지비로 부담하겠다는 제의를 하기도 했지만 실행되지는 않았다.[49]

클라이브는 동인도회사 직원들의 기강 해이와 과도한 사무역(私貿易)에 따른 폐해를 인식하고 그 해결책은 결국 정부의 개입이라고 보았던 듯하다. 영국 정부가 인도를 직접 통치하게 된 것이 대폭동(세포이 항쟁) 이후라는 점을 생각하면 클라이브는 한 세기를 미리 내다본 셈이다. 클라이브는 1758년 말과 이듬해 초에 각각 일주일 간격으로 런던의 동인도회사 이사회 의장 설리번 L. Sulivan과 영국 의회 및 국민 여론에 커다란 영향력을 미치고 있던 대(大)피트 William Pitt에게 보낸 서한에서 자신의 의견을 개진했다.

설리번에게는 일반적인 정책에 관하여 "인도에서의 모든 것은 원칙이 지켜져야 하며 코로만델 해안보다 벵골 지방이 우선되어야 한다."라고 강조했고, 피트에게는 보다 구체적이고 명료한 정책을 제시했다. 그는 "이곳에서 영국 군대가 달성한 위대한 혁명과 그에 뒤따른 조약 체결에 의해 동인도회사에 굴러 들어온 엄청난 이익은 국민

---

49) J. Beauchamp, *British Imperialism in India*(London, 1935), 19쪽 ; Mark Bence-
Jones, 앞의 책, 173~174쪽.

의 관심을 이끌어냈다."라는 점을 지적하면서 "그러나 이 넓은 지역을 통치한다는 것은 하나의 상업 회사에게는 너무나 방대한 일이기에 국가의 도움 없이는 그렇게 넓은 지배 영역을 스스로 유지하기 어렵지 않을까 우려된다."라고 말했다. "이 부유하고 번영하는 왕국은 불과 2,000명의 소규모 유럽인 병사들만으로 완전히 제압할 수 있으며, 거기에서 나온 수입의 5분의 1을 무굴 황실에 지불하는 조건만으로 충분히 무마할 수 있다."라고 클라이브는 주장했다.[50] 이 계획이야말로 모국의 재화를 유출시키지 않고도 실행에 옮길 수 있는 현명한 생각이라고 그는 강조했다. 그는 쇠퇴 일로에 있는 델리의 무굴 황실은 캘커타의 동인도회사로부터 정기적으로 돈을 지급받게 된다면 행복해할 것이라고 덧붙였다. 클라이브는 '공익을 위한 제의'에 대해 대(大)피트의 특별한 배려를 희망했지만 물론 이는 동인도회사 이사회 전체의 견해와는 상반되는 것임엔 말할 것도 없거니와 그의 사임과도 무관하지 않았다.

클라이브는 1760년 귀국 길에 올랐다. 그는 이상하게도 플라시 승리 후 불과 한 달여 만에 절친한 사이였던 참사위원 옴 R. Orme에게 서한을 보내 "영국으로 떠나기 전에 모든 일이 굳건하게 해결되기만을 바랐다."[51]라면서 귀국 의사를 밝히기도 했다. 그가 인도에서 근무하다가 귀국한 것은 1753년에 이어 두 번째였다.

로버트 클라이브는 잉글랜드 중서부 슈롭셔의 스티츠에서 태어났다. 결코 부유하지 못한 가정에서 자라난 그는 1743년 18세로 마드라스의 동인도회사 서기(書記)에 임명될 때까지 헤멀헴프스터드에서 교육받았다. 그때의 서기는 훗날의 주재관(駐在官)과는 달리 단순히 상점의 점원 직이었다. 클라이브는 이 생활을 참을 수 없었다. 그는

---

50) A. J. Arbuthnot, 앞의 책, 115∼118쪽 ; N. C. Chaudhuri, 앞의 책, 285∼287쪽.
51) N. C. Chaudhuri, 앞의 책, 294쪽.

권총 자살을 시도했으나 격발되지 않아 실패했다. 곧바로 들어온 친구가 쏘았을 때는 격발되었기에 클라이브는 "분명 나는 무언가 큰일을 위해 남겨진 사람이다. 왜냐하면 두 번이나 피스톨을 내 머리에 발사했으나 격발되지 않았기 때문이다."[52]라고 말하곤 했다.

영국과 프랑스 간에 충돌이 일어나자 클라이브는 여기에 투입되었으며 항상 공격대를 자원했던 클라이브의 용감성이 로렌스S. Lawrence 소령의 눈에 띄었다. 클라이브 대위는 카르나타카의 수도 아르코트를 장악하는 데 전공을 세움으로써 크게 이름을 날리게 되었다.

클라이브는 1753년 2월 마드라스에서 마거릿 Margaret Maskelyne 과 결혼한 후 곧 귀국 길에 올랐다. 그의 공적에 대해 런던은 성대한 환영연을 베풀어 대위인 그를 '클라이브 장군'이라고 환호하면서 500파운드 값어치의 다이아몬드가 박힌 칼을 공훈의 징표로 수여했다. 그는 인도에서 가져온 돈으로 금전상의 어려움에 처해 있던 부친을 구하고, 저당 잡혀 있던 가족의 토지를 되찾을 수 있었다.[53] 그는 자신을 과시하기를 좋아했고 런던의 환영연 분위기에 들떴다. 클라이브는 국회의원에 출마했으나 낙선했다. 돈을 다 써버리고 또 공직자가 되는 것도 실패하자, 그는 인도의 재임용에 지원했고 마드라스의 세인트데이비드 성(城) 부지사로 임명되어 1755년 초 다시 인도로 출발했다.

플라시 전투 이후 벵골 지사로 활약하던 클라이브가 1760년 가을 두 번째로 귀국하여 런던에 도착하자 성대한 환영이 또다시 그를 맞이했다. 플라시 전투의 영웅을 환영하는 연회는 몇 년 전 아르코트 전투의 영웅을 맞이할 때의 환영연보다 훨씬 성대했다. 클라이브는 '하늘이 내린 장군' 혹은 '프러시아 왕의 찬탄을 불러일으킬 만한 군

---

52) A. J. Arbuthnot, 앞의 책, 5쪽.
53) 같은 책, 41쪽.

사적 천재를 과시한 인간'으로 찬양을 받았다.[54] 특히 새로 즉위한 젊은 조지 3세는 클라이브를 따뜻하게 맞아들였으며, 실제로는 우호적인 관계가 아니었던 동인도회사 이사회도 표면적으로는 예외가 아니었다. 클라이브는 옥스퍼드 대학교에서 명예박사 학위를 받았다.

그러나 클라이브의 명성은 정작 다른 데에서 기인한 것이었으며 사람들의 관심은 그의 재물에 쏠려 있었다. 그는 플라시의 영웅으로서보다는 전설적인 부호 크로이소스의 재래(再來)로서 모든 사람들의 마음을 사로잡았다. 클라이브의 이름은 부(富)와 동의어가 되었으며 사람들은 그를 유럽에서 가장 부유한 인물로 떠올렸다. 클라이브의 약탈은 그를 영국에서 제일가는 고관대작에 필적하도록 만들었다. 당시 ≪연감 The Annual Register≫은 클라이브의 재산을 120만 파운드로, 또 마거릿 부인은 20만 파운드에 상당하는 보석 상자를 인도에서 가져온 것으로 추정했다.[55] 물론 이 계산은 지나치게 과장되었을 수 있다.

1759년 초 클라이브는 선박 및 무역에 투자한 몫까지를 포함하여 자신의 재산을 27만 파운드로 계산했으며, 여기에 따로 연 27,000파운드의 자기르 수입을 포함시켜야 할 것이다. 클라이브는 자신이 무일푼으로 시작해 이 정도의 돈을 모아가지고 1760년에 귀국한 것에 대해 "2년 안에 10만 파운드의 재물을 벌 수 있었다."라고 술회하기도 했다.[56] 물론 클라이브를 유럽 제일의 부자로 운위할 수는 없지만 18세기에 그는 분명히 백만장자의 대열에 올라 있었다. 당시 영국의 귀족들이 올린 연수(年收)는 1만에서 3만 파운드 정도였다. 클라이브는

---

54) T. B. Macaulay, *Essays on Clive and Warren Hastings*, 62쪽.

55) *The Annual Register*(1760년호), 120쪽.(Mark Bence-Jones, 앞의 책, 188쪽에서 재인용.)

56) Palme Dutt, 앞의 책, 43쪽.

귀족과 마찬가지로 시골과 도시에 각각 저택을 유지하고 있었으며,[57] 이러한 생활을 위해서는 해마다 1만 파운드 이상이 소요되었으므로 자기르의 수입이 없었다면 곤란했을 것이다.

클라이브는 꽤 관대한 인물이었다고 한다. 그는 자기르의 수입을 얻기 이전에도 다섯 명의 누이에게 각각 2,000파운드씩 나누어주었으며, 숙모들에게도 연 25파운드씩 도와주었다. 귀국 후에는 토지세 징수인으로서 아버지가 진 9,000파운드의 빚을 대신 납부했으며 안락한 새 집을 지어드렸다. 일찍이 자신을 발탁했던 상관 로렌스 소령에게는 그의 사양에도 불구하고 해마다 500파운드를 지불했다.[58]

마드라스에서 근무했던 밴시터트 H. Vansittart가 클라이브를 뒤이어 벵골 지사가 되었는데, 밴시터트는 자파르를 몰아내고 그의 사위인 카심 Mir Qasim을 토후 자리에 앉혔다. 카심은 예물로 20만 파운드와 함께 미드나푸르, 부르드윈 및 치타공 지역을 할양하여 동인도회사에 넘겨주었다. 그러나 북사르 Buxar 전투(1764)를 일으켰던 카심은 축출되고 자파르가 다시 벵골 토후가 되었지만 곧 사망함으로써 그의 아들 나짐 웃 다울라 Najm ud Daula가 후계자로 인정되었다(1765).

클라이브는 1761년 3월 슈루즈버리에서 하원의원에 당선되었으며, 다음해 작위(플라시 남작 Baron of Plassey)를 받았다. 그는 아일랜드 귀족이 됨에 따라 하원 의석을 유지할 수 있었다. 클라이브는 윌리엄 피트 휘하에서 활동했지만 그의 관심은 오직 인도에 있었다. 동인도회사 이사회 의장 설리번과의 관계가 악화되자 설리번은 이사회의 다수를 설득하여 캘커타의 동인도회사에 서한을 보내 클라이브에게

---

57) 버클리 광장에 있던 앤크램 경의 저택을 연 600파운드에 임대해 살았으며 결국 10,500파운드에 샀다.(Mark Bence-Jones, 앞의 책, 190쪽.)

58) Mark Bence-Jones, 앞의 책, 188~189쪽. 로렌스 소령은 독신으로 살았으므로 사망 당시 그의 유산은 2만 파운드에 이르렀다.

수여한 자기르의 특권을 중지하라고 명령했으며, 이에 클라이브는 소송으로 맞서겠다고 벵골 정부를 위협하기도 했다.[59]

토후 자파르가 부여한 자기르의 성격을 뇌물로 규정할 수도 있었다. 클라이브의 자기르 권리에 대해 본국의 이사회에서 처음 알았을 때 그들은 이를 반박하지는 않았지만 공식적으로 인정한 것도 아니었다. 자기르를 중지시키겠다는 설리번의 위협은 클라이브의 발목을 잡고 있었다. 클라이브는 그가 인도에서 모은 재산이 자신을 영국 정계의 거물로 만들어줄 힘이 될 것이라고 판단하여 대단한 집착을 보였다.

북사르 전투의 발발과 함께 부패가 만연한 벵골의 통탄할 정세는 인도에서의 클라이브의 존재를 다시 요구하는 분위기였다. 설리번의 쇠퇴와 함께 클라이브와 가까운 루스T. Rous가 동인도회사 이사회의 의장으로 선출되자 클라이브의 자기르 문제는 쉽게 풀려나갔다. 벵골에 다시 부임한다는 조건으로 클라이브의 자기르를 10년 동안 연장하고 그 후에는 권리가 동인도회사에 귀속되는 것으로 했다. 이 의제는 격렬한 토론 끝에 주주총회에서 찬성 583표 대 반대 396표로 통과되었다.[60]

클라이브 자신은 인도 근무를 "매우 큰 희생"으로 생각했으며 "자기르를 살리기 위해 마지못해 삼켜야만 할 쓴 약"으로 여겼다. 클라이브는 희망봉에서 카심에게 승리했다는 소식을 접했으므로 이제 자신이 인도에 다시 부임하는 사명은 동인도회사의 행정을 개혁하는 데 있다고 생각했다. 마드라스에 도착하여 루스에게 보낸 서한에서 그는 "불결한 아우게이아스 왕의 외양간이 어떻게 청소되는가를 보라."라고 자신 있게 말하면서 "탐욕과 사치, 오직 소수만이 누릴 수

<hr>

59) A. J. Arbuthnot, 앞의 책, 129~130쪽.
60) Mark Bence-Jones, 앞의 책, 207쪽.

있고 소유할 수 있는 것을 다수가 단번에 취득하고자 하는 불합리한 욕망들, 요컨대 행정적, 군사적 악폐들이 너무나 만연해 있지만 그것들은 반드시 박멸되고야 말 것이다."라고 역설했다.[61]

동인도회사는 무역에서 이익을 얻는 것 이외에도 끝없는 수탈을 통하여 재화를 취득했다. 클라이브는 1765년 본국의 이사회에 보낸 서한에서 "민첩하고 능률적인 방법으로 얻은 150만 파운드의 순수입"을 상업을 통해 얻은 것처럼 계좌에 올려놓았으며, 사실상 동인도회사가 벵골을 지배한 처음 6년 동안 지출한 비용을 제외한 순수입이 4,037,152파운드였음을 보여주었다.[62] 영국 의회에 제출한 명세서에 따르면 1757년부터 1766년까지 10년 동안 동인도회사와 그 직원들이 인도인들로부터 선물이란 명목으로 받은 액수는 600만 파운드에 이르렀다.[63]

원주민에 대해 새로운 강제적 요구가 부과되어 인도 농민들은 종자와 농사짓는 황소까지 빼앗길 정도로 혹독한 지대(地代) 부담에 시달려야 했다. 아직 무굴 정부의 관리가 징수할 당시의 벵골 지방의 토지세 수입은 1764~1765년에 818,000파운드에 상당했으나, 영국 동인도회사가 세정(稅政)을 맡아본 첫 해인 1765~1766년에는 그 수입이 147만 파운드로 급증했다.[64] 동인도회사가 영국 하원에 보낸 보고서에 의하면 1765~1766년의 총세입은 약 226만 파운드였으나 이듬해에는 380만 파운드로 증가했으며, 무굴 황실에 지불한 조공과 징수비용, 그리고 동인도회사의 모든 민간 및 군사 비용을 제외한 후의

---

61) 같은 책, 207, 211쪽.
62) Palme Dutt, 앞의 책, 43쪽.
63) J. Beauchamp, 앞의 책, 19쪽.
64) 같은 책, 24쪽. 그 후 총독 정치의 실시와 함께 벵골 농민들로부터 거두어들이는 세수는 계속 증가하여 영구정액제(永久定額制)의 도입 단계에 들어가는 1790~1791년에는 268만 파운드에 이르렀다.

38

차액인 125만 파운드가 영국으로 보내졌다. 6년간(1765~1771)의 통계에 따르면 총세입은 20,133,579파운드, 순세입은 13,066,761파운드, 총경비가 9,027,609파운드, 순차액이 4,039,152파운드로 나타났다.[65] 그러나 벵골 지방의 순세입 가운데 3분의 1정도가 해마다 영국으로 송금되었는데 이것이 이 지방에서 유출된 재화의 전부는 아니었다. 여기에는 동인도회사에 근무하는 직원과 군인들이 저축한 봉급은 말할 것도 없거니와 영국인들이 비정상적으로 거두어들인, 예컨대 내지무역(內地貿易) 등을 통한 수입은 포함되지 않았다.

1766년에서 1768년에 이르는 3년 동안에 인도에서 수출해간 액수는 6,311,250파운드였는데 비해, 영국으로부터의 수입액은 단지 624,375파운드에 불과하다는[66] 베럴스트 Verelst 벵골 지사의 보고는 시사하는 바가 크다. 이는 열 배나 많은 재화가 영국 동인도회사의 힘을 배경으로 하여 인도로부터 유출되고 있었음을 보여주는 것이다.

무르시다바드에 주재하는 동인도회사 대리인 베커는 1769년 본국의 동인도회사로 보낸 보고서에서 "가장 전제적이고 자의적인 원주민 정부 아래에서도 번영했던 이 훌륭한 나라가 영국인이 통치에 실제로 큰 몫을 차지한 기간에 파멸의 구렁텅이로 빠져들고 있다."[67]라고 기록했다. 이러한 결과는 인도 역사상 가장 참혹한 대기근(大饑饉)으로 나타났다.

1730년대 말부터 캘커타의 동인도회사에 근무했던 사람들의 급료는 지사의 경우 봉급 200파운드와 사은금 100파운드를 합하여 연 300파운드였으며, 참사위원은 봉급이 연 40파운드, 목사는 봉급 50파운드와 사은금 50파운드를 합하여 연 100파운드였다. 고참 상인은 봉급이

---

65) 같은 책, 25쪽.
66) Romesh Dutt, 앞의 책, 31쪽.
67) Palme Dutt, 앞의 책, 44쪽.

연 40파운드이고 하급 상인은 30파운드였으며, 대리인은 15파운드를 지급받았고, 서기의 봉급은 고작해야 연 5파운드에 지나지 않았다.(당시 환율은 1파운드가 약 8루피 정도였다.) 이와 같은 급료 체계는 1774년 총독 정치가 시작되기 전까지 대체로 유지되었다.[68]

이러한 급료는 극히 적은 금액으로서 하위 직으로 내려갈수록 생활이 어려웠으며 저축이라는 것은 거의 생각할 수 없는 지경이었다. 본국의 동인도회사 이사회도 이들의 어려운 형편을 알고 있었으므로 직원들이 사무역에 가담하여 개인 수입을 올리고 원주민으로부터 예물을 받는 것을 묵인했고, 따라서 악폐가 발생할 수밖에 없었다. 해결책은 급료를 인상하고 사무역을 금지하는 강력한 조치를 취하는 것이었지만 이사회의 의지 부족으로 적절한 조치가 내려지지 못하고 있었다.

클라이브는 이 악습에 대처하기 위한 다른 방안을 고안했다. 그의 계획이란 공무역과 사무역의 관리를 벵골 주정부의 통제 아래 두는 것이었다. 교역에 있어서 가장 주요한 품목은 소금이었으므로 클라이브는 소금 거래를 독점적으로 수행하는 하나의 조합을 조직하고 거기에서 나오는 이익 가운데 연 100만 루피를 동인도회사에 들여놓은 후 나머지는 직위에 따라 회사 직원들에게 분배하고자 했다. 참사위원과 대령 급은 각각 연 7만 루피를 받고 그 아래의 군인 및 민간 직원들에게는 등급에 따라 배분될 것이었다. 그러나 이 계획도 역시 본국의 이사회에서 무시되고 말았다.

동인도회사 직원들과 군인들이 봉급에 대해 느끼는 불만은 매우 심각했다. 군인들은 약정된 봉급 이외에 전지수당(戰地手當)을 받고 있었으나 1766년 1월부터 추가 수당의 지급을 중지한다는 선언이 있

---

68) R. Huttenback, *The British Imperial Experience*(New York, 1996), 2쪽 ; S. Bhattacharya, 앞의 책, 134쪽.

었다. 이는 클라이브의 의지인 동시에 이사회의 견해이기도 했다. 동인도회사의 벵골 군대가 여기에 반발하고 나섰다. 벵골 군대는 세 개의 부대로 편성되어 있었으며 제1연대를 지휘하고 있던 플레처 R. Fletcher 대령이 이 저항의 주모자였다. 이들이 모의한 행동 계획은 200명의 장교들이 같은 날에 직책을 사임함으로써 당국으로 하여금 그 명령을 철회하도록 만들려는 것이었다. 이 모의는 클라이브에게 발각되었고, 플레처 대령은 군법회의에 회부되어 파면당했다.

동인도회사는 1765년 자파르가 사망하고 어린 아들 나짐 웃 다울라가 즉위했을 때 예물로 230,356파운드를 받았으며,[69] 다음 해 클라이브는 무르시다바드를 방문했을 당시 토후 자파르로부터 50만 루피(6만 파운드)에 상당하는 돈과 보석을 넘겨주겠다는 제의를 받았다. 클라이브는 이 액수를 자신의 개인 수입으로 삼지 않고 동인도회사 직원들과 군인들을 위한 구호 기금으로 만들겠다고 결심했다. 이 계획은 이사회의 재가를 받아 실현되었다.[70]

원주민으로부터 선물을 받는 것이 영국 왕의 군대나 동인도회사의 법규에 금지되어 있는 것은 아니었다. 본국의 동인도회사 이사회도 토후가 회사 직원들에게 봉사에 대한 고마운 마음에서 자발적으로 선물을 제공하는 것은 제재할 의향이 없다는 입장이었다. 클라이브도 토후의 그러한 예물은 일찍이 동양의 군주들이 행해온 널리 알려진 일상적 관례일 뿐이며 자신은 토후가 스스로 좋아서 은전(恩典)을 베푸는 여러 사람들 가운데 한 명일 따름이라고 당당하게 주장했다. 그

---

69) Romesh Dutt, 앞의 책, 22쪽.
70) 이 기금은 1858년 동인도회사가 철폐될 때까지 존속했으며 영국 정부가 인도를 직접 지배하게 된 이후에도 각료의 한 사람인 인도상(印度相)이 인도 세입에서 이 연금을 유지하도록 하여 클라이브 출자 연금이란 이름으로 계속 이어져왔다.

는 "도대체 이 일의 어떤 부분이 동인도회사에 부당한가?"라고 반문했다. "힘 있는 사람(토후)이 협약에 규정되어 있는 것 이상의 것을 기대해서가 아니라 영광스런 봉사에 대한 대가로서 선물하는 것을 내가 어떻게 거절할 수 있겠는가."[71] 그리고 클라이브는 자신의 공로를 강조하면서 자신은 항상 조국의 명예와 회사의 이익을 먼저 생각했다는 점을 역설했다.

클라이브와 자파르 사이의 금전 수수 사건은 16년이 지난 후 영국 의회와 국민에게 격렬하게 비난받았다. 클라이브에 대한 영국 국민의 눈초리는 매우 비판적이었다. 시민뿐만 아니라 사실상 인도 지배의 본산인 인디아 하우스India House도 그를 증오했으며 심지어 동인도 회사의 돈 많고 힘 있는 직원들까지도 클라이브의 독재와 탐욕 때문에 그를 미워했다. 클라이브의 잘잘못을 한꺼번에 증오의 대상으로 비난하면서 '양(羊) 도둑'으로 몰아갔으며, 더 나아가 그를 의회에서 축출해버리려는 기세였다. 비판자들은 클라이브가 취득한 것은 "부패를 통한 수입 혹은 아무 힘없는 동맹자를 칼끝에 올려놓고 강탈한 약탈품"이라고 비난했다. 다른 한편 그를 옹호하는 사람들은 그의 수입을 "받는 사람이나 주는 사람이나 다 같이 명예로운 자발적인 선물"이라고 규정하면서 '선물'을 "열국(列國)이 말버러Marlborough 공작이나 넬슨H. Nelson 제독 혹은 웰링턴Wellington 공작에게 수여한 사례금"과 다르지 않은 것이라고 주장했다.[72] 그의 초기 활동에 대해서는 비판자들 앞에서 변명할 여지가 없는 약점이 있음을 부인할 수 없다. 그러면서도 "그의 위대한, 그리고 가상할 만한 조국에 대한 봉사"를 의회에서 인정받음으로써 클라이브는 명예를 지킬 수 있었다.

클라이브는 1774년 11월 22일 49세를 일기로 사망했다. 그의 사망

---

71) N. C. Chaudhuri, 앞의 책, 285~286쪽.

72) T. B. Macaulay, *Essays on Clive and Warren Hastings*, 54, 86~88쪽.

을 다룬 당시 영국 신문들의 보도 또한 가지각색이었다. 신경쇠약 혹
은 우울증으로 인한 자살로 보도되기도 했지만, 그보다는 아편의 과
다 복용이 사망의 원인이었을 것이라는 주장이 지배적이었다.[73]

3 동인도회사 직원들의 사무역

인도에서 활동했던 영국 동인도회사와 유럽 간의 무역은 공식적으
로는 '투자'로 기록되었는데 그 액수는 평균 1년에 330만 루피의 규모
였다. 동인도회사 직원들이 독자적으로 인도의 연안 항구를 왕래하거
나 혹은 아시아 내에서 행하는 교역을 내지무역(inland trade)이라고
불렀는데 이 사무역의 규모는 정확하게 어림할 수 없었다.

영국인의 '투자'는 주로 면직물, 견직물, 생사(生絲) 및 초석 등을
사들이는 것이었고, 그들이 영국에서 가져오는 것은 오직 금은괴(金
銀塊)였다. 18세기 전반에 벵골 경제의 중추를 이루었던 이들은 베
짜는 사람들이었다. 벵골 전역에서 각종 직물이 생산되었으며 그들의
가업은 대대로 이어져왔다. 다카, 말다, 산티포르, 코심바자르 등지에
서는 고급스런 면직물[74]을 생산했다. 농촌에서와 마찬가지로 도시에
서도 모든 카스트의 여인들이 베를 짰다. 누에를 치고 비단을 짜는
것이 면직물을 생산하는 것 다음으로 중요했다. 비단을 생산하는 지
역은 코심바자르, 라즈사히, 잔지푸르, 말다, 랑푸르 등이었다. 비하르
는 초석과 아편의 주산지였다. 화약의 재료인 초석은 유럽 여러 나라
에서 수요가 대단했다. 초석은 플라시 전투의 승리로 영국이 얻은 중

---

73) P. Sharma, "The Death of Clive", *Bengal Past and Present*, Vol. 47(1934), 35~43쪽.
74) 면직물의 종류는 mulmul, tanjib, abroan, nainsook, buddonkhas, sarbuti, erindam,
   jamdami, khasa, muslin, calico 등 다양했다.

요한 과실(果實)로서 클라이브는 자파르로부터 비하르의 초석 산지를 독점적으로 장악할 권리를 넘겨받았다.

벵골 지방은 농산물과 공산품이 생산되고 모이는 중심지였다. 생산품은 원산지에서 시장이나 항구로 옮겨졌는데 대외무역이 활발해지면서 후글리와 캘커타 등지가 새로운 교역의 중심지로 부상했다. 후글리는 한때 외국과의 무역에서 가장 중요한 항구였으며 벵골 지방에 진출했던 포르투갈인과 홀란드인의 상업 활동이 활발한 곳이었다. 무굴제국은 후글리를 상품이 들어오고 나가는 벵골 지방의 관문으로 다루었다. 다카는 동(東)벵골의 주요한 집산지로 질 좋은 옥양목이 대량으로 거래되었으며, 파트나는 내륙 깊숙이 위치하고 있지만 인도 동부와 서부의 상인들이 모인 곳으로서 특히 초석의 거래처로 유명했다. 캘커타가 대외무역의 관문이라면, 파트나는 북인도 동서 상인들의 집결지였다. 그렇지만 18세기 초부터 영국과 벵골 지방의 교역이 증대됨에 따라 캘커타는 벵골 지방뿐만 아니라 인도 전역에서 가장 중요한 상업 도시로 성장했으며 다른 상업 도시들은 상대적으로 움츠러들었다.

영국인의 지배가 시작되기 전에 놀스L. Knowles가 지적한 바와 같이 유럽은 귀금속 이외에는 동양에 수출할 만한 것이 거의 없었다. "동양과의 무역에서 맞닥뜨린 전반적인 어려움은 유럽이 동양이 원할 만한 것을 거의 갖고 있지 못하다는 데 있었다. 궁정에서 필요로 하는 몇몇 사치품과 납, 구리, 수은, 주석, 산호, 금, 은 정도가 인도가 흡수하고자 했던 상품이었다. 따라서 영국인이 인도로 가지고 갔던 것은 주로 금은이었다."[75]

그러나 영국의 지배가 확립된 후에는 이러한 물자의 이동은 중단

---

75) L. C. A. Knowles, *The Economic Development of the British Overseas Empire*(London, 1924), 73쪽.

되었을 뿐만 아니라 오히려 역전되었다. 이제 영국은 인도 주민에게 세금을 부과하여 얻은 수입의 상당 부분을 인도의 상품을 사들이는 데 사용했고, 이 상품은 인도와 다른 나라에 상당한 이익을 덧붙여 되팔았다. 벵골 지방에서 얻은 수입의 일부분은 영국으로 보낼 상품을 구입하려고 따로 떼어놓았는데, 이 '투자'의 크기는 대개 동인도회사 주요 간부들의 능력을 평가하는 기준이 되었다.

플라시 전투 이전 반세기 동안 인도와 영국 간의 무역은 인도에 매우 유리하게 전개되었다. 1708년 영국은 인도로부터 493,257파운드에 상당하는 상품을 수입했으며, 인도에의 수출은 168,357파운드에 머물렀다. 1730년에 가면 영국의 수입은 1,057,759파운드로 증가했으며, 수출은 135,484파운드로 감소했다. 1748년에는 수입은 1,098,712파운드 수준을 유지했으나, 수출은 더욱 줄어들어 127,224파운드에 그쳤다. 수출입의 차액은 영국 측이 금은으로 지불했다. 1710년에서 1745년까지 인도는 17,047,173파운드에 상당하는 귀금속을 받아들였다.[76]

영국 동인도회사 직원들은 면세로 사무역을 자행하면서 그들의 행동이 무굴 황제의 '1717년의 칙령'에 근거한다고 주장했다. 캘커타의 동인도회사 참사위원회는 왕자로 있을 무렵 벵골의 영국인에게 우호적이었던 파룩시야르Farrukhsiyar가 무굴 황제로 등극함에 따라 사절단을 파견했다. 캘커타의 중개인 서먼J. Surman을 단장으로 한 사절단은 3만 파운드에 달하는 값비싼 선물을 가지고 1715년 7월 델리의 무굴 황실을 방문해 무역 특혜를 청원했다. 영국 측에는 다행스럽게도, 동행했던 의사 해밀턴W. Hamilton이 위독한 상태에 있던 황제의

---

76) Ram Gopal, *British Rule in India*(New Delhi, 1988), 10쪽. 물론 영국의 전체 대외무역은 호조를 보였다. 1749년의 대외무역을 예로 들면 영국은 외국으로 12,351,433파운드의 상품을 수출했으며, 수입은 8,136,408파운드에 지나지 않았다.

병을 치료해줌으로써 우호의 분위기를 더욱 깊게 만들었다.[77]

아크바르 Akbar 대제부터 아우랑제브 황제에 이르는 무굴제국의 전성기에는 황실은 영국 동인도회사와 어떤 협약도 맺기를 원하지 않았다. 1707년 아우랑제브 황제의 사망은 무굴제국의 급격한 쇠퇴를 불러왔으며, 인도에서의 영국 세력은 이제 더 이상 무시해버릴 수 없는 존재가 되었다. 그것은 영국 해군력의 우위 때문이었으며 이들은 홍해와 페르시아 만에서 무굴제국의 범선들이 항해하는 것을 방해하고 있었다. 공해 상에서 무굴 해군은 전투 불능 상태나 다름없었으므로 인도 상인들의 해상 활동을 보호할 수가 없었다. 유럽 경쟁자들을 아라비아 해에서 제압하는 영국 해군은 무굴 황제와 인도 상인들의 눈에는 악마의 화신으로 보였다.[78]

서먼이 이끄는 사절단이 파룩시야르 황제를 방문했던 다음 해 말에 황제는 벵골을 비롯한 하이데라바드와 아메다바드의 토후들에게 각각 칙서(勅書)를 보냈다. 페르시아어로 작성된 이른바 '1717년의 칙령'은 벵골 지방에 관한 다음과 같은 내용을 포함하고 있었다. 첫째, 영국 동인도회사는 해마다 3,000루피의 조공을 후글리의 황실 금고에 바치는 조건으로 무굴 황제의 영토에서 면세 무역을 계속한다. 둘째, 캘커타, 수타나티 및 고빈드푸르에 대해서는 연 1,195루피를, 또 주변의 38개 마을에 대해서는 연 8,121루피를 무굴 정부에 지불하는 것으로써 임차를 인정하고 이들 마을을 매입하는 것도 허락한다. 셋째, 폭풍으로 난파되었거나 항구로 밀려온 영국 선박에 대해 무굴 정부의 관리들은 나포하지 않고 온갖 도움을 주기로 한다. 그 외에도 영국인의 재물이 도난당했을 때 당국은 이를 되찾아 돌려주는 일에 최

---

77) S. Bhattacharya, 앞의 책, 19쪽.

78) P. N. Chakraborti, *Rise and Growth of English East India Company*(Calcutta, 1994), 295쪽.

선을 다하며 범인은 처벌할 것이고, 동인도회사에 빚진 사람은 유럽인과 원주민을 막론하고 영국 상관(商館)의 수장에게 인도하겠다고 약속했다.[79]

1717년의 칙령은 인도에서의 영국무역헌장이었다. 이 칙령은 이때껏 동인도회사가 무역을 진행해오는 과정에서 가장 중요한 계기를 마련했다. 이 칙령은 부패와 제도의 악용을 불러오는 원천이었다. 영국인들은 정기적으로 조공을 바치는 조건으로 육해상으로 들여오거나 가지고 나가는 모든 상품에 대해 면세로 교역할 수 있다고 간주했다. 이 규정은 동인도회사가 수출입을 담당하는 상품에 적용되는 것이었다. 그러나 영국인과 벵골 토후는 이 규정을 서로 다르게 해석하고 있었다. 벵골 토후들은 이 칙령이 회사 직원들의 사무역에까지 확대 적용되는 것을 인정하지 않았다. 벵골 토후 무르시드 쿨리 칸은 이 규정을 내지무역에까지 광범하게 적용하는 데 이의를 제기했다. 원래 동인도회사는 내지무역에는 참여하지 않았으며 다만 수출입에만 관심을 보였다.

런던의 중역 회의마저도 회사 직원들이 주장하는 사무역의 적법성 해석을 의심하고 있었으며 클라이브도 비슷한 견해를 가지고 있었다.[80] 회사 직원들은 사실상 자신들의 상품을 동인도회사의 이름을 빌려 다루고 있었다. 직원들이 행해온 이러한 악폐가 동인도회사와 벵골 토후 사이에 끊임없는 불화를 일으키는 씨앗이 되어왔다. 동인도회사는 말할 것도 없이 주식회사로서 하나의 협동 기구이지만 개

---

79) Tapan Raychaudhuri, *The Cambridge Economic History of India*, Vol. I(Cambridge, 1987), 394쪽 ; S. Bhattacharya, 앞의 책, 20쪽.

80) 클라이브는 1772년 3월 영국 의회에서 한 증언에서 "이전에 회사는 어떤 내지무역도 행하지 않았다. 그들의 상업 활동은 오직 수출과 수입에만 한정되었을 뿐이다."라고 언급했다.(George Forrest, *The Life of Lord Clive*, II(London, 1958), 225쪽.)

별적인 대리인들을 통해 활동하고 있었다. 회사를 위해서 또는 회사를 대리하여 활동해야 할 사람들이 자신들 개인의 이익을 위해 사사로운 거래를 자행하고 나선 것이다. 개인의 수입을 올리겠다는 탐욕이 개인의 상거래와 회사의 그것을 때때로 겹치게 만들었다. 이러한 상황이 동인도회사와 벵골 토후 모두를 곤란하게 만들고 있었다.

칙령 이외에도 영국인에게 갖가지 특혜가 주어졌다. 예컨대 상관의 우두머리가 부여한 허가장인 '다스타크 dastak'를 소지하고 있으면 무굴 정부의 관리가 상품을 검사하거나 붙들어놓을 수 없었다. 동인도회사 직원들은 다스타크를 사용하여 수출용의 상품과 함께 내지 상품을 거래했다. 또한 다스타크를 인도인 상인들에게 팔아넘기기도 했다. 영국인들에 의한 다스타크의 광범한 판매 자체가 벵골 토후의 분노를 불러일으키는 원인이 되었다. 소금, 담배, 빈랑 열매 등의 내지 무역에서 다스타크를 광범하게 사용함에 따라 이는 자연히 무굴 정부의 세수(稅收)를 크게 감소시켰다. 무굴 당국은 영국인들이 거래하는 엄청난 양의 상품이 다스타크에 가려져 있다고 동인도회사를 비난했으며, 동인도회사도 "동인도회사의 교역에 대한 면죄부(免罪符)"인 다스타크가 악용되고 있는 점을 개탄했다. 본국의 동인도회사 이사회도 캘커타의 참사위원회에 서한을 보내 회사 직원에게 인정해왔던 "무역의 자유에 대한 은혜를 모르는 보답"이라면서 직원들의 자제를 촉구하기도 했다.[81]

마르크스는 사무역 행태가 광범하게 동인도회사 직원들 사이에서, 특히 고위 직에 있는 사람들 사이에서 무차별적으로 자행되고 있음을 다음과 같이 묘사했다.

---

81) S. Bhattacharya, 앞의 책, 132~133쪽.

인도의 내지무역뿐만 아니라 연안무역 및 섬 사이를 연결하는 교역
은 동인도회사의 높은 직위에 있는 사람들이 독점해버렸다. 소금, 아편,
빈랑 및 기타 상품의 독점은 무진장한 재부의 광산이었다. 회사 직원들
이 저희 마음대로 가격을 정해놓고 불쌍한 인도인들을 착취했다. 가장
높은 직위에 있는 벵골 지사도 이러한 사사로운 교역에 동참했다. 그의
측근들은 연금술사(鍊金術師))들보다도 더 영리하게 무(無)에서 금을
얻는 것이나 다름없는 조건으로 약정을 했다. 엄청난 재물이 단 하루
만에 버섯같이 피어올랐으며, 한 푼도 지불하지 않고 야만적으로 재물
을 축적해나갔다.[82]

이와 같은 악폐를 척결할 수 없었던 것은 고위 직에서 하위 직에
이르기까지 사무역에 참여하지 않은 사람이 없었기 때문이었다. 플라
시 전투 이전에는 벵골에서 가장 유력한 사무역업자가 동인도회사
대표인 벵골 지사였다. 클라이브는 벵골 지사로 재직하는 동안 비교
적 사무역에 관심이 적었으나, 그의 후계자였던 밴시터트는 광범한
규모로 인도 국내 교역에 관여했다. 밴시터트가 소금을 거래하면서
얻은 이익은 모든 동인도회사 직원들의 수입을 합한 것과 맞먹을 정
도였다고 하며, 그는 이 사업을 관리하기 위해서만 적어도 네 명의
유럽인을 고용했다. 사무역에 있어서 밴시터트의 가장 유력한 경쟁자
라고 할 만큼 대규모로 참여했던 사람들은 그의 참모들이라고 할 수
있는 존스턴 J. Johnstone, 헤이 W. Hay 및 볼츠 W. Bolts 등이었다. 밴
시터트의 반대파들은 "벵골의 모든 교역이 밴시터트 지사 자신의 직
접 지시에 따라 좌지우지되고 있다."[83]라며 그를 비난하기도 했다. 사

---

82) Karl Marx, *The Capital*, I(London: Penguin Books, 1986), 917쪽.

83) Asiya Siddiqi, *Trade and Finance in Colonial India 1750~1860* (Oxford, 1995),
    150쪽.

실 사무역이야말로 영국인들로 하여금 동인도회사 직원으로서 인도에 가고픈 마음이 들게 하는 가장 매혹적인 유인(誘因)이었다. 회사가 직원들에게 지급하는 급료가 소액이었으므로 다른 수입의 원천이 그들을 끌어당겼을 것임에 틀림없다.

상업이나 정치에 있어서 고결한 도덕성이 강조되지도 않았던 당시 현실에서 적은 급료밖에 받지 못한 동인도회사 직원들이 확실하게 돈을 벌 수 있는 길은 사무역에 참여하고 다스타크의 악폐를 거침없이 자행하는 것이었다. 직원들은 자신의 거래 계좌로 상품을 싼값에 구입하여 비싼 값으로 동인도회사에 되팔기도 했다. 본국의 동인도회사 이사회는 직원들의 사무역이 대대적인 규모로 증대해 파트나에서는 사무역에 투자된 액수가 회사 투자의 두 배에 이른다고 한탄했다. 또한 사무역을 하다가 실종된 배는 한 척도 보고된 바 없으며 배가 손실되었을 때는 언제나 그 손해액이 회사의 계좌에 기입되고 있다고 지적했다.[84]

동인도회사에 고용되어 있던 직원들이 얼마나 적극적으로 광범하게 사무역에 참여하고 있었는가 하는 점은 파면당한 다카 상관의 우두머리인 쿡T. Cooke의 경우에서 볼 수 있다. 그는 캘커타 지사의 참사위원으로 활동하면서 규정된 급료로 연 40파운드(320루피)를 지급받았다. 그러나 1736년 말 그가 벵골 지방에서 얻은 소득 총액은 103,500루피에 이른 것으로 기록되어 있다.[85] 이는 말할 것도 없이 사무역을 통해 축재한 바였다.

---

84) S. Bhattacharya, 앞의 책, 135쪽.

85) 같은 책, 135쪽. 영국인 군인들은 회사 직원에 비해 상대적으로 높은 급료를 받았지만 그들도 때로는 은밀한 교역에 가담했다. 그들은 대부분 캘커타 주변에 주둔하면서 주로 강을 통해 파트나로 왕래하는 상품들을 보호, 감시하는 역할을 했는데, 가끔은 상품, 특히 소금을 암거래하기도 했다.

내지무역의 품목은 고급스런 사치품뿐만 아니라 잡다한 생필품까지 다양했다. 사치스런 고급 면직물은 국내외의 교역이 활발했지만 각 지역을 연결하는 교역에서는 중간 품질의 면직물을 더 많이 취급했다. 구자라트의 비단은 유명했고, 아편의 주산지는 비하르 지방이었다. 플라시 전투 이전에는 원주민들이 아편의 거래를 거의 전담했지만, 1774년 총독 정치가 실시되면서 동인도회사가 그 독점권을 행사할 때까지는 영국인들이 생산과 판매에 관한 권리를 행사했다. 아라비아 해에 면해 있는 코친과 망갈로르 등지에서는 향료가 다량으로 생산되었다. 곡물의 거래도 활발하게 이루어지고 있었는데,[86] 이는 인도가 보편적인 빈곤과 기아 상태에 놓여 있었던 것이 아니라 곡물이 풍족한 지역과 부족한 지역이 병존했음을 보여주는 것이다.

곡물을 제외한다면 소금의 교역이 가장 광범했으며 각 해안 지방에서 생산되는 해염(海鹽) 이외에도 북인도의 암염(岩鹽)과 수입된 소금이 각지에서 활발하게 거래되었다. 벵골 지방의 소금 생산량은 85,000톤(250만 몬드[87]) 혹은 95,000톤(280만 몬드)으로 추산되었다. 플라시 전투 직후 캘커타 주변의 주요 소금 산지가 동인도회사로 넘어갔으며 1760년에는 치타공, 부르드원 및 미드나푸르까지 넘겨받음으로써 벵골 지방 소금 총생산의 3분의 2가 영국 측의 직접 관리 아래 들어가게 되었다. 그 외에도 캘커타 서남쪽의 히즐리와 탐루크의 대규모 염전 지구도 영국인 사무역 종사자들의 수중에 놓이게 되었다.[88]

벵골 지방으로부터 팔려나가는 주요한 품목은 면직물, 비단, 생사, 초석, 설탕, 쌀, 아편, 쪽, 후추, 생강, 기름, 황마(黃麻) 등이었다. 국

---

86) T. Raychaudhuri, 앞의 책, 327쪽.
87) maund. 인도, 터키, 이란 등지에서 쓰이는 무게 단위로, 1몬드는 9.5∼36.3킬로그램에 해당한다.
88) A. Siddiqi, 앞의 책, 154∼155쪽.

내 교역이 활발하여 벵골 지방의 황마와 기름 등은 봄베이와 마드라스 등지에서 수요가 컸고, 봄베이와 마드라스로부터 벵골로 들어가는 상품은 면직물, 향료, 적목(赤木) 등이 큰 부분을 차지했다. 벵골 오리사 지방의 쌀과 면직물 등은 파트나를 거쳐 아그라와 코로만델에 이르고 멀리는 스리랑카와 아랍권으로 팔려나가기도 했다. 동인도 무역 초기부터 인기가 대단하여 "단번에 영국 여성들, 가난한 사람이나 부유한 사람 가릴 것 없이 모두를 입혔던"[89] 면직물이 유럽으로 수출되는 대표적인 품목이었다. 오랫동안 면직물 생산의 으뜸은 인도였고 인도에서도 벵골은 캘리코와 모슬린 등의 옥양목을 비롯한 다양한 면직물의 생산지이자 수출을 위한 집산지였다. 유럽으로 수출되는 품목 가운데 특히 눈에 띠는 것은 초석이었다. 초석은 프랑스 상인들도 특별히 관심을 가졌던 품목이었는데, 인도 서부 지역의 구자라트와 코로만델 해안에서도 생산되었지만 파트나에서 발견되는 초석은 화약 재료로서는 최상품으로 유럽 시장에서 그 수요가 급증했다.

플라시 전투 이전에는 내지무역의 면세 특권이라는 것이 권리로서라기보다는 묵인 아래 행해졌다. 영국인들이 벵골을 거점으로 인도 국내 교역에 참여하고 있었지만 그 활동은 제한적이었다. 그러나 플라시 전투 이후에는 동인도회사 직원들의 사무역이 회사의 권력과 함께 증대해갔으며 그들은 소금의 거래에까지 관여했다.

영국인들은 단순히 면세 교역에만 만족하지 않았다. 그들은 나아가 더 싸게 상품을 구입하는 방안을 모색했다. 이러한 일을 하는 데 있어서는 원주민 대리인인 '고마스타 gomastahs'가 필요했다. 상인과의 거래에서 생산자나 제조업자와의 직거래로 옮겨가는 경향이 있었는데 여기에서 대리인의 역할이 더욱 크게 두드러졌다. 현지의 교역 관

---

89) S. Bhattacharya, 앞의 책, 149쪽.

행에 어두운 영국인들로서는 대리인의 존재가 필수적인 경우가 많았다. 벵골 토후는 밴시터트 지사에게 보낸 서한에서 "영국인들은 농민이나 상인에게 제값의 4분의 1만을 지불하고는 물품을 강탈해가며, 또 폭력적이고 강압적인 수단을 동원해 1루피의 가치밖에 안 되는 물품에 5루피를 지불하도록 요구하고 있다."[90]라고 한탄했다.

억압과 탐욕의 대명사였던 고마스타에 대해서는 클라이브도 "마치 벌 떼같이 몰려들었고 세포이를 동원하여 일을 처리했으며, 그들이 불쌍한 주민들을 괴롭히는 광경을 떠올리면 정말로 충격적"[91]이라고 묘사했다. 클라이브는 이들을 처벌하려고도 시도했지만 벵골 지방은 너무 넓고 그들의 탐학(貪虐)은 깊숙이 뿌리박혀 있어 손을 쓸 수가 없을 지경이었다. 고마스타들은 때로는 독자적인 상업을 하면서 동인도회사 직원들의 이름으로 싼값에 물품을 사기도 했다. 영국인들의 영향력이 강화되면서 돈을 벌려는 원주민들은 스스로 영국인의 대리인으로 행세하는 경향이 늘어갔다.

몇 명의 고마스타가 유럽인들의 사무역 활동에 고용되었는지 그 수를 헤아리는 것은 불가능하지만 꽤 많은 원주민이 여기에 가담해 있었던 것은 틀림없다. 오랜 경험이 있는 한 영국 상인은 열다섯 명의 고마스타를 고용했었다고 회고했고, 동인도회사 하급 직원들도 일인당 두세 명의 고마스타를 고용하고 있었다. 고마스타는 세포이의 군복을 입고 영국기(英國旗)를 사용하며 위세를 부렸고 인도인 상인들로 하여금 시장가격보다 보통 30퍼센트 내지 50퍼센트가량 높은 가격으로 영국인의 상품을 사도록 압력을 가했다.[92] 토후 카심은 유

---

90) H. Vansittart, *A Narrative of the Transactions in Bengal from 1760 to 1764*, Vol. II, 99쪽.(N. Sinha, 앞의 책, 35쪽에서 재인용.)

91) Mark Bence-Jones, 앞의 책, 223쪽.

92) P. Spear, *The Nabobs; A Study of the Social Life of the English in Eighteenth Century* (London, 1990), 32쪽.

럽인과 고마스타가 활동하는 새로운 '대리점'이 벵골에만 사오백 개나 설립되었다고 불평한 적이 있었다. 사무역을 행하는 데 세포이를 고용하여 발포하는 일이 있었으므로 벵골 참사위원회가 이를 금지시켜야 한다고 주장하기도 했다.[93]

인도에 근무하는 동안 클라이브의 비판자였던 볼츠는 몇 년 후 "벵골에는 교역의 자유라는 것이 없다. 모든 부문에서 인도 내지무역은 예외 없이 가장 무자비하고 파괴적인 성격의 완전한 독점이었으며, 온갖 종류의 악습으로 완전히 부패해 절멸에 이르는 마지막 단계에 접어들었다."라고 털어놓았다. 볼츠 자신 또한 악명 높은 인물이었으면서도 "시민 법정은 박멸되었으며, 따라서 수백만 명의 원주민이 국민의 이권을 자기네끼리 나누어 먹고 있는 소수 몇 사람의 처분 아래 놓이게 되었다. 군사적 폭거에 의해 지탱되는 전제정치 아래에서 가난한 산업 종사자들은 상상을 초월한 억압에 시달리는 한편 주민들은 감소하고 제조업과 소득원은 붕괴되고 있다."라고 신랄하게 비판했다.[94] 수년 동안 인도 문제에 집요한 관심을 보였던 버크E. Burke는 원주민의 수탈에 혈안이 된 영국인들을 다음과 같이 묘사했다. "노년의 탐욕과 젊음의 충동에 휘말린 영국인들은 꾸역꾸역 몰려들고 파도처럼 밀려왔다. 원주민의 눈앞에는 오직 먹이를 찾아 헤매는 철새들의 무한하고도 필사적이며 새로운 비상(飛翔)만이 전개될 뿐이었다." 그러면서도 버크는 "이 무렵 우리가 인도를 떠났더라면 우리가 다스렸던 이 불명예스러운 시기에 오랑우탄이나 호랑이보다 더 나을 바가 없었을 것이다."[95]라고 말함으로써, 그 자신이 후일 초대 총독

---

93) A. Siddiqi, 앞의 책, 151쪽.

94) W. Bolts, *Consideration on Indian Affairs particularly respecting the Present State of Bengal and its Dependences*(London, 1972), viiI.

95) S. N. Gupta, *British; the Magnificent Exploiters of India*(Delhi, 1995), 26쪽.

워런 헤이스팅스 Warren Hastings를 탄핵재판에 올렸던 장본인임에도 불구하고 클라이브 이후 영국의 인도 통치는 호전되었음을 암시했다.

매콜리는 플라시 전투 이전에는 벵골을 세계에서 가장 부유한 곳 가운데 하나로 묘사했으나, 동인도회사가 인도에서의 지배권을 확립한 지 불과 수년 후의 벵골의 상황에 대해서는 다음과 같이 기술했다. "벵골에서 오는 모든 배는 한동안 놀라운 소식을 가져왔다. 벵골주의 대내적인 실정(失政)은 더 악화될 수 없는 지점에까지 이르렀다."[96] 그는 영국인들의 실정이 이 세상에 존재했던 어느 사회에도 견줄 수 없을 정도에 이르렀다면서 로마 제국과 스페인이 식민지에서 재화를 약탈했던 사례와 비교했다.

회사 직원들은 그들의 고용주를 위해서가 아니라 자기 자신을 위해서 거의 모든 내지무역을 독점했다. 그들은 원주민을 억압하여 비싸게 팔고 싸게 샀으며, 나타나기만 하면 온 지역에 폭력과 황폐가 난무하게 되는 일단의 원주민 종자(從者)들을 자신들의 보호 아래 두고 있었다. 영국인 주인이 부리는 하인은 저마다 주인의 모든 힘을 동원해 무장하고 있었고, 주인은 동인도회사의 모든 힘으로 무장한 상태였다. 3,000만 명의 벵골 주민이 최후의 막다른 참상으로 떨어지고 있는 동안에 영국인의 몫으로 엄청난 재물이 캘커타에서 축적되고 있었다. 원주민들은 학정 속에서 생활하는 것에 익숙했지만, 아직까지 이 같은 포악한 지배 아래서 살아본 적은 결코 없었다. 가장 억압적이고 야만적인 전제정치를 휘두른 영국 통치는 모든 문명의 힘을 동원해 강력해져갔다.[97]

---

96) T. B. Macaulay, *Critical, Historical and Miscellaneous Essays*(Boston, 1980), 533쪽.
97) 같은 책, 533~534쪽.

매콜리는 "벵골인과 영국인의 싸움은 양과 늑대의 싸움 혹은 인간과 악마의 싸움 같았다. 동인도회사 직원들의 사업이란 원주민으로부터 눈 깜짝할 새에 10만 혹은 20만 파운드를 짜내는 것이었다."라고 기록했다.[98]

벵골 지방을 참혹한 상태로 몰고 간 데에 중대한 책임이 있는 사람들의 기술도 별로 다를 바가 없었다. 클라이브는 본국의 이사회에 보낸 서한에서 "그와 같은 무정부 상태와 혼란, 수뢰(受賂), 부패, 금품 강요의 현장은 아직까지 벵골 이외의 어느 곳에서도 보거나 들은 바 없다. 그토록 부정하고 또 탐욕스러운 방법으로 그토록 많은 재물을 취득한 일은 일찍이 없었다."[99]라고 표현했다. 클라이브는 1772년 영국 하원에서 한 증언에서도 사무역에 따른 영국인들의 횡포를 생생하게 표현했다. "동인도회사의 직원들과 대리인들은 내지무역의 모든 것을 손아귀에 넣었다. 왜냐하면 그들은 상인으로서뿐만 아니라 주권자로서 장사를 했으며, 내지무역의 모든 것을 장악함으로써 수천 수만의 상인들의 입에서 빵을 빼앗았다. 상인들은 공식적으로 상업을 영위해왔으나 이제는 거지로 전락하고 말았다."[100]

본국의 중역들은 인도의 동인도회사 직원들에게 보낸 서한에서 "소금, 빈랑 열매, 담배를 항상 가까이 접해온 인도의 가난한 사람들

---

98) Dadabhai Naoroji, *Poverty and Un-British Rule in India*(New Delhi: Government of India, 1962), 244쪽. 인도에 진출한 영국인들은 원주민이 볼 때는 모두 약탈자들이었다. 사실 매콜리 자신도 1830년대 초 3년 반 동안 인도에서 근무한 후에 25,000파운드를 가지고 귀국했다. 마드라스 지사 조지 피곳 G. Pigot과 회사 직원이라기보다 도박꾼에 가까웠던 리처드 바웰 R. Barwell 등은 말할 것도 없거니와 선교사들도 원주민을 압박하고 뇌물을 뜯어내는 데 혈안이 되어 있었다. (S. N. Gupta, 앞의 책, 21, 25쪽.)

99) Lajpat Rai, *England's Debt to India*(New Delhi: Government of India, 1967), 39쪽.

100) D. N. Banerjee, "Clive's Defence in England of the Company's Civil Servants in Bengal," *Bengal Past and Present*, Vol. 91(1972), 14쪽.

이 이제 유럽인 상인들에게 일용할 양식마저 빼앗기고 있다."라며 개탄했다.[101] 또 다른 서한에서 중역들은 "우리 직원들의 부패와 강탈, 그리고 상관(商館) 전체에 만연한 비행"을 지적하면서, "내지무역에서 취득한 엄청난 재화는 여태까지 어느 시대 어느 나라에서 있었던 것보다도 가장 포악하고 억압적인 행동을 통해 얻은 것들"이라고 덧붙였다.[102]

사태를 궁극적으로 위기로 몰고 갔던 사건은 내지무역 문제와 관련해 일어났다. 클라이브가 인도에 있는 동안 자파르는 보호를 받을 수 있었다. 그러나 1760년 클라이브가 귀국한 후 그의 후임으로 온 밴시터트 지사는 자파르를 축출하고 자파르의 양자인 카심을 벵골 토후 직에 앉혔다. 밴시터트는 카심이 회사 측에 감사의 마음으로 지불한 200,269파운드 가운데 58,333파운드를 착복했다.[103]

카심은 만만치 않은 인물이었다. 그와 회사의 관계는 처음에는 좋았으나 곧 두 가지 사항, 즉 토후의 정치적 야망과 내지무역 문제 때문에 악화되었다. 도드웰 H. Dodwell은 결론적으로 말하기를 "영국의 내지무역은 그들 사이의 반목의 궁극적 원인이 아니라 다만 그들을 곤란하게 만드는 방향으로 나아가기 위한 적절한 구실이었다. 당시 상황의 핵심은 영국인과 토후의 이익이 조화될 수 없다는 데 있었다. 토후 자신이 독립적인 지배자라는 환상에 젖어 있고 영국인들이 그 독립성과 완전히 모순되는 특권을 요구하는 한 이 문제에 대한 해결점은 있을 수 없었다."[104]

---

101) James Mill, *The History of British India*, Vol. III(New York, 1968), 255쪽.

102) W. Howitt, *Colonization and Christianity; A Popular History of the Treatment of the Natives by the Europeans in All their Colonies*(London: Longman, 1979), 262쪽.

103) Romesh Dutt, 앞의 책, 22쪽.

104) H. Dodwell ed., *The Cambridge History of India*, Vol. V. *The British India* (Cambridge University Press, 1986), 172쪽.

밴시터트는 내지무역의 광범한 폐해에 대해 토후에게 협조를 약속했다. 그는 1717년의 칙령이 영국인 개인에게 면세로 내지무역을 행할 수 있는 특권을 준 것은 아니라는 점을 인정했다. 그렇지만 영국인들이 오랫동안 그런 형태로 무역을 진행해왔기 때문에 그들의 이익을 창출할 수 있는 길을 포기하도록 요구하기는 어려웠다. 밴시터트가 규정하려고 했던 원칙은 통상적인 세금을 지불하는 조건으로 영국인들이 내지무역에 참여토록 한다는 것이었다. 세금은 상품 원가의 9퍼센트로 규정했는데 당시 원주민에게 부과되는 세율은 40퍼센트였다. 그는 이 계획이 불법적인 무역 관행을 합법화시키는 것이므로 영국인들에게 받아들여질 것으로 확신했다. 그러나 결국 기대와는 달리 수많은 영국인들의 적개심을 불러일으키고 말았다.

토후는 다만 사무역이 무한정으로 확대되는 것에 반대했을 뿐인데 영국인들은 토후의 행동을 동인도회사의 이익에 반하는 것으로 해석했다. 그들은 토후의 행동을 자신들이 누려온 특권에 대한 저항이자 나아가 동인도회사의 세력을 파괴하려는 시도로 해석했다. 영국인들이 우려했던 부분은 새로이 세금을 지불해야 하는 문제보다는 원주민 대리인에 대한 토후의 지배권 행사에 있었다.

밴시터트 지사와 벵골 토후 간의 협약은 대리인에 대한 토후의 지배권을 부흥시키는 것이 포함되어 있었다. 대리인은 원주민을 억압하기 위한 도구였는데, 이를 토후에 예속시키는 것은 곧 불법적인 내지무역의 근거가 약화된다는 것을 의미했다. 영국인이 볼 때 대리인의 예속은 인도에서 영국 상인의 영향력이 저하되는 계기가 될 것이며, 지금까지 영국인들이 누려왔던 지배권을 박탈당하는 결과를 가져와 더 이상 인도에서 어떤 사업도 하기 어렵게 만들 터였다. 따라서 영국인에 대한 면세 교역 문제는 토후의 영향력이 미치지 않는 원주민 대리인 제도와 분리해서 생각할 수 없다는 것이 영국인들의 주장이었다.

캘커타 참사위원회의 위원들이 내지무역에 광범하게 참여하고 있었으므로 그들은 밴시터트와 카심의 협약을 인정하지 않았다. 다만 소금에만 2.5퍼센트의 세금 부과를 인정할 뿐 모든 상품은 전과 같이 면세된다고 결의하자 카심은 이에 반발하여 세수(稅收) 감소라는 희생을 각오하고서 원주민도 2년 동안 면세로 교역할 수 있다고 선언해버렸다. 원주민 상인들은 차별적인 세금을 적용받지 않음으로써 오히려 영국 상인들보다 시장에서 유리하게 경쟁할 수 있게 되었다. 반독점적 지배권을 상실한 영국인들은 카심의 조치를 "영국 국민에 대한 평화 위반"으로 규정했으며 그 결과는 북사르 전투로 나타났다.[105]

동인도회사도 내지무역이 카심과 충돌하게 된 원인이었다고 인정했다. 클라이브는 "내지무역이 나중에 벵골에서 일어나게 될 모든 유혈과 학살과 혼란의 원인이었다."라고 말했다. 그는 "벵골의 모든 거래가 동인도회사 직원, 영국인 및 원주민 대리인에 의해 독점되고 있음을 발견했다. 수천 명의 원주민이 그들이 일상적으로 누려온 이익을 빼앗김으로써 죽어가고 있는데 그 이익은 하나의 특수한 통로, 즉 영국인의 몫으로 넘어가 그들에게만 국한되어 있다."라고 본국의 이 사회에 보고했다.[106]

사무역의 폐해는 이의 시정을 도모했던 카심이 북사르 전투에서 패함으로써 더욱 확대되었다. 동인도회사는 복위된 토후 자파르로부터 그들이 원하는 바를 모두 얻어냈다. 원주민에게까지 면세 조치를 내렸던 카심의 명령은 철회되었으며 이제 영국인의 면세 특권은 합

---

105) N. Sinha, 앞의 책, 106쪽. 북사르 전투에서 동인도회사 군대는 영국인 1,200명과 세포이 8,000명으로 구성되었으며, 카심의 군대는 오우드의 토후 슈자 웃다울라 Shuja ud Daula의 지원을 받아 5만 병력이었다.(A. J. Arbuthnot, 앞의 책, 137쪽.)

106) *Clive's Letter to the Court*, January 24, 1767.(N. Sinha, 앞의 책, 38~39쪽에서 재인용.)

법화되었다. 다만 소금의 경우 2.5퍼센트의 세금을 지불하기로 했으
며, 회사는 푸르네의 산지에서 초석을 반값에 살 수 있는 권리를 획
득했다.

자파르는 "전쟁으로 인해 동인도회사가 입은 모든 비용과 손실, 그
리고 직원들의 투자에 방해를 받은 데 대한 보상의 명목으로" 300만
루피를 지불하기로 동의했다.[107] 사실 자파르는 동인도회사의 재정적
요구를 충족시키지 못해 3년 전에 축출된 인물이었다. 내지무역의 수
입이 크게 감소함으로써 토후의 재정 형편은 더 악화되었는데도 불
구하고 자파르는 감당하기 어려운 액수의 지불을 약속했다. 이는 말
할 것도 없이 동인도회사의 압력과 자신의 토후 자리를 유지하려는
지나친 집착이 함께 작용하고 있었음에 틀림없다.

자파르는 1764년 초까지 40만 루피 이상을 지불하기에 충분한 재
원이 없다는 사실을 알게 되었다. 영국인들은 자파르의 적들로부터
그를 보호해주지 않겠다고 협박하여 당장 지불하도록 굴복시켰다. 또
영국인들 개인에 대한 보상 액수가 구체적으로 명시되지 않았다는
이유로 토후는 200만 루피를 더 지불하도록 요구받았다. 지나치게 액
수가 부풀려졌다고 판단한 토후는 영국인들이 입은 손실의 명세서를
원했다. 영국인들은 명세서를 제출하기 전에 선불을 요구했다. 자신
의 행동이 영국인에 대한 저항으로 비쳤음을 알게 된 토후는 그 보
복으로 지불해야 할 액수가 400만 루피로 인상되었다는 사실을 발견
했다. 토후는 5회 분할로 지불할 것을 청했지만 이 제의 역시 묵살되
었으며, 다시 80만 루피가 추가되었다. 토후는 또 동인도회사 해군에
250만 루피의 성금을 희사하라는 요구를 받았다. 토후가 새로운 요구
에 불만을 표하자 밴시터트 지사는 "만약 당신이 동의하지 않으면

---

107) N. Sinha, 앞의 책, 40쪽.

우리는 어떻게 다루어야 할지 알고 있다."라며 위협적인 언사를 사용
해 토후를 굴복시켰다.[108]

1765년 클라이브가 다시 벵골 지사로 임명되었을 때 본국의 동인
도회사는 그에게 사무역의 악폐를 '적절하고 공정하게 개선하도록'
상당한 권한을 부여했다. 클라이브는 '무역협회'를 창설(1765)함으로
써 개혁을 도모했다. 무역협회는 벵골 지방의 가장 말썽 많은 사무역
품목인 소금, 빈랑 열매 및 담배의 교역을 규제하고 나섰다. 벵골 지
방에서 생산된 이들 품목을 전량 수거하여 이를 도매로 시장의 인도
상인들에게 넘기고 상인들은 벵골 정부 즉 동인도회사에 세금을 납
부토록 하는 방식이었다. 단일 독점 체계를 수립함으로써 억압과 무
질서를 초래했던 수많은 경쟁자들과 고마스타들 사이의 분쟁을 피하
려는 방식이었다. 인도 상인들이 무역협회의 상품을 확정된 가격으로
소매함으로써 주민들은 강압 없이 적절한 공급을 보장받을 수 있다.
무역협회는 대리인에 이르기까지의 모든 동인도회사 직원들과 소령
급 이상의 모든 장교들로 구성되었는데 수익은 직위에 따라 차등 배
분하기로 했다.

무역협회의 의도는 동인도회사에는 세수를 보장하고, 직원들에게는
이익금을 배분하고, 주민에게는 적정한 가격으로 위의 상품을 공급한
다는 것이었다. 첫해에는 262,420파운드의 자본금으로 238,619파운드의
이익을 올렸으며, 이듬해에는 199,875파운드의 자본금으로 260,000파운
드의 이익을 남겼다. 이익금은 두 해 동안에 각각 60명과 61명에게
돌아갔다. 첫해의 개인별 배당금은 클라이브가 21,179파운드, 참사위
원들은 8,472파운드, 대리인들은 1,412파운드를 받았다.[109]

클라이브의 개혁 시도는 상당한 성과를 거두는 듯했지만 세금을

---

108) 같은 책, 41쪽.
109) A. Siddiqi, 앞의 책, 161~162쪽.

거두어들이지 못했던 동인도회사의 수입은 증대되지 않았다. 무역협회가 1768년 폐쇄된 후에 소금 가격은 벵골의 전 지역을 통틀어 하락했다는 사실이 클라이브의 개혁 시도가 원주민을 위한 실효성 있는 조치가 못 되었음을 증명하는 것이다.

4 이중통치제도와 '벼락부자'

플라시 전투 이후 클라이브가 고심했던 것 가운데 하나가 '백인(白人, gora log)'의 도움으로 토후 직에 올랐다는 자파르의 죄책감과 굴욕감을 어떻게 해결하느냐 하는 문제였다. 자파르가 시급히 노력해야 할 일은 그의 신민(臣民)들에게 영국인의 지지가 아니라 스스로의 힘으로 지위를 유지하고 있음을 보여주는 것이었다. 벵골 지방의 지도층 무슬림 중 다수가 동인도회사 측의 간섭과 보호 정책에 거부감을 갖고 있었다. 이와 같은 분위기는 벵골 무슬림의 뇌리에서 시라즈 웃 다울라의 억압 정책은 까맣게 지워버렸으며 축출되어 피살당한 그에 대한 동정심을 불러일으켰다. 영국인에 대한 무슬림의 반감과 시라즈 웃 다울라에 대한 동정심은 벵골 지방의 힌두 지식인들에게도 지지를 받고 있었다. 이러한 느낌은 문학작품에서도 나타났다. 이 지역의 힌두 시인 나빈 찬드라 센 Nabin Chandra Sen은 「플라시 전투」라는 장문의 시를 발표했다. 힌두 민족주의의 창시자라는 명성까지 얻은 벵골 지방의 소설가 차터지 Bankim Chandra Chatterji는 "나빈은 거침없는 수법으로 애국심을 표현했다. 그것은 마치 용암과도 같이 분출하고 있다. 만약 벵골에서 태어난 사람으로서 벵골인들의 가슴속에서 끓어오르는 비탄의 소리를 들으려 하지 않는다면 그는 벵골인으로 태어날 필요가 없었으리라."[110]라고 나빈의 시를 찬양했다.

클라이브의 제2기 지배가 비교적 성공적이라고 평가할 수 있다면 그것은 그가 소신껏 행동할 수 있는 절대적 권한을 행사했기 때문이었다. 클라이브는 벵골 지사인 동시에 군사령관이었다. 클라이브를 돕기 위해 네 명의 참사위원이 임명되었다. 그가 사실상 전권을 행사할 수 있었던 것은 또한 특별위원회가 그가 임명한 사람들과 친구들로 구성되었기 때문이었다. 특별위원회는 참사위원회와는 독립적으로 행동할 수 있는 권한을 갖고 있었다.

클라이브는 다시 부임하자 슈자 웃 다울라를 오우드의 토후로 복위시켰으며, 오우드로부터 취득한 코라와 알라하바드 지역을 무굴 황제 샤 알람Shah Alam에게 양도함과 동시에 동인도회사가 해마다 260만 루피(23만 파운드)를 조공으로 납부하기로 했다. 클라이브는 황제의 권위를 받들어줌으로써 그에 대한 반대급부로서 특권을 얻기를 기대했다. 그 결과 그는 황제로부터 벵골 주, 즉 벵골과 비하르 및 오리사 지방의 '디와니diwani'를 인정받았다. 디와니는 징세와 민사 재판을 관장할 수 있는 권한을 뜻한다. 원래는 토지세를 징수하여 일부는 토후에게, 그리고 일부는 무굴 황실에 납부하게 되어 있었으나 중앙정부와의 긴밀한 관계가 유지되지 못하는 상태에서 황실은 지대를 제대로 받지 못하고 있는 실정이었다. 황제의 입장에서 볼 때 코라와 알라하바드로부터의 지대 확보와 클라이브가 약속한 연 260만 루피의 조공은 지금까지의 그의 형편에 비추어 한층 나은 대우였으므로 주저하지 않고 이를 받아들였다. 무굴 황제가 디와니를 넘겨줌으로써 동인도회사는 벵골을 직접 통치하는 데 주요한 전기를 맞이했다.

벵골 토후는 무굴 황제의 대리인으로서 두 가지 권한을 가졌다. 하

---

110) N. C. Chaudhuri, 앞의 책, 266~267쪽.

나는 디와니의 권한이며, 다른 하나는 군사력을 통솔하고 형사재판을 관리하는 '니자마트 nizamat'의 권한이었다. 1765년 새로 즉위한 18세의 벵골 토후 나짐 웃 다울라는 니자마트를 동인도회사에 양도했다. 클라이브는 새 토후로 하여금 연 530만 루피의 수입을 지급받는 대신에 토후의 모든 권리를 동인도회사에 넘기도록 유인했던 것이다. 따라서 동인도회사는 황제로부터는 벵골의 디와니를 획득했고, 벵골 토후로부터는 니자마트를 넘겨받았다. 동인도회사는 징세권뿐만 아니라 군사권 및 사법권까지 행사하게 되었으니 이제 벵골은 완전한 영국 지배 아래 들어간 셈이었다.

벵골 토후가 자발적으로 지배권을 동인도회사에 이양한 것 같지는 않다. 클라이브가 1765년 6월 말 무르시다바드로 가서 어린 토후 나짐 웃 다울라를 만난 후 통치권은 인도인 무하마드 레자 칸Muhammad Reza Khan이 이끄는 각료위원회에 위임되었는데, 이 위원회는 동인도회사의 대리인이 초안하고 감독하는 규정에 따라 움직였다. 통치권은 사실상 동인도회사에로 넘어갔고 토후는 모든 비용 조로 연 530만 루피를 지급받기로 했다. 참사위원회에서 클라이브는 액수가 너무 많은 것 같기는 하지만 그래도 이 정도는 주어야 한다고 말했고, 어린 토후는 "신에게 감사한다. 이제 내가 좋아하는 여러 무희들과 어울릴 수 있겠구나."[111] 하고 즐거워했다.

클라이브의 원거리 여행은 계속되었다. 일인승 가마를 타고 여행했지만 가마꾼 이외에도 부채를 든 사람, 담배통을 든 사람, 과자 만드는 사람, 면도사 및 이발사가 동행했으며 클라이브의 코끼리와 말을 돌봐주는 일단의 병사들이 뒤를 따랐다. 클라이브는 8월 초 바라나시에 도착하여 북사르 전투에서 카심과 동맹을 맺고 영국 측에 대항했

---

111) 같은 책, 375쪽.

던 오우드의 토후 슈자 웃 다울라에게 토후 직을 다시 보장해주었다. 클라이브는 오우드로부터 취득한 영토 가운데 코라와 알라하바드 두 지역을 제외한 모두를 전쟁배상금으로 500만 루피를 지불받는 조건으로 그에게 돌려주었다. 토후 직을 복위시켜준 데 대해 슈자 웃 다울라는 매우 만족했으며 클라이브는 배상금 액수를 관대하게 책정하여 오우드와의 우호 관계를 도모했다.

클라이브는 코라와 알라하바드를 알라하바드에 머물고 있는 무굴 황제에게 양도하면서 겉으로는 클라이브 자신이 관중 앞에서 두 개의 청원을 하는 형식을 취했다. 하나는 나짐 웃 다울라를 벵골 토후로 공식적으로 임명해달라는 것이었고, 또 하나는 이 지역의 디와니를 동인도회사에 넘겨달라는 것이었다. 그는 이를 황제에게 정중히 제의했다. 황제는 말할 것도 없이 여기에 동의하여 다음 날 칙령을 내려 이를 인정했다.

무굴 황제의 칙령은 장래 영국이 인도를 지배하는 데 법적 근거를 마련해주었다. 나중에 초기 인도 통치의 부패상을 영국 의회에 고발했던 버크도 "이 칙령은 동인도회사를 인도의 정치조직체에 합법적으로 입문시킨 위대한 법이었다. 이는 벵골 상관에 하나의 확정된 법적 형식을 부여했다. 모든 인도의 세력들이 처음으로 이를 알고 인정하게 되었는데, 그것은 의심할 여지없이 특허장에서 연유한 것이다."[112]라고 특별한 의미를 부여했다.

영국 동인도회사의 인도에서의 재정 사정은 새로운 계기를 맞게 되었다. 동인도회사는 무굴 황제에게 조공으로 연 260만 루피를 그리고 벵골 토후에게 연 530만 루피를 지불한 후에는 벵골 지방의 여분의 세수를 관리할 수 있는 권한을 갖게 되었다. 투자와 재정의 측면

---

112) 같은 책, 378쪽.

에서 새 시대가 도래한 것이었다. 벵골 지방으로부터 거두어들이는 세금이 동인도회사의 전체 투자액에 상당했으므로 더 이상 유럽으로부터 금은이 유입될 필요가 없었다.[113] 클라이브는 자신의 업적을 곧 본국의 동인도회사 이사회에 보고했다. 그는 "디와니를 넘겨받음에 따라 내년에는 165만 파운드(1,830만 루피)의 순수입을 거둘 것이며, 이는 동인도회사의 '투자'와 대중국 무역을 위한 자금 공급에 도움이 될 것으로 전망된다. 앞으로는 주민들을 억압하거나 과중한 부담을 지우지 않으면서도 벵골에서 200만 파운드의 순수입을 올릴 수 있다."[114]라고 자신했다.

물론 정치적 의미도 컸다. 벵골 토후가 가지고 있던 지배권의 마지막 흔적이 사라졌다. 인도에서 재화를 유출시킨다는 근본적인 경제적 폐해 말고도 디와니의 이양은 이중통치제도(二重統治制度)로 알려진 것을 낳았다. 이로 인해 외형적으로는 토후 정부가 행정에 책임을 지나 실제적으로는 동인도회사가 세수와 정치적 권력을 향유하게 된 것이다. 디와니를 획득한 후에 클라이브는 "동인도회사는 토후의 이름이 드리운 그늘에 숨은 채로 비밀리에 거대한 통치 조직의 엔진을 가동시키는 원동력이 되었다."[115]라고 환호했다. 벵골 토후는 오직 이름뿐 재정에 관한 모든 통제권을 상실했으며 고정된 급여에 만족할 수밖에 없었다.

1765년 초에 체결한 나짐 웃 다울라와의 협약으로 동인도회사가 토후로부터 모든 통치권을 빼앗아가자 토후는 정치적 지배권을 부(副)토후로 임명된 레자 칸에게 넘길 수밖에 없었다. 레자 칸은 벵골의 새로운 지배자로 등장한 클라이브의 의지에 따라 동인도회사를

---

113) N. Sinha, 앞의 책, 43쪽.
114) Mark Bence-Jones, 앞의 책, 220~221쪽.
115) *Clive's Letter to the Court*, January 24, 1767.(N. Sinha, 앞의 책, 43쪽에서 재인용.)

위해 일하게 되었지만, 원래 그는 두 명의 벵골 토후, 즉 자파르 부자에 의해 토후 대행으로 임명되어 니자마트 문제에 관해 광범한 권력을 행사해온 인물이었다. 그는 토후의 교육을 책임졌으며 토후의 저택을 관리했고 재정을 떠맡아왔다. 그는 이제 니자마트 부문의 절대적 명령권을 가졌을 뿐만 아니라 디와니 문제에 있어서도 주요한 권력을 행사했다. 한마디로 레자 칸은 토후의 이름으로 절대 권력을 휘두르게 되었다.[116]

레자 칸은 동인도회사의 수중에 있는 단순한 도구에 불과했으므로 영국인들이 벵골의 통치 기구를 장악하고 있었음은 의심할 여지가 없다. 벵골 토후는 클라이브의 동의를 얻지 않고는 세무 분야 관리한 사람조차 임명할 수 없었다. 레자 칸은 클라이브의 지시에 따라 1766년 니자마트의 공공 예산을 120만 루피나 삭감했는데 이는 클라이브가 "쓸모없는 말, 코끼리, 물소, 낙타 등에 소요되는 액수"라고 판단했기 때문이다.[117] 클라이브는 토후의 군대야말로 쓸모없는 오합지졸이자 한심한 동양 군대의 전형이라고 생각했지만, 토후의 군대를 축소하는 것은 그만큼 동인도회사에 유리한 조치이기도 했다.

유럽 열강이 비서구 세계를 지배하는 데에는 직접 통치와 간접 통치의 두 가지 형태가 있었다. 스페인이나 포르투갈은 중남미 대륙을 직접 통치로 다스렸으며, 영국은 인도에서 일찍부터 간접 통치를 발전시켰다.

클라이브는 벵골 지방을 직접 통치하지는 않았다. 통치의 책임까지 넘겨받지 않은 이유에 대해 클라이브는 동인도회사가 영국인 직원들을 충분히 훈련시키지 못했기 때문이라고 말했지만,[118] 사실 그는 벵골을

---

116) A. Ali, "A Son of Mir Jafar", *Bengal Past and Present*, Vol. 63(1943), 44쪽.

117) Ranjit Sen, *Social Banditry in Bengal 1757~1793*(Calcutta, 1988), 88쪽.

118) Mark Bence-Jones, 앞의 책, 222쪽.

지배하는 데 원주민 대리인을 필요로 했던 것이다. 동인도회사는 징세권을 장악했으며 따라서 군사적 방위의 의무 또한 져야 했다. 원주민 대리인으로 활약했던 대표적 인물로는 레자 칸, 둘라브람 라이 Durlabhram Rai, 시타브 라이 Shitab Rai가 있었다. 이들은 부정부패의 여지가 있는 다양한 특권을 가지고 동인도회사를 위해 봉사하는 사람들이었다. 클라이브는 세 사람을 위해 연 120만 루피의 보수를 책정했다. 액수가 너무 많다는 점을 인정하면서도 클라이브는 그들의 능력과 책임을 고려하면 적절한 보상을 해야 한다고 주장했다.[119] 레자 칸은 벵골의 징세청부업자인 '자민다르 Zamindar'를 다루는 동인도회사의 대리인이었다. 세금의 징수권은 동인도회사가 임명하는 원주민에게 주어졌다. 군대는 동인도회사의 휘하에 들어갔으나 사법 업무는 토후의 손에 남아 있었다. 실제적인 권력은 동인도회사가 장악하고 있으면서도 가능한 한 원주민에게 실무를 의존하며 표면상으로는 토후의 권위를 유지시키는 것이 클라이브의 정책이었다.

한편 영국 의회에서는 인도에서의 영국인의 행태에 관한 비판의 목소리가 높아졌다. 의원들은 동인도회사 직원들이 엄청난 재물을 축적하여 영국 하원의 의석을 사들이는 현상을 개탄하며 경고하고 나섰다. 1770년 초 채텀 경 Lord Chatham은 "지난 몇 년 동안 많은 치명적인 결과를 낳아온 재화가 이 나라로 유입되고 있다. 왜냐하면 그것은 노동과 산업에 따른 정규적인 자연 생산이 아니기 때문이다. 아시아의 재부가 우리에게 쏟아지고 그와 함께 아시아적인 사치뿐만 아니라 내가 두려워하는 바의 아시아적 통치 원리가 유입되고 있다. 연고도 없고 고장에 대한 관심도 없이 외국에서 금을 가지고 들어온 자들은, 어느 누구도 대대로 물려받은 유산으로써는 대항할 수 없는

---

119) N. C. Chaudhuri, 앞의 책, 380쪽.

부패의 격랑을 일으키며 의회의 의석을 찾아 몰려오고 있다."[120]라고 주장했다.

2년 후 영국 하원에서 31명으로 구성된 특별위원회와 13명으로 구성된 기밀위원회가 조직되어 인도 문제 조사에 착수했다. 1757~1760년의 벵골 문제를 다루기 위해서는 말할 것도 없이 클라이브가 증언대에 설 수밖에 없었다. 클라이브는 스스로를 '양(羊) 도둑'이라고 여기면서도 토후 자파르로부터 예물을 받은 일로 자신의 청렴성이 비난받을 때는 오히려 의아하게 생각했다. "나의 행동이 보여준 절제에 찬사를 받을 자격이 없단 말인가? 플라시의 승리와 내가 이루어낸 상황을 생각해보라. 위대한 군주가 나의 의향에 달려 있었고, 풍족한 도시가 나의 처분에 놓여 있었으며, 가장 부유한 은행가들이 나의 미소를 얻기 위해 서로 경쟁했다. 나는 오직 내게만 활짝 열려 있는 둥근 천장이 있는 복도를 양손에는 금과 보석을 쌓아 들고서 걸었다."[121] 그의 당당한 변호에도 불구하고 의회에서의 비판의 목소리는 높았다. 이는 결국 인도에서 동인도회사의 활동을 규제해야 한다는 이른바 '인도통치규제법(the Regulating Act, 1773)'을 제정하는 계기가 되었다.

벵골은 대기근 이전에 이미 파멸할 지경에 이르렀다. 농업과 상공업이 몰락하여 주민들은 집을 버리고 도적이 되기도 했다. 이러한 현상은 플라시 전투 이후 급격히 악화되었는데, 몇 사람의 토후가 동인도회사에 의해 폐립(廢立)되는 등 정치적 혼란의 영향 때문이기도 했지만 그보다는 영국인들이 지배권을 이용하여 사실상 교역을 독점함으로써 기존의 인도 상인들은 영국인의 인도인 대리인인 악명 높은 고마스타에 의해 밀려났기 때문이었다. 클라이브와 그의 동료들이 저지른 가장 큰 실정(失政)은 모든 사람들의 필수품인 소금과 면직물

---

120) A. Huttenback, 앞의 책, 7쪽.
121) 같은 책, 7쪽.

등의 거래에 깊숙이 관여한 것이었다. 본국의 동인도회사 이사회는 직원들의 사무역에 따른 악폐를 시정하도록 지시했지만, 얼마간의 노력에도 불구하고 클라이브는 결국 자신이 부임할 때 척결하라는 사명을 부여받았던 그 악습, 즉 뇌물과 사무역을 통해 더 많은 재물을 모아가지고 귀국했던 것이다.

영국 사람들이 '나보브 Nabobs'라는 이름을 붙인 새로운 집단이 출현했다. 원래는 인도의 토후 귀족을 부르는 이름이었지만 벼락부자 nouveaux riches라는 의미의 영국인 나보브는 귀족이나 부유한 가문 출신이 아니었다. 그들은 16세 정도의 어린 나이에 인도에 가서 큰 재물을 모아 영국으로 되돌아온 사람들이었다. 최상류층과 교류할 기회를 많이 갖지 못한 그들은 어색하고 부자연스러운 행동을 보이며 졸부 특유의 거만함을 내비치는 사람들이었다. 그들은 영국인들을 놀라게 하는 생소한 습관과 천박한 기호를 가지고 있었다.

나보브의 습관과 생활 태도는 인도의 토후나 귀족들을 모방한 것이었다. 인도의 영국인들은 처음에는 공작 깃털로 만든 부채를 사용했으나 18세기 후반에 이르러 인도의 영국인 사회에 본격적으로 흔들부채인 푼카 punkah가 도입되었다. 영국인들이 식사하거나 휴식을 취하고 있을 때 원주민 하인들은 천장에 매달아놓은 커다란 사각형의 흔들부채를 쉬지 않고 땀 흘리며 잡아당기는 광경은 매우 사치스러워 보였음에 틀림없다.

후카 hookah 흡연은 1750년대부터 크게 성행했다.[122] 벵골의 유럽인

---

122) 후카는 지역과 계층에 따라 부르는 이름이 다르지만 봄베이 지방에서는 크림 캔 cream cans으로 알려졌고, 하층민이 애용하는 허블버블 hubble bubble과 유럽식을 닮은 캘리언 kalyan이 있었다. 수라트 지방에서는 나길 nargils이라고 불렀으며, 캘커타 지방의 후카는 가마에서 사용할 수 있도록 크기가 작았는데 구구리 googoory라고 불렀다.

들은 저녁 식탁에서 각자의 앞에 후카를 놓았으며 이는 여성들에게 까지도 확대되었다. 후카 예절에서 최고의 경의를 표하는 방식은 주인이 피우던 후카를 손님에게 권유하는 것이었는데, 이 경우 자신의 마우스피스를 뽑아내고 새 것으로 교체해서 건넸다.

새로운 근무자로 인도에 온 영국인에게는 사치였음에도 불구하고 후카는 매력적이었으며 1770년대에 가면 후카 흡연은 아주 일반화되었다. 수연통(水煙筒)을 제작하는 데 은과 값비싼 목재와 면직물이 쓰였으므로 파이프보다 훨씬 비쌌고 따로 흡연을 위해 하인이 필요했기 때문에 18세기 말에 이르면 후카는 값싼 시가 cherhoot로 대체되어 갔다.

일인승 가마 팰런킨 palanquin은 인도에서 영국인들의 생활에 거의 필수품 역할을 했다. 팰런킨은 사무실에 출근하거나 원거리 여행을 할 때 이용되었으며 영국으로부터 부임한 직원은 하급 직이라도 곧 이를 구입했다. 원래는 둘리 dooly라고 불렸으며 가벼운 대나무로 만들고 붉은 커튼으로 덮었다. 부와 위세를 과시하기 위해 조각을 하고 금은으로 만든 종을 매다는 등 점차 화려하게 장식하고 육각형 모양을 갖추게 되었다. 내부에는 안락한 의자와 베개가 마련되었고 후카 시설도 갖추었으며 여덟 명이 가마를 메었다. 나중에는 교통수단이 발달함에 따라 점차 거류지 안에서만 사용하게 되었다.

그러나 아마도 영국 상인들의 가장 두드러지고 집요한 특징은 하나의 나보브가 되겠다는 이상이었다. 초기 영국 상인들은 자신들을 어디까지나 상인으로 생각했으나 변화의 시대에 접어들면서 정치에 관여하고 토후들과 접촉하면서 재빨리 동양 군주들의 기호를 흉내 내기 시작했다. 그들은 이미 공상적으로는 한 사람의 나보브였으며 상업은 필요한 재물을 얻기 위한 방편일 뿐이었다. 1750년대의 순수한 상업 대리인이 1760년대에는 다분히 군인과 정치인을 닮은 상인으로 급격히 변모해갔으며 드디어는 '젠틀맨 gentleman'으로 자칭하게 되었다. 이는 인도에서의 영국인 사회의 한 특징이 되었다.

클라이브와 동인도회사 직원들은 '부정하게, 은밀하게, 불명예스럽게' 취득한 어마어마한 재물을 가지고 영국으로 돌아갔다. 나보브는 플라시 전투 이후 영국에 출현했다. 재부와 겉치레, 가신(家臣), 포학한 성격, 사치 등이 18세기 후반 영국 나보브의 특징이었다.[123] 클라이브는 말할 것도 없이 나보브의 전형이었다. 그는 "가장 유능하고 가장 축복받고 가장 많은 재물을 모았고 가장 높은 지위에 올랐고 형제애를 베푼"[124] 표본적인 나보브였다. 그는 주변의 부러움과 혐오감을 불러일으킬 만큼 부(富)를 과시하며 버클리 광장에서 화려하게 생활했으며 고향 슈롭셔와 클레어몬트에 각각 '궁궐'을 세웠다.

나보브가 대거 영국 의회에 진출한 것은 1768년이었다. 벵골을 점령한 후로 영국에서 '나보브'는 일상적인 용어가 되었지만, 공개적으로 노출된 것은 1771년 푸트 W. Foote가 그의 연극 제목을 "나보브"라고 붙여 공연했던 것이 처음이었다.[125] 그들은 영국의 어느 곳에 정착하든지 간에 귀족이나 젠트리들과 반목하기가 예사였다. 나보브는 일반 시민에게도 좋은 인상을 주지 못했는데, 인도에서 벌어온 돈으로 호사스런 생활을 하다 보니 그들로 인해 주변의 물가가 올라갔던 것이 그 이유 가운데 하나였다.

123) P. Spear, *The Nabobs; A Study of the Social Life of the English in Eighteenth Century India*(London, 1990), 32쪽.

124) T. B. Macaulay, *Essays on Clive and Warren Hastings*, 82쪽.

125) P. Spear, 앞의 책, 32쪽.

맺음말

클라이브가 신병 때문에 벵골 지사 직을 물러난 후 이 지방에는 인도 역사상 가장 참혹한 기근이 엄습했다. 1769년에서 1770년 사이에 벵골을 휩쓴 기근은 미증유의 참상을 보여주었다. 벵골 주민의 3분의 1, 다시 말하면 약 천만 명의 생명이 아사(餓死) 혹은 병사했으며 경작지의 3분의 1이 황무지로 변해버렸다. 기근의 직접적인 원인은 말할 것도 없이 강우(降雨)의 부족이었다. 인도에는 예로부터 기근이 간헐적으로 찾아왔으므로 벵골의 기근이 새삼스러운 것은 아니다. 그러나 이때의 기근으로 그렇게도 참혹하게 많은 생명이 죽어간 것은 주민 대부분이 겪고 있던 만성적인 빈곤 때문이었다. 만약 주민들이 풍족한 상태에 있었다면 한 지역에 한정된 식량의 부족은 인근 지방에서 매입해 옴으로써 해결할 수도 있었을 것이다. 인도 역사상 인도 아대륙 전체가 기근에 휩쓸린 적은 한 번도 없었기 때문이다. 그러나 사실상 통치권을 박탈당한 벵골 당국과 주민들은 동인도회사의 무차별적인 수탈로 인해 재력이 남아 있지 않았으므로 이웃 지역에서 곡물을 사 올 수도 없는 형편이었다.

동인도회사 직원들은 엄청난 수의 주민들이 아사하고 농지는 계속 황폐해져가는 것을 보고도 구호 대책을 강구하기는커녕 오히려 먼 지역에서 곡식을 사다가 비싼 값에 팔아서 커다란 이익을 보았다. 이 가공할 재난의 시기에 동인도회사가 취한 조세 정책은 너무도 가혹했다. 최악의 해에는 토지세를 5퍼센트 감면했으나 다음 해에 거기에 10퍼센트를 가산했다.[126] 2년 후 총독 정치가 실시되면서 1774년에 초대 인도 총독으로 임명되는 워런 헤이스팅스 당시 벵골 지사가 본

---

126) P. Roberts, 앞의 책, 167쪽.

국의 동인도회사 이사회에 보낸 보고서에서 "벵골 지역의 주민 가운데 적어도 3분의 1이 사망했고 뒤따른 농지의 황폐화에도 불구하고 1771년의 순세수(純稅收)는 1768년의 그것을 상회했다. 그와 같이 엄청난 재난의 결과에 보조를 맞추어 당연히 세수를 낮출 것으로 기대되었으나 그렇게 하지 못한 것은 이전의 수준을 유지해야 한다는 이유 때문이었다."[127]라고 밝히고 있는 점에서도 동인도회사의 징세 조치가 얼마나 가혹했는가를 뚜렷이 알 수 있다.

18세기 중엽 인도를 방문했거나 동인도회사에 근무했던 수많은 영국인들이 한결같이 칭송했던 풍요로운 벵골 지방은 그렇게 짧은 기간에 빈곤과 기아의 땅으로 변하고 말았다. 동인도회사가 플라시 전투를 계기로 벵골 지방을 장악한 후 처음 10년 동안 영국인들은 원주민을 희생시키면서 축재에 혈안이었다. 당시 동인도회사의 벵골 지배는 뇌물과 부패와 사무역이 횡행하던 무정부 상태였다. 클라이브는 인도에서 영국의 지배권을 확립하는 데 결정적인 역할을 한 인물이었지만 아무런 죄책감도 없이 예물 수수를 자행함으로써 인도 주재 영국인들의 부패와 타락에 대한 좋지 못한 선례가 되었다. 이 시기의 역사 서술에 있어서는 아무리 영국의 인도 통치를 긍정적으로 칭송한 학자라도 변명의 여지가 있을 수 없다. 2세기에 걸친 영국의 인도 통치를 온통 장밋빛으로 기술했던 역사가들조차도 "영령인도사에서 영국의 명성에 치명적이고 용납될 수 없는 불명예를 던져준 유일한 시기"[128]라고 인정할 수밖에 없었다.

예물의 수수와 사무역을 통한 무절제한 사리사욕에의 탐닉으로 원주민을 희생시켜가며 직원 개개인의 축재는 증대되었으나 동인도회

---

127) Beauchamp. 앞의 책, 23쪽 ; Romesh Dutt, 앞의 책, 53쪽.

128) Alfred Lyall, *The Rise and Expansion of the British Dominion in India*(London, 1978), 223쪽.

사의 전체적인 이익은 오히려 감소하는 결과를 가져왔다. 이후 동인
도회사가 맞이한 재정적 위기는 인도 통치 문제에 국가가 관여하기
시작하는 계기가 되었다. 영국 의회가 인도 문제를 더 이상 보고만
있을 수 없다고 판단하고 동인도(동양) 문제를 규제하기 위해 이른바
인도통치규제법을 통과시킴으로써 총독 정치가 시작되었다.

2
워런 헤이스팅스와 총독 정치의 실시

영국의 벵골 지배가 시작된 것은 동인도회사가 출범한 지 1세기 반이 지난 후였다. 본격적인 인도 경영의 길은 1757년 로버트 클라이브가 열어놓았지만, 총독 정치는 워런 헤이스팅스(Warren Hastings, 재직 1774~1785) 때부터 시작되었다.

우세한 해군력과 월등한 재력을 보유한 영국은 동인도 무역을 둘러싼 쟁탈전에서 포르투갈, 홀란드, 프랑스 등의 유럽 세력들을 차례로 제압하고 무굴 황제의 권력이 약화된 기회를 포착하여 영국의 세력을 인도 영내로 침투시켜 상업적 이득을 추구하기 위한 확고한 기반을 마련했다. 그러나 동인도회사 직원들의 무절제한 사리사욕에의 탐닉은 스스로의 기강을 문란케 했고, 그 결과로 야기된 재정적 위기는 영국 내에서 비난의 목소리를 키움과 더불어 동인도회사에 대한 통제의 필요성을 강조하게 했다.

헤이스팅스의 시대는 본국에서는 동인도회사 직원들의 무절제한 방종과 원주민에 대한 억압 정책을 자성(自省)하는 목소리가 드높았

고, 인도에서는 적극적인 영토 확장은 도모하지 않고 이미 확보한 영
토 안에서 상업적 이익만을 추구하던 때였다. 헤이스팅스가 아직 벵
골 지사였던 1772년부터 그의 총독 재임 기간이 끝날 무렵까지는 영
령인도사가 틀을 갖추어나가는 시기로서 주요한 전환점이 마련되었
다. 이 기간은 첫째, 동인도회사와 국가(영국)의 관계, 둘째, 영국 본
국과 인도에 있는 동인도회사 집행부의 관계, 셋째, 벵골의 최고집행
부와 예하 주(隸下州)의 관계를 정립하는 시기였다. 또한 동인도회사
의 방만한 경영을 더 이상 좌시하지 않고 회사를 분명하게 영국 황
실과 의회에 예속시키는 과정이었다.

총독 정치의 기반을 다지는 시기였던 워런 헤이스팅스의 지배 기
간 동안 실시된 그의 정책에 대해서는 긍정적인 평가와 부정적인 평
가가 서로 엇갈린다. 헤이스팅스가 추진한 사법, 행정 및 세제(稅制)
개혁은 성공적인 결실을 맺지는 못했지만 그 초석을 마련하는 귀중
한 준비 기간이었다는 의미를 부여할 수 있을 것이다. 그렇지만 이
부분은 논외로 하고 여기서는 다만 헤이스팅스의 정책 가운데 대체
로 비판적 평가의 표적이 되고 있는 원주민 세력과의 관계를 중점적
으로 살펴보고자 한다.

1 영국 의회의 간섭

클라이브 시대에 영국 동인도회사가 자행한 원주민에 대한 무차별
적 착취와 뒤따라 일어난 인도 역사상 미증유의 참담한 기근을 경험
한 바 있는 영국 정부와 의회는 어떤 적절한 대책을 강구해야만 했
다. 당시 영국 정치인들 앞에 놓인 주요한 과제는 동인도회사의 '유
사주권quasi-sovereignty'을 제국 의회에 필수적으로 예속시키는 일

을 어떻게 조화롭게 해결하느냐 하는 것이었다.

여기에는 세 가지 접근법이 있었다. 첫째는 동인도회사의 특권과 권한에 관여하지 않는 채로 방치하면서 약간의 실용적인 '생활법(生活法)'이 마련되기를 기다리는 것이다. 둘째는 인도 내의 회사 소유지에 대한 완전한 주권을 국가가 장악하고 동인도회사의 직원을 영국 국왕의 문관으로 바꾸는 것이다. 셋째는 국가와 동인도회사가 협력하는 것으로서, 행정의 고급 부문에 관련된 모든 문제에 있어서는 국가가 지배적이고 우선적인 사원(社員)의 지위를 맡지만, 상업의 독점과 세부 행정의 처리는 동인도회사의 몫으로 인정하며 또 중요한 사원의 서임권(敍任權)도 국왕의 재가를 받아 행사할 수 있도록 하는 것이다.[1]

앞에서 보아온 바와 같이 동인도회사 직원들의 탐욕적인 사리(私利) 추구는 원주민의 출혈을 강요하고 부패와 사치 풍조를 조장했다. 그로 인한 원주민의 빈곤화는 동인도회사의 미래의 이익을 위태롭게 만들었다. 다수의 영국 국민과 동인도회사 직원 가운데서도 긴 안목을 가진 사람들은 더 이상 무질서한 부패가 계속되는 것을 우려했다. 클라이브는 일찍이 1759년 피트 수상에게 보낸 서신에서 동인도회사를 정부가 직접 관리한다면 영국 국민의 조세 부담이 훨씬 줄어들 것이라고 전망했다.[2] 그러므로 첫 번째 방법은 계속 부패를 조장시킬 것이므로 바람직한 조치라고 보기 어려웠다.

두 번째 경우는 너무나 급속한 개혁이 될 터였다. 동인도회사는 무굴제국의 단순한 대리인으로서 벵골, 비하르 및 오리사를 다스려왔다.

---

1) H. Dodwell ed., *The Cambridge History of Indian Empire*, Vol. IV, *British India 1497~1858*(Cambridge, 1979), 108~109쪽.

2) P. Roberts, *A Historical Geography of the British Dominions*, Vol. VII, *India I* (London, 1975), 179쪽.

그것은 일개 주식회사에는 주어질 수 있는 지위였지만 대영제국의
정부에 인정될 수 있는 지위는 아니었다. 만약 인도의 일부가 영토적
소유물로서 영국 국왕에 의해 병합된다면 그 행위는 무굴제국에 대
한 완전한 주권 침해이며 영국은 동양에 있는 유럽 열강 대표들과의
분쟁 속에 말려들어 갈 것이다. 그리고 아직까지 영국은 영토에 대한
탐욕은 거의 없었으며 상업적인 이익이 그들의 주요한 관심사였다.
그러므로 갑작스러운 변혁에 의해 그들의 이권이 흔들리게 되는 것
은 영국인들이 바라는 바가 아니었으므로 두 번째 방법도 현명하다
고는 할 수 없었다.

따라서 헤이스팅스 시대는 이 세 번째의 가능성을 점차적으로 실
현해나가는 과정이었다. 그리고 헤이스팅스의 통치권이 미치는 범위
는 사실상 벵골, 비하르 및 오리사에 한했으므로 앞으로 다루어갈 문
제도 결국 이들 지역에 국한될 것이다.

영국 의회는 1766년 처음으로 인도 문제에 관심을 갖게 되었다. 이
내 국왕이 동인도회사의 모든 재산을 장악해야 한다는 주장이 대두
되었다. 그러나 이듬해 동인도회사가 새로운 영토를 소유하고 그 세
금을 계속 향유하는 대신 그 대가로 연 40만 파운드를 국가에 지불
하는 조건으로, 국가가 직접 회사에 개입해야 한다는 주장은 철회되
었다.[3]

그러나 당시 재정적인 타격을 받기 시작한 동인도회사의 형편에서
볼 때 이 금액은 너무나 무거운 부담이었다. 이러한 시기에 20여 년
동안 인도에서 근무했던 워런 헤이스팅스가 벵골 지사(知事)로 임명
되었으나, 이때 벌써 재정적인 위기는 닥쳐와 있었다. 동인도회사 이
사회는 노스F. North 수상에게서 100만 파운드의 대부금을 받아 파

---

3) V. Smith, *The Oxford History of India*(Oxford, 1977), 520쪽.

산 지경에 이른 재정을 추스리는 수밖에 없었다.[4] 그해 초에 회사의
이익배당금이 12.5퍼센트라고 발표했기 때문에 이 조치에 대한 반발
은 더욱 맹렬했다. 이러한 재정적 위기 상황으로 말미암아 동인도회
사에 대한 비판의 목소리가 높아졌고 의회가 동인도회사에 개입해야
한다는 여론이 지배적이었다.

1773년에 두 개의 법률이 통과되었다. 첫 번째 법률은 4퍼센트의
이자율로 140만 파운드의 국가 대부금을 인정하여 동인도회사의 재
정 위기를 극복하고 그들의 이익배당금을 제한하며 이익금은 국고에
기탁하도록 하는 내용이었다. 다음 법률은 보다 더 중요한 것으로 동
인도 문제를 '규제하기 위한 to regulate' 법이었기 때문에 인도통치규
제법 the Regulating Act이라고 불렸다. 이 규제법에 대해 동인도회사
는 맹렬하게 반발했다. 동인도회사는 그들이 가장 신성하고 안전한
상태에서 소유하고 있는 모든 특권이 파괴될 것이라며 반대했다. 이
법은 '규칙'이라는 이름 아래 회사의 모든 권한을 당장 말살하고 결
국 그 권한은 국왕에게 넘어갈 것이라고 그들은 주장했다. 또 한편
버크는 이 조치의 원리가 "국민의 권리, 국민의 신앙 및 국민의 정의
에 대한 위반"[5]이라고 기술했다. 그러나 이 법은 하원에서 131대 21로
통과했으며 다음 해부터 실시되었다.

인도통치규제법의 요점은 다음과 같다. 인도의 통합 회사와 관련된
여러 문제를 보다 더 잘 관리하기 위해 한 명의 총독과 네 명의 참
사위원을 임명한다. 그리고 모든 영토의 취득과 벵골, 비하르 및 오
리사 토후국의 민사 및 군사 행정은 물론 세금에 대한 관리는 총독
과 참사위원회에게 위임한다. 총독과 참사위원회는 마드라스, 봄베이
주의 행정을 감독하고 통제할 권한이 있으며 만일 이들 지역의 위원

---

4) 같은 책, 520쪽.

5) A. Keith, *A Constitutional History of India*(London, 1986), 70쪽.

회가 벵골의 총독과 참사위원회의 동의 없이 인도의 토후들과 개전 및 선전포고를 하거나 또는 평화조약을 체결하거나 협상할 경우 이는 법률에 저촉된다. 그러나 총독과 참사위원회로부터 명령이 도착할 때까지 전쟁이나 협상을 연기할 수 없을 만큼 위험하고 긴박한 사태일 경우와 봄베이와 마드라스에서 본국의 동인도회사로부터 특별명령을 받았을 경우에는 예외로 한다. 총독과 참사위원은 각각 벵골의 윌리엄 요새에 도착한 시점으로부터 5년 동안 재임한다. 이들은 국왕의 명령이나 이사회의 결정이 아니고는 재임 기간 동안 면직당하지 않는다. 또 국왕의 명령에 의해 윌리엄 요새에 한 명의 재판장과 세 명의 판사로 구성된 최고사법재판소를 설치한다.[6]

인도통치규제법이 시행되기 이전에는 인도 통치를 위한 뚜렷한 체제가 세워져 있지 않았다. 지사와 아홉 명으로 조직된 위원회가 벵골 주를 다스렸지만 그들 각자의 권한도 뚜렷하게 규정되지 않았다. 그런데 규제법에 의해서 마드라스 및 봄베이 등은 독자적으로 조약을 체결하거나 전쟁을 수행할 수 없다는 점에서 벵골에 예속되었다. 더욱이 지사들은 동인도회사의 행정, 세무 및 이익에 관련된 모든 조치에 대해 정기적으로 총독에게 보고해야 했다.

그러나 헤이스팅스는 재임 초기에 예하 주에 대한 지배권을 거의 행사하지 못했다. 참사위원회에서 그의 결정권은 수적으로 압도당하고 있었으므로 주정부에 궁극적으로 영향력을 행사할 수 있는 것은 총독의 의견보다는 오히려 참사위원들의 의견이었다. '벵골 주 총독'이란 명칭은 마드라스와 봄베이에 대해 결코 우위가 아니라는 점을 강조하고 있으며 '인도의 총독'은 아직 존재하지 않았다.[7]

규제법은 벵골 지역을 비롯해 영국의 지배 아래 있는 모든 지역의

---

6) A. Keith ed., *Speeches and Documents on Indian Policy*, Vol. I(Oxford, 1955), 45~59쪽.
7) P. Roberts, 앞의 책, 170쪽.

전반적인 행정을 총독과 참사위원회에 일임했는데 이들이 다루는 모든 행정상의 문제는 다수결에 의해 처리되었다. 총독도 참사위원회의 다른 위원들과 똑같이 한 표의 권한을 행사했으며 만약 네 명의 참사위원의 의견이 반반으로 나뉘게 되면 결정투표권을 행사할 수 있었을 뿐이었다. 그러나 다수의 의견에 따라 결정권이 주어지므로 네 명의 의견이 동등하게 양편으로 나뉜 경우에 총독의 결정투표권이라는 것은 참사위원 한 사람의 투표권과 다를 것이 없었다.

이러한 규정은 다른 식민지에서의 관습과는 다른 것이었다. 식민지의 지사는 참사위원회로부터 조언은 들었지만 실제로 지배를 받지는 않았고 유사시에는 참사위원을 해임시킬 권한도 가졌으며 그들의 임명을 추천하는 책임이 있었다.[8]

인도통치규제법은 초대 총독과 참사위원의 명단을 밝히고 있는데 워런 헤이스팅스 총독 이외에 클래버링J. Clavering, 먼슨C. Monson, 프랜시스P. Francis 및 바웰R. Barwell이 참사위원회의 구성원이었다. 헤이스팅스와 이들 참사위원들은 사사건건 대립했다. 헤이스팅스의 계획은 참사위원회에서 다수의 횡포에 의해 거의 묵살당했으며 결정투표권을 행사할 일도 없었다. 먼슨은 남부 인도에서 근무한 일이 있었으나 프랜시스나 클래버링은 전혀 인도에서의 경험이 없었고 특히 프랜시스는 자신이 "벵골 지사(총독)가 되는 도정(道程)에 서 있다."[9]라고 생각했다. 헤이스팅스와 프랜시스는 걸핏하면 대립했으며, 권총으로 결투를 벌여 한 사람은 겨드랑이에 상처를 입고 다른 한 사람은 쓰고 있던 모자에 구멍이 뚫리는 정도에서 물러나기도 했다.[10]

---

8) A. Keith, *A Constitutional History of India*, 76쪽.

9) P. Roberts, 앞의 책, 183쪽.

10) Jadunath Sarkar, "Warren Hastings as seen by Maratha Envoy", *Bengal Past and Present*, Vol. 72(1953), 33쪽.

이 세 사람은 모두 헤이스팅스 총독에게 비협조적이었고 첨예하게 대립했다. 이들 때문에 약 2년간 헤이스팅스의 권한은 거의 무시당했다. 다만 리처드 바웰이 헤이스팅스에게 협조적이었는데, 그는 이미 인도에서 근무한 일이 있는 당시의 전형적인 인도문관이었다.

1776년 먼슨이 사망한 후에야 비로소 헤이스팅스의 결정투표권이 행사될 수 있었다. 다음 해 클래버링도 사망하자 총독은 참사위원회에서 지지자의 동의를 얻어 그의 정책을 수행해 나갈 수 있었다. 먼슨과 클래버링의 후임으로 휠러Wheler와 쿠트 E. Coote가 각각 임명되었는데, 쿠트는 처음에는 프랜시스와 행동을 같이했으나 점점 헤이스팅스에게로 기울었고, 휠러는 명성보다도 현금을 더 좋아했기 때문에 헤이스팅스가 차이트 싱 Chait Singh과 오우드의 왕후를 불명예스럽게 다루는 것을 묵인했다.[11] 바웰이 사직했고(1779) 프랜시스는 총독이 되려는 희망을 달성하지 못하고 귀국했다(1780). 그 후임으로 맥퍼슨Macpherson과 스테이블스Stables가 취임했으나 이전과 같은 갈등은 없었다. 결국 헤이스팅스가 총독으로서 주도권을 행사할 수 있었던 것은 마지막 5년뿐이었다.

인도통치규제법은 영국 내에 있는 동인도회사에 관한 문제를 처음으로 다루었다. 주주총회에서 투표권을 갖는 사람의 자격을 500파운드에서 1,000파운드로 상향 조정하고 적어도 12개월 동안 그 주식을 소유한 사람으로 제한했는데, 이 조치는 주주들끼리 결탁해서 주식을 이양하는 행위와 그 결과로 생긴 투표권의 증가를 막기 위한 것이었다.

동인도회사의 직원들은 인도에 파견되어 거액의 재화를 획득하면 귀국한 다음 그 돈으로 동인도회사의 주식을 다량 매입한 후 다수표를 확보하기 위해 이 주를 세분함으로써 주주총회에서의 발언권을

---

11) A. Keith, *A Constitutional History of India*, 77~78쪽.

강화하고 이로 말미암아 이사회에 과도한 영향력을 미쳤다. 그러므로 이사회의 규정에 대한 개혁은 이사회 임원들에게 그들의 임기 동안 정책 추진상의 안정성을 부여하고 부정한 서임권의 분배에 의해 투표권을 획득하려는 유혹을 물리침으로써 국내에서나 국외에서 지속적이고 일관된 정책을 수행하도록 고무시키려는 견지에서 입안됐던 것이다.[12]

그러나 이 개혁의 결과로 1,246명의 소주주가 주주 자격을 박탈당했다. 이 조치는 주주총회의 질적인 개선을 이룩하지 못했고 동양에서 돌아온 회사 직원에 의해 주주의 권한이 매입되는 것을 막을 수도 없었다. 한편 매년 새로 이사를 선출했던 것을 4년에 한 번씩으로 규정하자, 클라이브가 말한 대로 그들은 재직 기간 중 전반은 이사 자리를 얻느라 걸머진 채무를 이행하는 데 소비하고, 후반은 유세를 하면서 다음 선거를 준비하느라고 보냈다.[13]

인도통치규제법은 국왕이 총독에게 동인도회사에 대한 지배권을 부여하고자 제정한 것이었지만 앞에서 본 바와 같이 총독에게 주어진 권한은 그리 강력한 것이 되지 못했으며, 특히 참사위원회에서의 대립은 헤이스팅스가 그의 정책을 관철해나가는 데 커다란 장애가 되었다. 총독은 영령인도를 다스리는 우두머리였지만 이 지역을 효과적으로 다스리기에 충분한 권한을 부여받지는 못했다. 헤이스팅스가 대내적인 문제를 처리해나가는 데 곤란을 느꼈던 것은 이 규제법 때문이었다.

인도통치규제법은 이론상으로는 하나의 개혁이었지만 그 세칙이 실제로 규정되지는 않았다. 동인도회사에 대한 국내의 감독은 대체로 내각에 의해 이루어졌지 인도에 대한 전문적인 지식을 가진 특수 단

---

12) H. Dodwell, 앞의 책, 189쪽.
13) 같은 책, 100쪽.

체에 의해 다스려지지는 않았다.[14] 이 규제법은 인도 문제가 의회에서 주요 쟁점이 된 이후 처음으로 통과된 조치였다. 그 결점은 곧 뚜렷이 나타났으나 미국의 독립전쟁 때문에 개선책을 강구할 만한 여유를 갖지 못했다.

그러나 인도통치규제법은 동인도회사의 조직뿐 아니라 인도에서의 통치 구조 또한 변화시켰다. 이 규제법에 의해 완전하지는 않지만 벵골 주가 영령인도의 모든 민사적, 행정적, 군사적 권한을 갖게 되었다. 그리고 아직 미숙한 단계였지만 어느 정도 영국의 지배권이 미치는 지역을 하나의 최고 지배권에 예속시켰다. 이는 영령인도를 단일한 지배 체제 아래 다스리게 되는 첫 번째 거보(巨步)였다. 규제법의 중요성은 처음으로 의회가 동인도회사에 대한 지배권을 주장했다는 점, 그리고 지금까지 동인도회사 직원들이 원주민을 상대로 저지른 비행을 방관만 하던 의회가 인도 국민에 대해서도 관심을 보이기 시작했다는 점에 있다고 할 것이다.

2 토후국에 대한 억압 정책

헤이스팅스의 대외 정책은 방어 정책으로 일관했다. 클라이브 이후 인도 내에서 계속적으로 추진된 외교 정책은 영토의 확장이 아니라 기득의 지역 내에서 평화를 유지하면서 그들의 상업적 이익을 조심스럽게 확보해나가는 것을 주요한 목표로 삼았다. 그들의 욕망은 영광을 누리거나 통치권을 행사하는 것이 아니라 평화적이고 유리한 무역의 보호에 있었다.[15] 그러므로 그들은 플라시 전투 이후 반세기

---

14) J. Williamson, 앞의 책, 203쪽.
15) A. Newton, 앞의 책, 24쪽.

동안은 더 이상의 영토 확장을 꾀하지 않았으며 오우드, 마이소르 및
하이데라바드 등의 인접 토후국들과 상호방위조약을 맺어왔다. 이들
여러 토후국들을 영국의 정치적 감독 아래 예속시키려 시도하지 않
고, 노도(怒濤)와 같은 힌두 국가, 즉 마라타족(族) 전사들의 세력을
공동으로 방어하기 위한 단순한 동맹국으로서 서로 의존했던 것이다.
일면으로 원주민과의 분쟁은 인도인들의 복지에 관심을 두는 인도통
치규제법의 정신에도 위배되는 것이었다. 그러나 방어 정책을 취한
보다 근본적인 이유는 전쟁이 일어나면 세금으로 전비를 지출해야
하며 그렇게 되면 동인도회사의 상업 부문 투자액이 감소되리라는
점을 잘 인식하고 있었기 때문이다.[16] 그러므로 여기에서는 헤이스팅
스의 대외 정책으로는 많은 비판을 받아온 로힐라 전쟁과 오랫동안
가장 큰 고심거리였던 마라타족과의 분쟁을 살펴보기로 한다.

로힐칸드는 히말라야 산맥 기슭에서부터 오우드의 서북쪽에까지
뻗쳐 있는 비옥한 소국으로서 주민의 대부분은 힌두였지만 지배 인
종은 원래 아프가니스탄에서 내주(來住)한 로힐라인이었다.[17] 로힐칸
드와 오우드는 양쪽 모두 강대국 마라타의 위협을 느꼈던 인접 국가
들로서 1772년 두 나라는 토후 하피즈 라흐마트 칸Hafiz Rahmat
Khan과 슈자 웃 다울라Shuja-ud-daula 사이에 공수동맹(攻守同盟)
을 맺었다. 그 조약은 두 조항으로 이루어져 있었다. 첫째, 양국은 우

---

16) V. Smith, 앞의 책, 507쪽.

17) 로힐칸드의 면적은 약 2만 평방킬로미터였고 인구는 약 600만 명이었는데 이 가
   운데 로힐라인은 약 15,000명 내지 2만 명으로 소수였다. 'Rohillas', 'Mountaineers',
   'Highlanders' 등은 인도에서 아프간 모험가나 이민자에게 주어진 이름이다. 각
   각의 의미가 상이했음에도 불구하고 Afghans, Rohillas, Pathans는 실제적으로 동
   일하게 사용되었다.
   오우드는 로힐칸드의 동남쪽에 위치해 있었으며 약 4만 평방킬로미터의 면적
   에 1,100만 명의 인구를 가진 나라였다.

방으로서 만약 적국이 일국을 침입하면 두 나라는 적에 대해 공동으로 대항한다. 둘째, 마라타가 로힐칸드를 침범했을 때 이들을 축출하는 일은 오우드의 토후가 책임지며 마라타가 물러가면 로힐칸드는 오우드에게 400만 루피(약 50만 파운드)를 지불한다. 이 금액 가운데 100만 루피는 즉시 지불하고 나머지 300백만 루피는 3년간에 걸쳐서 지불하기로 한다.[18] 이 조약 체결은 로힐라족의 역사에 있어서 매우 중대한 사건이었으며 로힐라 전쟁과 직접적으로 관련된 사건이기도 했다.

마라타는 1773년 로힐칸드를 침범하여 유린했다. 로힐칸드의 하피즈 라흐마트는 오우드의 도움을 청했고 오우드의 슈자 웃 다울라는 앞서 체결한 조약을 이행하기 위해서, 또 공동의 적에 대항하기 위해서 영국군과 합세하여 로힐칸드로 진군했다. 그러나 마라타의 주력 부대는 갠지스 강 피안에 포진하고는 진격해오지 않았다.

마라타와 로힐라의 태도는 매우 의심스러웠으며 로힐라는 오우드와의 동맹을 포기하고 마라타와 단독 협상에 들어간 것처럼 보였다. 즉 하피즈 라흐마트는 그들 스스로 갠지스 강의 방어를 담당할 수 있다고 생각했기 때문에 오우드의 도움을 청할 필요를 느끼지 않았던 것이다. 그러나 마라타가 도강(渡江)하자 그는 다시 오우드에 구원을 청하여 전쟁이든지, 혹은 평화적 방법이든지 간에 그들의 영토를 보호해주면 약정 금액을 지불하겠다고 약속했다.[19]

로힐라가 마라타와 비밀리에 협상에 들어갔다는 뚜렷한 증거는 없지만 슈자 웃 다울라나 영국군 지휘관 베이커 R. Baker는 이 비밀협약이 존재했다고 믿었다. 베이커는 헤이스팅스에게 보낸 서신에서 로힐라가 이중협약을 맺어 마라타에게 450만 루피를 지불하기로 약속했

---

18) J. Strachey, *Hastings and the Robilla War*(Oxford, 1955), 54쪽.
19) 같은 책, 73~74쪽.

고 실제로 이미 50만 루피는 지불했다고 밝히고 있으며, 한편 오우드의 토후도 이에 대해서 로힐라는 마라타에게 우의의 표시로 50만 루피를 지불했으며 하피즈 라흐마트의 사절이 마라타의 대표와 만나 위와 같은 협약을 맺은 것은 널리 알려진 사실이라고 시인했다.[20]

결과적으로 마라타군은 로힐칸드를 침공했으나 오우드군과 영국군의 시위로 인해 충돌하지 않은 채로 물러갔다. 슈자 웃 다울라는 곧 로힐라에게 약정액 400만 루피를 요구했으나 하피즈 라흐마트는 지불을 이행하려 들지 않았다. 오우드는 로힐라로부터 400만 루피를 받으면 그 반액을 동인도회사에게 넘겨주겠다고 베이커에게 약속한 바 있다.

하피즈 라흐마트의 지불 불이행에 분개한 슈자 웃 다울라는 조약 위반에 대한 응징책으로 로힐칸드를 공격하기 위해서 헤이스팅스 총독에게 다음과 같은 내용의 요구를 제시했다. 로힐칸드를 공격하는데 영국군이 지원해준다면, 오우드는 동인도회사 측에 500만 루피를 지불할 것이며, 무굴 황제를 설득해 동인도회사가 황제에게 지불하는 벵골, 비하르 및 오리사의 세금을 포기하도록 만들어 이들 지역에 대한 동인도회사의 소유권을 인정하게끔 하고, 만약 동인도회사가 코라와 알라하바드를 오우드에게 넘겨준다면 그 대가로 바라나시를 제외한 갠지스 강 이남의 전 영토를 동인도회사에 양여(讓與)하겠다는 내용이었다.[21]

헤이스팅스 총독은 이 제의에 호감을 가졌는데 그는 영토 확장으로 인해 여러 가지 곤란을 겪기보다는 차라리 편리한 금전을 취득함으로써 동인도회사의 재정 궁핍을 타개하는 것이 더 현명한 방법이라고 생각했다. 또 다른 한편으로는 야산과 갠지스 강이라는 자연적

---

20) 같은 책, 75쪽.
21) 같은 책, 77쪽.

인 장벽에까지 이르도록 오우드의 국경을 넓힘으로써 얻을 수 있는 전략적인 이익을 고려했다.[22] 한편 오우드의 토후도 코라와 알라하바드를 넘겨받기를 열망했다.[23] 조상으로부터 상속받은 영토를 되찾아 자신의 실추된 권위를 회복하려는 열망과 또 한편으로는 그 지역의 실제적인 가치 때문이었다. 이 두 지역의 연간 징세액은 대략 총 350만 루피로 추산되었다.[24]

양편 모두 이와 같은 이점들을 고려하고 있었으므로, 1773년 9월 순조롭게 조약이 체결될 수 있었다. 이 조약의 골자는 다음과 같았다. 첫째, 동인도회사는 코라와 알라하바드의 두 지역을 무굴 황제로부터 회수하여 오우드에게 넘겨준다. 둘째, 오우드는 동인도회사에 500만 루피를 지불하는 조건으로 이 지역을 영구히 소유한다. 셋째, 슈자 웃 다울라의 요청에 의해 출동한 영국군의 비용은 오우드가 지불하며 이 지불액 때문에 일어날 말썽을 미연에 방지하기 위해 월 25만 루피로 계산한다.[25]

이듬해 오우드의 요청에 따라 영국군은 유럽인 2개 대대와 세포이 6개 대대, 포병 1개 중대로 편성을 갖추고 베이커의 후임인 챔피언 A. Champion 대령의 지휘 아래 출정했다.[26] 하피즈 라흐마트는 오우드와 영국의 연합군에 맞서 끝까지 항전하다가 전장에서 옥쇄했다. 로힐칸드의 대부분은 오우드에 의해 병합되었다.

로힐라 전쟁은 사실상 헤이스팅스의 독자적인 계획에 의해 수행되

---

22) P. Roberts, 앞의 책, 175쪽.
23) 1765년 클라이브는 오우드로부터 쟁취한 코라와 알라하바드를 대가를 기대하고 무굴 황제에게 양도했으나, 황제는 마라타의 압력에 못 이겨 두 지역에 대한 양도증서를 넘겨주고 말았다.
24) J. Strachey, 앞의 책, 94쪽.
25) 같은 책, 95~96쪽.
26) P. Roberts, 앞의 책, 180쪽.

었다고 말할 수 있다. 이런 이유로 그에 대한 비난은 더욱 거세게 일어났다. 이 전쟁은 대체로 헤이스팅스가 인도 총독으로 부임하기 전 벵골 지사로 있을 때 일어났으며, 총독 정치의 실시를 규정한 인도통치규제법에 의해 참사위원이 부임했던 1774년 10월 이전의 대외 정책은 사실상 거의 헤이스팅스 단독으로 처리해나갔다.

로힐라 전쟁의 목적에 대해 헤이스팅스는 신임 참사위원들에게 다음과 같이 공언한 바 있다. 첫째, 동인도회사가 언제나 관여할 수 있는 오우드에 영토와 재부를 부여한다. 둘째, 오우드에 갠지스 강과 북부의 산악 지대로 이루어진 자연적인 국경을 형성하도록 함으로써 동인도회사 영토의 방어선을 구축한다. 셋째, 병력을 빌려줌으로써 동시에 군사비를 절약한다. 넷째, 400만 루피의 약정액을 지급받는다.[27] 오우드와 로힐라 사이에 체결된 약속을 로힐칸드가 이행하지 않았으므로 신의를 저버리는 행위는 전쟁을 일으킬 만한 중대한 구실이 되었다. 동인도회사는 강력한 위세를 떨치고 있는 마라타를 두려워하고 있었으므로 완충지대로서의 오우드의 위상을 강화함으로써 자신의 영토를 확장시키려는 계획은 헤이스팅스가 로힐라 전쟁에 참여한 주요 목적이기도 했다.[28]

그러나 헤이스팅스의 대외 정책이 영토 확장을 추구하지 않고 방어로 일관했으면서도 로힐라 전쟁에 참여했던 가장 중요한 이유는 당시의 경제적 곤궁 때문이었다. 클라이브 이후 영국인들의 부패와 계속된 기근으로 동인도회사는 심각한 재정적인 곤란을 겪게 되었는데 이 재정난의 타개책을 모색하기 위해서 로힐라 전쟁에 적극적으로 가담했다고 볼 수 있을 것이다. 소수민족의 희생을 강요한 헤이스팅스의 로힐라 정책은 동인도회사에는 커다란 이익을 안겨주었을지

---

27) J. Strachey, 앞의 책, 245쪽.
28) V. Smith, 앞의 책, 509쪽.

몰라도 원주민의 인권을 유린한 가혹한 처사였다는 비난을 면할 수 없을 것이다.

다음으로 동인도회사와 마라타의 관계를 고찰해보자. 마라타인들은 봄베이 동쪽 산악 지대를 본향으로 하고 있으며 신체적으로는 왜소하나 활동적이고 성격이 거친 종족이었다. 그들은 아우랑제브 무굴 황제가 말한 바와 같이 '데칸 고원의 산(山)쥐'로, 단순한 약탈자와 산적으로 비난받아왔다. 현대 학자들도 마라타족의 정체를 '도둑의 나라' 정도로 평가하곤 한다.[29]

마라타 왕국은 서부 인도의 세력이 약화된 17세기 중엽에 흥기했다. 그들은 시바지(Shivaji, 1627~1680)에 의해서 하나의 국가로 통합되었으며 그 세력을 중남부 지방으로 확대해나갔다. 시바지 이후에는 군주의 권한이 약화되고 페슈와(Peshwa: 총리)의 권한이 증대되었다. 18세기 중엽 시바지가(家)의 왕국은 사실상 페슈와에 의해 영도되는 마라타 연맹이 되었다. 새로운 연맹의 명목상의 우두머리는 시바지의 후손에 의해 계승되었지만 실권은 페슈아가 행사했다.

마라타 연맹은 힌두 세력 가운데 가장 강대했으며 북부 아프간 세력에게는 위협적인 존재였다. 18세기 중엽의 약 10년간은 마라타족과 아프간족 가운데 누가 인도의 주인이 되느냐를 결정하는 투쟁의 시기였다고 말할 수 있다. 인도에서 마라타는 무굴제국을 실질적으로 대신할 가장 강력한 세력으로 떠오르고 있었다. 그들은 로힐칸드를 침범했으며(1769), 동인도회사 영토의 변경을 위협했다. 마라타족은 무굴 황제 샤 알람Shah Alam에게 그들의 왕좌에 앉도록 제의했다. 무굴 왕조에 맞서 세습적으로 반항을 일삼아 온 반도의 손아귀에 자신을 의탁해서는 안 된다는 영국 측의 간곡한 권유에도 불구하고 황

---

29) 같은 책, 509쪽.

제는 마라타족의 제안을 받아들였다. 황제는 마라타의 수도 푸네로 호송된(1771) 후 영국인이 예언한 대로 자신이 이름뿐인 보호자의 수중에 든 단순한 국사범(國事犯)이라는 사실을 깨달았으며,[30] 클라이브가 바친 코라와 알라하바드를 마라타에게 넘겨줄 수밖에 없었다.

영국 동인도회사 측에서 볼 때 이들 지역의 점령을 마라타에게 허용한 것은 벵골의 외곽을 적에게 내어준 것과 다름없었으며, 황제에게 벵골 지방의 디와니의 대가로 매년 지불해온 금액을 계속해서 납부하는 것은 결국 마라타의 국고를 채워주는 결과가 될 터였다. 헤이스팅스는 황제에게 지불해온 조공을 중지하기로 결심하고 이 두 지역을 500만 루피를 지급받는 조건으로 넘겨주었다.

하이데라바드로부터 공격 위협을 받고 있던 마라타의 사실상의 실권자인 라구나트 라오Raghunath Rao는 영국 동인도회사의 봄베이 지사에게 도움을 청했다. 봄베이 지사와 참사위원회는 주변의 바세인과 살세트 지역을 점유함으로써 그들의 항구에 대한 방비를 강화하길 희망했으므로 마라타의 접근에 호의적이었다. 그러나 라구나트는 영국의 군사적 지원은 원했으면서도 중요한 이들 지역을 동인도회사에 넘겨주어야 할 만큼 위급한 상황에 몰리지 않았기 때문에 이를 받아들이지 않았다. 동인도회사와 마라타 동맹은 수차례의 전투에서 승패를 주고받으며 수라트 조약(1775년 3월), 푸란다르 조약(1776년 3월), 살바이 조약(1780년 12월)을 체결했다. 그 결과로 영국 측은 영토의 일부를 넘겨받았으며 라구나트를 축출하고 페슈와의 지위를 확립시키는 데 기여했을 뿐이다. 마라타와의 분쟁 과정에서는 헤이스팅스 총독부와 봄베이 주의 보조도 전혀 맞지 않았다.

7년 동안에 걸쳐서 지지부진하게 계속되었던 마라타 전쟁을 통해

---

30) P. Roberts, 앞의 책, 173쪽.

영국 동인도회사는 오직 살세트 지역만을 얻었을 뿐 막대한 전비 지출에 비해 물질적인 소득은 거의 없었다. 헤이스팅스는 마라타 전쟁으로 인해 심한 재정적 타격을 받게 되었으며, 그 후 재정적 궁핍을 타개하려는 차원에서 인근 약소민족을 압박했던 것은 후일 영국 의회에서 그의 정책에 대한 격렬한 비난을 불러일으킨 원인이 되었다.

그러나 살바이 조약은 영국 동인도회사와 마라타와의 관계를 새롭고 분명히 규정함으로써 이후 20년 동안은 분쟁 없이 평화적인 우호 관계가 유지되었다. 인도의 제1세력인 마라타족을 제압함으로써 영국은 남인도의 만만찮은 공격적 인물인 티푸 Tipu Sultan과 그의 동맹인 프랑스 세력에 성공적으로 대처할 수 있는 여유를 갖게 되었다. 마라타 전쟁의 승리로 말미암아 동인도회사가 인도에서 지배적인 세력으로 승격하게 된 것은 헤이스팅스 총독의 공헌이라고 평가할 수 있다.

헤이스팅스 총독의 대외 정책은 영토 획득을 기도하지 않고 현상을 유지하면서 동인도회사의 세력을 공고히 하는 것이었다. 그의 대외 정책도 역시 본국 이사회의 직접적인 간섭으로부터 자유롭지 않았다. 헤이스팅스는 사신(私信)에서 다음과 같이 말했다. 이사회는 동인도회사의 이익을 위해 어떤 세력과도 대립하는 것을 바라지 않는다. 그들이 보내온 첫 번째 명령은 인도의 모든 세력에 대한 간섭을 절대적으로 금하라는 내용이었고, 이번 것은 인도의 제1세력(마라타)에 대해서는 간섭하고 개전(開戰)하라는 내용이었다.[31]

그러므로 동인도회사가 인도에 대해 내정 간섭과 영토 확장을 삼갔던 것은 원주민의 공리를 위해서라기보다는 회사 자체의 이익을 안정적으로 확보하기 위한 조치였다고 보아야 할 것이다. 그렇지만

---

31) A. Keith, *Speeches and Documents on Indian Policy*, Vol. I, 92쪽.

그들의 영토의 안전이 위협당하거나 이권이 침해를 받을 때에는 인도 토후국에 대한 내정 간섭과 영토 침략도 불사했음을 알 수 있다. 영국군이 원주민과 싸워 승리할 수 있었던 것은 첫째는 원주민 세력이 분열되어 있었으며, 둘째는 잘 훈련된 인도인 용병(세포이)을 보유하고 있었기 때문이다.[32]

3 헤이스팅스의 탄핵재판

워렌 헤이스팅스가 벵골 지사에 부임하여(1772) 총독 직을 사임할 때까지 14년간에 걸쳐 추진한 대내외 정책은 영국의 인도 통치에 있어 많은 진전를 보인 점이 사실이지만, 한편 그의 정적들로부터 끊임없이 비판받아오기도 했다. 그의 퇴임 후 헤이스팅스의 정책에 대한 비판은 영국 의회에서 격렬한 논쟁을 불러일으켰다. 헤이스팅스에 대한 탄핵재판은 그의 정책의 공과를 평가하는 데 도움이 될 것이므로 논쟁의 표적이 되었던 세 개의 사건——난드 쿠마르 Nand Kumar 사건, 차이트 싱 사건, 오우드의 왕후 사건——만을 약술하기로 한다.

벵골 브라만 계급의 실력자이며 부호인 난드 쿠마르는 1775년 헤이스팅스가 전 벵골 토후 미르 자파르의 왕후를 젊은 토후 무바라크 웃 다울라 Mubarak ud daula의 보호자로 임명하는 대가로 그녀로부터 354,105루피를 뇌물로 받았다고[33] 캘커타 참사위원회에 고발했다.

이와 같은 고발은 헤이스팅스의 정적인 참사위원 프랜시스, 먼슨, 클래버링에게 환영받았다. 왕후는 15만 루피를 지불했다고 시인했고, 또한 헤이스팅스도 무르시다바드로 왕후를 방문했을 때 '사례금'으로

---

32) C. Ransome, *Our Colonies and India* (London, 1968), 73쪽.

33) R. C. Majumdar & C. Datta, *An Advanced History of India* (London, 1976), 786쪽.

알고 그 금액을 받은 사실을 인정했다. 헤이스팅스가 시인하자 반대파인 참사위원회의 다수는 문제가 된 금액을 동인도회사의 금고에 납입하도록 요구했다.

헤이스팅스는 이들의 요구를 묵살하고 난드 쿠마르와 몇 명의 인도인을 불법 공모범으로 기소했다. 이들이 한 인도인을 시켜 헤이스팅스와 바웰이 또 다른 뇌물을 받았다고 고발하도록 강요했다는 죄목이었다. 난드 쿠마르 등은 열두 명의 영국인 배심원들이 진행한 심리를 받았으며 모든 피고는 수뢰(受賂)재판소의 판결에 따라 헤이스팅스에 대한 음모 혐의에서 방면되었다.

그러나 난드 쿠마르는 한 인도인 은행원에 의해 문서위조 혐의로 제소되었고 최고재판소는 극형을 언도한 데 이어 사형을 집행했다. 이 사건이 유죄로 판결 날 가능성이 거의 보이지 않을 무렵에 헤이스팅스는 "그는 감옥에 가서 처형될 가능성이 많다."라고 예견했는데 그대로 들어맞은 셈이었다.[34]

난드 쿠마르는 벵골 정계에서는 널리 알려진 인물이었으며 일찍이 로버트 클라이브는 그에게 매우 호감을 가지기도 했다. 클라이브는 그를 "허영심과 자만심이 있고 이기적이지만 친구와 동업자로서는 신임할 만한 사람"이라고 보았으며, 후임 벵골 지사 베럴스트도 그를 신뢰했다. 그러나 워런 헤이스팅스는 난드 쿠마르를 "가장 비열한 인간"이라고 비난했으며, 수십 년이 지난 후 원한의 감정이 많이 누그러졌을 법한데도 여전히 "나는 난드 쿠마르 이외의 어느 누구와도 결코 개인적인 원수가 된 일이 없다."라고 말할 정도였다.[35]

난드 쿠마르의 사형 판결은 명목상으로는 문서위조 혐의 때문이었

---

34) Edward Thompson, *Rise and Fulfilment of British Rule in India*(Allahabad, 1986), 116쪽.
35) 같은 책, 117쪽.

지만 실제로는 감히 총독을 고발했다는 이유 때문이었다.[36] 그러나 난드 쿠마르는 두 가지 서로 다른 혐의로 기소되었는데, 모의에 대한 혐의는 헤이스팅스와 바웰이, 문서위조 혐의는 모한 프라사드라는 인도인이 고소인이었다.

난드 쿠마르의 재판에는 최고재판소의 재판관 네 명이 모두 착석했다는 점으로 보아 총독과 최고재판소 사이에 사전 협의가 있었을 것이라고 생각할 수도 있다. 그러나 헤이스팅스와 재판장 임페이 E. Impey가 항상 상대방의 견해에 동조했던 것만도 아니었으므로 임페이의 반대에도 불구하고 다른 세 명의 판사가 공모하여 처리했거나 그렇지 않으면 그들이 임페이를 맹목적으로 추종했다고도 생각할 수 있다. 또 문서위조 혐의에 대해서도 난드 쿠마르를 기소한 인도인이 헤이스팅스의 사주를 받았을지 모른다고 추측할 수 있으나 사실은 난드 쿠마르가 헤이스팅스를 고발하기 몇 달 전에 이미 그는 문서위조 혐의로 기소된 상태였다.[37]

또 한편으로는 프랜시스 등의 참사위원이 왜 사형 집행 유예를 요구하지 않았던가 하는 점도 이해하기 어려운 문제다. 이 경우에 관해서는 다수의 참사위원이 난드 쿠마르를 사형시킴으로써 헤이스팅스를 궁지로 몰아넣으려고 생각했거나, 혹은 원주민으로 하여금 영국의 고위 관리를 비난하면 가혹한 형벌을 받는다는 것을 납득시키기 위한 조치였다고도 볼 수 있다. 아무튼 문서를 위조했다는 혐의로 사형을 집행한 것은 너무나 가혹하다는 것이 중의였다.

최고재판소가 원주민에 대해 재판권을 행사할 수 있는가 하는 점도 의심스럽다. 왜냐하면 최고재판소는 인도통치규제법에 의해 인도에 와 있는 영국인, 특히 동인도회사 직원들의 비행을 다루기 위해

---

36) P. Roberts, 앞의 책, 187쪽.
37) 같은 책, 187쪽.

설치된 재판소였기 때문이다. 최고재판소 재판장 임페이는 영국법이 캘커타에 적용될 수 있다고 주장했다. 왜냐하면 캘커타는 거대한 상업 지구이기 때문이었다. 그러한 장소에서는 상업 활동을 보호하기 위해서라도 문서위조와 같은 범죄는 엄하게 다루어져야 했다.[38] 그러나 스코틀랜드와 아직 영국 식민지였던 미국에서는 이처럼 엄중한 법이 적용되지 않고 있었다. 더욱이 난드 쿠마르의 범죄가 저질러진 것은 최고재판소가 설치되기 5년 전의 일이었다.

명목상의 우두머리에 불과하긴 했지만 벵골 토후는 청원서에서 재판장 임페이가 난드 쿠마르를 너무 혹독하게 밀어붙이고 있다고 지적했다. "이 나라의 관습은 문서위조를 중죄로 취급하지 않으며 당신들의 나라에서처럼 목숨을 빼앗지는 않는다."라고 말하면서 영국 국왕의 선처가 알려질 때까지 처형을 연기해줄 것을 청원했다.[39] 난드 쿠마르의 처형이야말로 벵골 지방의 진정한 지배자가 누구인가를 분명하게 보여준 사건이었으며 벵골 토후는 한갓 이름뿐인 우두머리라는 것이 증명된 셈이었다.

난드 쿠마르의 처형은 문서위조범을 극형으로까지 몰았던 영국법이 난드 쿠마르 이후 몇 년 동안 인도에서 시행되지 않았다는 점[40]에서도 의문의 여지가 있다. 유명한 역사가 매콜리는 헤이스팅스와 임페이가 공모해 법적인 절차를 밟아 난드 쿠마르를 제거했다고 주장했다.[41] 임페이는 난드 쿠마르의 광범한 영향력과 거대한 부(富)라는 관점에서 볼 때 형의 감면이 원주민의 마음속에 최고재판소가 부패했다는 인상을 줄 것이라고 생각하여 무겁게 다루었는지도 모른다.[42]

---

38) E. Thompson, 앞의 책, 138쪽.
39) 같은 책, 138쪽.
40) P. Roberts, 앞의 책, 169쪽.
41) E. Thompson, 앞의 책, 139쪽.
42) P. Roberts, 앞의 책, 189쪽.

또한 문서위조 때문에 사형에 처한 일은 이슬람 법에서 유래한 벵골 형법의 규정에는 없는 일이었으며, 영국의 형벌을 인도인의 경우에 적용한 것은 인도의 법률 전통에 위배된 일이었다.[43] 이와 같이 난드쿠마르의 처형은 많은 의문점을 내포하고 있으나 총독을 공격하는 행위가 얼마나 위험스러운 짓인가 하는 것을 분명히 납득시키려는 목적이 포함되었으리라고 충분히 상상할 수 있다.

마라타 전쟁으로 인해 동인도회사의 재정은 심각하게 고갈되었으므로 헤이스팅스 총독은 이 재정적 곤경을 극복하기 위해서 차이트 싱과 오우드의 왕후에게 압력을 가했다. 이 두 사건은 헤이스팅스의 탄핵재판에서 가장 치명적으로 공격받은 대목이었으며 그의 명성을 불가피하게 어느 정도 떨어뜨렸던 일이기도 하다.

바라나시의 토후인 차이트 싱은 오우드에 의존해왔으나 1775년의 조약 이후 그의 충성심을 영국 동인도회사로 돌리고는 지주 형식으로 토지를 소유했다. 그러므로 그의 실제적인 지위는 자민다르나 마찬가지였다. 그는 "연약하고 어리석고 비굴하기는 했지만" 헤이스팅스에게 "공적인 면에서나 교역, 심지어 보석을 구입하여 영국으로 보내는 사사로운 일에까지 도움을 주었다."[44] 그래서 헤이스팅스는 차이트 싱을 '아들'이라고 부를 정도였다.

차이트 싱은 매년 225만 루피(22만 파운드)를 동인도회사에 납입해왔으나 1778년 마라타가 마이소르 및 프랑스 세력과 동맹을 맺자 헤이스팅스 총독은 이 정기적인 조공 외에 전비(戰費)를 위한 특별 헌금으로 50만 루피를 '요구'했다. 차이트 싱은 이 요구가 단 1년에 국한된 것이어야 하며 6~7개월 동안 지불을 유예해달라고 요구했으나 헤이스팅스는 이를 거절하고 즉시 지불하라고 강요했다.

---

43) V. Smith, 앞의 책, 506쪽.
44) N. K. Sinha ed., *The History of Bengal 1757~1905*(Delhi, 1987), 64쪽.

이듬해 영국군이 차이트 싱을 압박하기 위해 진격했을 때 그는 이에 굴복하여 50만 루피를 지불했으며 자기를 위압하기 위해 고용되었던 군대의 몫으로 20만 루피를 추가 납부해야 했다. 그러나 1780년에도 50만 루피에 대한 요구는 반복되었다. 차이트 싱은 사사로운 뇌물조로 20만 루피를 제공하여 헤이스팅스의 요구를 완화시키려고 시도했다. 헤이스팅스는 처음에는 거절했으나 다음 번에는 이 금액을 받아 군비로 쓰고 또 기병 2,000명(후에 1,000명으로 줄였다.)을 제공할 것을 요구했다. 차이트 싱은 500필의 말과 500명의 기병만을 동원하며 헤이스팅스의 양해를 구했다. 헤이스팅스는 이를 묵살하고 벌금으로 500만 루피를 강요하겠다고 다짐했다.[45]

헤이스팅스는 "나는 동인도회사의 재정난을 타개하기 위해 필요한 자금을 차이트 싱의 죄과에서 거두어들이기로 결심했다. 한마디로, 그가 용서를 빌기 위해 지불하도록 만들거나, 그렇지 않으면 그가 지난 날에 저지른 범죄 행위에 대해 혹독한 앙갚음을 가할 것이다."[46]라고 분명히 밝혔다. 헤이스팅스가 마음에 품고 있었던 범죄 행위란 참사위원 클래버링이 총독의 자리를 차지하려고 시도할 때 차이트 싱이 저지른 어리석은 행동을 말하는 것이었다. 차이트 싱은 클래버링 측과 공모하였는데 헤이스팅스는 모든 것을 알고 있었다.[47] 차이트 싱은 이때 클래버링이 총독이 될 것이라고 생각하고 캘커타에 사람을 보내 참사위원 다수의 지지를 얻으려고 노력하는 모습을 보이기도 했다.

헤이스팅스가 차이트 싱에게 벌금으로 요구한 500만 루피는 "의심할 나위 없이 상당한 액수였지만 그는 차이트 싱이 자민다르로서 1년 동안 거두어들이는 지대(地代)를 밑도는 액수일 뿐"이라면서 고집을

---

45) H. Dodwell, 앞의 책, 296쪽.
46) E. Thompson, 앞의 책, 160쪽.
47) 같은 책, 160쪽.

꺾지 않았다. 차이트 싱은 헤이스팅스가 머물고 있는 북사르로 달려갔으나 헤이스팅스는 면담을 거부하면서 토후의 근거지인 수도 바라나시에서 만나겠다고 답변했는데 이는 그의 주민들 앞에서 토후에게 모욕을 주려는 것이었다.[48]

차이트 싱은 이에 굴복할 수밖에 없었으나 그들의 지배자가 근거지인 바라나시에서 모욕을 당한 것을 목격하고 분개한 토후의 군대가 동인도회사 군대의 영국인 300명과 세포이 1개 대대를 학살했다.[49] 그 결과를 두려워한 나머지 차이트 싱은 결백을 주장할 겨를도 없이 되돌아가서 자신의 군대에 가담해버렸다. 헤이스팅스는 간신히 몸을 피할 수 있었으며, 차이트 싱은 자신의 영토 밖으로 도망하고 토후의 직위는 그의 조카에게로 넘어갔다. 지금까지 해마다 225만 루피씩 지불해오던 것이 이제 400만 루피로 늘었다. 동인도회사는 이곳의 민사재판권 및 형사재판권과 경찰권을 장악했다.

동인도회사 군대는 차이트 싱 작전에서 약탈한 전리품들을 차지했지만 헤이스팅스는 소란을 피우고도 차이트 싱으로부터 돈을 받아내지 못했으며 따라서 부족한 재정을 충당할 수 없었다. 그나마 있던 230만 루피마저 포팜 대위와 그의 부하들이 성 안의 금고에서 탈취한 후 부관까지 가담하여 각각 2만 루피씩 나누어 가졌다.[50]

차이트 싱의 정확한 법적 지위가 무엇이었는지는 여전히 의문을 갖게 한다. 그는 독립적인 토후였는가 혹은 단순한 자민다르였는가? 그는 분명히 자민다르의 지위를 가지고 있었으면서도 상당히 독립적이며 예외적인 위치에 있었다. 징세청부업자로서의 자민다르였다면

---

48) 같은 책, 160쪽.

49) Jadunath Sarkar, "Warren Hastings as seen by the Maratha Envoy", *Bengal Past and Present*, Vol. 72(1953), 34쪽. 그러나 대부분의 책들은 영국군 장교를 포함한 몇 명의 영국인과 세포이만이 피살당한 것으로 기록하고 있다.

50) N. K. Sinha, 앞의 책, 65쪽.

그에게는 동인도회사의 규정에 따라 모든 자민다르에게 부과되는 일반적인 지대만이 요구되었을 것이다. 그러나 동인도회사는 차이트 싱에게는 일률적인 의무만을 적용하지 않고 그 이상을 요구했다. 다음 의문은 동인도회사가 상식적인 액수의 조공 혹은 지대를 뛰어넘는 225만 루피라는 기부금을 부과할 수 있느냐 하는 점이다. 헤이스팅스는 "모든 신민에 대한 전체적인 봉사와 보호를 위해 적절하다고 판단할 때 그러한 할당금을 요구하는 것은 어느 정부에게나 주어진 권리"라고 주장했다.[51] 법적인 정당성은 어떠했든지 간에 헤이스팅스가 힘없는 토후를 이런 방법으로 다룬 처사는 무자비한 보복이었다는 비난을 면할 수 없을 것이다.

바라나시로부터 계획대로 자금을 취득하지 못한 헤이스팅스 총독이 다음으로 눈을 돌린 곳이 오우드였다. 오우드 토후 아사프 웃 다울라Asaf ud daula는 동인도회사에 약 150만 루피의 조공을 체납 중이었다. 토후는 이 금액을 지불할 만한 능력이 없었다.

그런데 오우드의 두 베감(아사프 웃 다울라의 조모와 모친)은 많은 토지와 약 2,000만 루피에 달하는 보물을 가지고 있었다. 토후 아사프 웃 다울라는 이 재물에 대한 재량권을 갖기를 원했으며 이것들은 자신에게서 부적절하게 빼앗아간 것이라고 주장했다. 이슬람 율법에 따르면 왕비는 전 왕의 재산 가운데 8분의 1 이상을 배분받을 수 없었다. 따라서 이 재산은 이 소국(小國)의 지배자인 토후의 소유물이며, 전 토후가 영국 동인도회사의 채무자였으므로 이 재산에 대해 우선적으로 취득을 요구할 수 있는 권리는 동인도회사에 있다는 것이었다. 이 모든 것이 법적으로는 정당할 것이다.

전 왕이었던 슈자 웃 다울라의 왕비는 1775년 동인도회사 측의 급

---

51) H. Dodwell, 앞의 책, 298쪽.

박한 요청에 따라 토후 아사프 웃 다울라와 회사가 더 이상의 요구를 하지 않으리라는 점을 보장받는 조건에서 아들 아사프에게 이미 지불한 250만 루피 이외에 300만 루피를 지불하기로 약속했다. 그러나 아사프 웃 다울라는 그의 재산권을 회복하고 조모와 모후로부터 보물을 돌려받기를 요구했다. 헤이스팅스는 이 요구를 인정했고 두 왕후에 대한 동인도회사의 보호를 철회해버렸으나 아사프는 우유부단한 자세를 취하며 계속 망설이고만 있었다. 헤이스팅스는 오우드 지사 미들턴을 시켜 토후로 하여금 두 왕후의 재산을 몰수하도록 강요했다. 그는 영국군을 왕후들이 살고 있는 파이즈바드에 파견하여 왕후들을 구금하고 환관을 투옥시켜 태형을 가하면서 압박했다. 엉뚱하게도 헤이스팅스는 왕후들이, 가히 있을 법하지 않은 일이지만, 멀리 바라나시의 차이트 싱을 도와주었다고 주장했다. 왕후들은 굴복할 수밖에 없었고 이러한 방법으로 헤이스팅스는 1,000만 루피를 그동안 동인도회사에 체납한 금액의 명목으로 수탈했다.[52]

헤이스팅스는 차이트 싱으로부터, 또 오우드의 토후로부터 뇌물을 받아냈다. 헤이스팅스는 이러한 일을 참사위원회는 모르게 불법적인 방식으로 진행했다. 총독은 이 돈을 공적인 분야에 충당했다고 하지만 규제법은 인도 토후로부터의 예물이나 뇌물의 수수를 금지하고 있었다. 원주민 지배자를 압박하여 재화를 취득한 헤이스팅스의 행위는 비난의 대상이 될 수밖에 없었으며, 특히 동양적인 은둔 상태에서 생활한 왕후들을 압박한 것은 더욱 비난받아 마땅했다.

헤이스팅스는 1775년 차이트 싱의 영토가 "인도의 다른 어느 지역 못지않게 부유하며 잘 경작되고 있는 고장"이라고 증언했다. 토후가 축출되고 두 해 후 다시 이곳을 방문했을 때 그는 "불만에 가득 찬

---

52) V. Smith, 앞의 책, 516쪽 ; E. Thompson, 앞의 책, 163쪽.

함성을 지르는 주민의 지친 모습"을 목격했으며, 그 원인은 "부패하고 억압적인 행정" 이외의 것으로는 설명될 수 없었다. 이곳 행정부의 영국인 주재관은 이익이 생길 법한 곳만 찾아다니며 탐욕에 눈이 어두운 사람이었는데, 한 해 동안 그가 받아 챙긴 뇌물의 액수는 3만 파운드에 이르렀다.[53]

헤이스팅스는 취득한 금액을 사적으로 취하는 대신 재정난을 타개하고 마라타 전쟁 비용에 충당하는 데 사용했던 것으로 보인다. 그러나 약소국에 대한 그의 지나친 요구는 버크 등으로부터 격렬한 비난을 받게 되었다. 버크는 헤이스팅스가 "국위를 손상시킨 데 대해 영국 하원의 이름으로, 권리와 자유를 침해한 데 대해 인도 국민의 이름으로"[54] 그의 비정(秕政)을 고발했다. 버크는 1786년 11개의 항목을 들어 헤이스팅스를 고발했는데 나중에는 22개 항목으로 늘어났다.

당시 수상이었던 피트와 감독국 의장인 던다스 H. Dundas도 헤이스팅스의 다른 혐의에 대해서는 반대표를 던졌지만 차이트 싱 사건에 관련된 혐의에는 찬성표를 던졌다. 의회는 로힐라 전쟁 건에 대해서는 119대 79로 부결시켰지만, 차이트 싱 사건의 경우는 175대 68로 받아들여 탄핵재판에 회부했다.

탄핵재판은 1788년 2월에 시작하여 1795년 4월까지 계속되었는데 그동안 의회는 일곱 차례의 회기를 보냈고, 공판은 184회나 열렸으며, 7년 동안에 재판관은 연 180명이나 교체되었다. 헤이스팅스의 변호인단은 노련한 법률가들로 구성되었으며 헤이스팅스를 보호하기 위해서 기술적으로 법률을 다루었다. 한편 그의 고발인은 의회의 웅변가나 토론가들이었으므로 증거를 효과적으로 다루지는 못했다.[55] 1791년

---

53) E. Thompson, 앞의 책, 163쪽.

54) A. Keith, *Speeches and Documents on Indian Policy*, Vol. I, 154~155쪽.

55) H. Dodwell, 앞의 책, 313쪽.

에는 차이트 싱과 오우드의 왕후 사건, 계약 사기, 예물 및 뇌물 수수 혐의만 남았으며 1795년 4월에는 23대 6으로 모든 혐의에서 풀려났다.

헤이스팅스가 탄핵재판에서 승소할 수 있었던 까닭은 유능한 변호인의 선택과 장기간의 재판에 모두들 염증을 느꼈던 데에서도 찾아볼 수 있을 것이다. 그러나 그보다는 앞서 열거한 몇몇 사건들에서 비록 그가 비난받아 마땅한 점이 많긴 하지만, 취득한 금액을 사적으로 유용하지는 않았고 재정적으로 어려운 시기였음에도 그가 세운 업적에는 긍정적으로 평가할 점이 많았다는 데에 더 큰 이유가 있을 것이다.

맺음말

헤이스팅스 총독은 많은 개혁을 시도했지만 인도통치규제법의 제약으로 말미암아 독자적으로 일관성 있는 정책을 추구할 수 없었다. 그의 개혁들은 아직 완성된 단계의 것이라고는 볼 수 없었다. 클라이브 시대에 절정에 이른 영국 동인도회사 직원들의 부패한 생활 태도는 아직 완전히 시정되지 못했고, 사무역에 참여하고 또 원주민을 압박하여 재화를 취득하는 그들의 악습도 여전히 미온적으로나마 존재했다. 이 점에서는 동인도회사의 재정난을 타개하기 위한 일이었다지만 헤이스팅스 자신도 인근 국가를 억압하는 과오를 범했다.

헤이스팅스가 행정 및 사법 분야에서 추진한 개혁 또한 크게 성공적이지 못했다. 그의 독자적인 개혁은 때때로 영국 의회의 통제와 참사위원들의 비협조로 인해 효과적으로 추진될 수 없었다. 재판권의 범위가 뚜렷이 규정되지 않아서 원주민에게 가혹하게 적용되기도 했다. 동인도회사의 지배하에서 인도인은 명예로운 직위를 가질 수가 없었다. 힌두는 무슬림 왕조인 무굴제국에서도 관리나 장교로 많이 채용되었다. 인도인이 공직에 나아가더라도 하인보다 나을 것이 없는 처지에 놓이게 된 것은 영국의 통치 아래에서뿐이었다.[56]

인도 역사상 미증유의 대기근(1769~1770)이 남긴 상처에서 회복되기도 전에 농민에게 부과한 중세는 벵골 주민의 생활을 극도로 궁핍하게 만들었다. 징세청부는 투기 문제를 불러들였으며 징세관과 경작자 사이의 고래(古來)의 인격적 관계는 징세액을 인상하려는 "개성 없는 계산기의 무감각한 대리인"[57]인 징세관의 욕망 때문에 허물어져갔다. 그러나 헤이스팅스의 조세 정책은 다음 콘월리스 총독(C. Cornwallis, 재직 1786~1793) 시대의 영구정액제(永久定額制)를 산출해내기 위한 진통 과정이었다고 말할 수 있다.

콘월리스 총독의 통치는 영령인도사에 있어서 하나의 획기적인 시대를 열었다. 영국 내에서도 인도에 대한 관심이 점차 고조되었고 따라서 1773년의 규제법을 보완해야 할 필요성을 느끼게 되었다. 특히 헤이스팅스의 탄핵 사건은 영령인도사에서 중대한 전환점을 마련해주었다. 이 탄핵 사건을 계기로 총독에게는 더 큰 권한이 부여되었으며, 동시에 동인도회사에 대해서는 영국 정부의 보다 철저한 통제가 이루어지게 되었다.

워런 헤이스팅스는 총독으로 취임하기 전에 이미 인도에서 20여 년간 생활해왔으므로 인도에서의 생활에 익숙했으며, 어려서 런던의 웨스트민스터 학교에서 받은 고전 교육의 영향으로 동양 학문과 인도 고전에 깊은 관심을 갖고 있었다. 헤이스팅스는 정치적인 문제나 상업적인 문제만큼이나 문화적인 면에도 관심을 가졌으며, 인도 문화

---

56) G. Sanderson, *India and British Imperialism*(New York, 1981), 89쪽.
57) V. Smith, 앞의 책, 535쪽.

를 이해함으로써 통치의 건전한 기반을 구축하려고 했다. 그는 무굴 제국의 관청 용어였던 페르시아어와 아랍어에 능통했으며 벵골어도 유창하게 구사했다. 헤이스팅스는 캘커타에 무슬림 대학 Muslim Madrasa을, 바라나시에는 힌두 대학 Hindu College을 세웠으며, 저명한 동양학자 존스 W. Jones로 하여금 벵골아시아협회 Asiatic Society of Bengal를 창설(1784)토록 하여 인도 고전 학문 연구의 중심지로 만들기도 했다.

3

콘월리스 총독과 제도의 개혁

영국이 동인도로 눈길을 돌리고 해상 활동을 시작한 후 처음 1세기 반 동안은 오직 상업적 이익을 획득하는 데 주력했다. 영국은 동인도무역 활동을 수행하면서 유럽의 다른 강국들과는 여러 번 충돌했으면서도 인도의 무굴 정부나 다른 토후 세력과는 마찰을 피해왔다. 영국의 입장에서 볼 때 유럽 세력들과의 충돌은 동인도(동양 전체)의 이권을 장악하기 위해서는 불가피한 일이었지만 인도와의 대립은 그들의 상업 활동에 위해를 가하는 일이라고 판단되었기 때문이다. 그러나 동인도에서 활동한 유럽 세력들을 차례로 제압한 후에는 영국이 지금까지 보여온 태도가 돌변했다. 영국은 벵골과 그 주변 지역을 장악함으로써 인도에 그들의 영구적인 이권을 확립하기 위해서는 필요에 따라 원주민 세력과도 실력으로 대결할 수 있다는 점을 분명히 보여주었다.

무굴 황실의 제권(帝權)이 약화된 인도에서 영국 동인도회사는 가장 강력한 세력체로 부상했다. 벵골 지방을 중심으로 그들의 세력권

109

을 구축한 동인도회사는 처음 10년 동안 "영령인도사에서 영국의 명성에 위험스럽고 용납될 수 없는 불명예를 던져준 시기"[1]를 맞이했다.

인도에서 프랑스 세력과 벵골 토후군을 굴복시킨 로버트 클라이브는 출중한 군인으로서 영국의 지배권을 확립하는 데 커다란 역할을 했지만 도덕성이 결여된 인물이었다. 벵골 지사(知事)에 임명된 그는 토후 폐립권(廢立權)을 행사함으로써 막대한 금액을 착복했으며, 다른 영국인들도 인도인을 억압하고 무관세라는 유리한 조건에서 사무역에 깊이 가담함으로써 엄청난 재화를 취득했다. 영국인들이 무절제하게 사리사욕에 탐닉함으로써 개인의 소득은 증대했지만 동인도회사의 이익은 오히려 저하되는 현상이 초래되었다. 이러한 때에 전례 없는 가공할 기근이 엄습하여 벵골 지방의 피폐상은 극에 달했으므로 영국 의회에서는 인도를 동인도회사의 수중에 방치할 것이 아니라 직접 간섭해야 한다는 주장이 나오게 되었다.

영국 의회가 제정한 인도통치규제법에 따라 초대 인도 총독으로 워런 헤이스팅스가 임명되었다. 인도 주재 문관으로 20여 년 동안 근무한 그는 인도에 관한 방대한 지식과 충분한 경험을 토대로 다방면의 개혁을 시도했지만 규제법의 제약 때문에 효과적으로 정책을 펴나갈 수 없었다. 동인도회사 직원들의 기강을 바로잡고 인도인들이 법의 보호 아래 생활할 수 있도록 추진했던 행정 · 사법상의 개혁도 큰 성과를 거두지는 못했다. 동인도회사 직원들은 관세 없이 사무역에 참여하고 인도인들은 높은 비율의 세금을 지불해야 했던 불공평한 과세 규정을 철폐함으로써 인도인들의 내지교역(內地交易)에 활기를 불어넣었지만, 농민들의 토지 보유 기간을 확정하지 못하고 우유부단한 농정과 세정을 추진함에 따라 인도인의 어려움은 가중되어

---

1) P. Roberts, *A Historical Geography of the British Dominions*, Vol. VII, India I (London, 1984), 148쪽.

가는 경향을 보였다.

워렌 헤이스팅스의 제반 개혁이 크게 성공적이었다고 볼 수는 없지만 그것들은 장차 영국이 인도를 통치해나가는 데 기초가 되었다. 헤이스팅스가 추구했던 여러 정책들의 미비점은 후임 콘월리스 총독에 의해서 보완되었다.

이 장에서 필자는 인도에서의 영국 총독 정치가 확립되어가는 과정을 살펴보려는 바이지만 워런 헤이스팅스 총독 시대의 개혁은 앞에서 이미 부분적으로 살펴보았으므로 여기서는 콘월리스 총독 시대에 내정 개혁이 추진된 경위를 고찰해보고자 한다. 콘월리스의 대외 정책으로는 마이소르 전쟁을 들 수 있지만, 당시는 인도에서의 영토 확장이 영국이 추구했던 주요 정책이 아니었을 뿐만 아니라, 19세기에 접어들면서 본격적인 영토 확장 정책이 진행됨에 따라 이 전쟁은 웰즐리(Richard C. Wellesley, 재직 1797~1805) 총독에 의해 완결되기 때문에 여기서는 논외로 한다.

1 총독 권한의 강화

워런 헤이스팅스가 유능한 인물이었으면서도 총독으로서 자신의 정책을 의욕적으로 추진해나갈 수 없었던 것은 인도통치규제법의 제약 때문이었다. 규제법은 벵골 지방을 비롯한 동인도회사의 모든 통치 영역에 대한 전반적인 행정을 총독과 다른 네 명으로 구성된 참사위원회에 위임했는데 모든 결정은 출석 위원의 다수결에 따르도록 규정되었다. 총독도 참사위원과 마찬가지로 오직 한 표를 행사할 권리밖에 갖지 못했으며, 만약 위원 가운데 한 명이 결석하거나 사망했을 때는 총독이 결정권을 행사하게 되어 있었다. 이 규정에 따르면

한 명의 결원이 생겼을 때에야 총독의 결정권이 효력을 발할 뿐이지 참사위원 네 명의 의견이 똑같이 양분되었을 때 총독의 결정권이라는 것은 결국 참사위원 한 사람의 발언권과 다를 바가 없었다.

네 명의 초대 참사위원은 헤이스팅스가 추천했던 이들이 아니고 규제법에 이름이 명시되어 있던 사람들이었다. 헤이스팅스는 처음 몇 년 동안 대부분의 정책 결정에 있어서 참사위원들과 대립했다. 한 명의 동조자를 제외한 나머지 세 명의 위원들은 총독에게 비협조적이었으므로 총독의 계획은 다수의 횡포에 의해서 거의 묵살당했으며 결정투표권은 행사할 수 없었다. 이러한 규정은 다른 식민지의 관례와는 사뭇 달랐다. 다른 식민지에서는 지사가 참사위원회의 충고는 들었지만 실제로 좌우되지는 않았고, 비상시에는 참사위원을 해임시킬 권한도 갖고 있었으며 대개 그들의 임명을 추천하는 책임을 지고 있었다.[2]

헤이스팅스 후임으로 총독으로 부임한 콘월리스는 윌리엄 피트의 인도법(Pitt's India Act, 1784)에 명시된 규정에 따라 인도를 통치해 나가게 되었다. 피트법은 규제법이 지닌 여러 취약점을 크게 보강한 법이었다. 피트법이 제정될 수 있었던 시대적 배경은 워런 헤이스팅스 총독의 공과(功過) 심판에서 찾을 수 있다. "헤이스팅스에 대한 탄핵재판은 영령인도사에서 플라시 전투만큼이나 중대한 전환점을 가져왔다."[3] 이 사건을 계기로 영국 내에서는 인도에 대한 관심이 고조되어 총독 권한의 강화와 동인도회사에 대한 영국 정부의 철저한 통제의 필요성을 강조하게 되었다.

피트법 이전에 두 개의 법안이 의회에 상정된 바 있었다. 규제법을 보완해야 할 필요성에서 1783년 4월 영국 의회의 야당의원 던다스가

---

2) A. Keith, *A Constitutional History of India*(Allahabad, 1991), 76쪽.

3) C. Ransome, *Our Colonies and India*(London, 1985), 169쪽.

처음으로 법안을 제출했다. 국왕이 동인도회사에 알리지 않고 회사의 고위 간부를 소환할 수 있도록 하고, 총독에게는 참사위원회를 무시할 수 있는 권한을 부여함과 동시에 비상시에는 군최고사령관 직을 맡도록 하며, 예하 주에 대한 총독부의 통제력을 강화하는 것 등이 그 법안의 골자였다. 따라서 이 법안은 왕실은 총독에 대한 영향력을 강화하고, 총독은 참사위원회에 대한 통제력을 증대시키며, 한편으로 총독이 이끄는 벵골 정부는 마드라스와 봄베이 주에 대한 지배력을 끌어올리도록 하기 위한 것이었다. 그러나 이 법안은 의회와 행정부의 지지를 얻지 못해 좌초되고 말았다.

다음으로 이 해 11월 폭스C. J. Fox 수상이 두 개의 법안을 의회에 제출했다. 훗날 버크와 함께 헤이스팅스를 탄핵재판에 회부했던 그가 제출한 법안 가운데 하나는 헤이스팅스 총독의 치적을 허물어뜨리려는 것이었으며, 다른 하나는 동인도회사의 조직을 개편하기 위한 것이었다. 이 법안에 따르면 인도의 민사, 군사 및 세무 등 전반적인 행정은 7인의 감독관에게 위임되어야 하며 동인도회사의 주주총회와 이사회는 폐지되어야 했다. 이들 감독관은 4년 임기로 의회가 임명하며 결원이 생겼을 때에는 국왕의 지명에 따라 보충될 것이었다. 한편 동인도회사의 상업 문제는 9인의 보조 감독관이 전담하게 되는데 그들은 가장 많은 주식을 소유한 사람 중에서 의회가 임명한 이들이었다.

폭스 법안에 대해 동인도회사, 특히 이사회에서는 맹렬한 반발이 일었다. 그러나 버크는 "동인도회사 정부(총독부)야말로 아마 이 세상에 존재해온 정부 가운데 가장 부패하고 유해한 전제정부의 하나일 것"[4]이라고 주장하면서 폭스의 개혁을 지지했다. 이 법안은 압도적 다수의 지지를 얻어 하원을 통과했으나, 폭스와 국왕 조지 3세 간의

---

4) A. C. Banerjee ed., *Indian Constitutional Documents*, Vol. I (Calcutta, 1988), 69쪽.

불화로 "그 법안에 찬성투표하는 의원은 적으로 간주하겠다."[5]라고
왕이 공언함에 따라 상원에서는 부결되고 말았으며 폭스의 연립내각
도 붕괴되고 말았다.

위의 두 개 법안은 모두 총독의 권한을 강화하고 동인도회사에 대
한 영국의 보다 철저한 통제를 요구하는 내용이었다. 당시 영국의 조
야(朝野)에서는 인도 통치 문제에 정부와 의회가 적극적으로 간섭하
길 원하고 있었으므로 규제법의 보완책이 필요하다는 인식이 보편적
이었지만 입법 과정에서 사전 타협이 이루어지지 않아 실패하고 말
았다.

새로이 수상에 임명된 윌리엄 피트는 실패의 전철을 밟지 않기 위
해 그의 계획안을 의회에 상정하기 전에 동인도회사 측과 협상을 갖
고 인도 문제에 대한 의회의 통제 계획을 협의했다. "이 계획은 영토
와 상업 간에 연계 및 구별을 유지시키려는 것이다. 제국령에 대한
지역 행정의 책임은 의회의 대표 기구에 주어지며, 한편 상업은 동인
도회사의 수중에 남겨 놓기로 한다."[6] 피트 법안은 1784년 1월에 상
정되었으나 아직 폭스의 세력이 우세한 의회에서 부결되고 말았다.
이는 의회를 해산으로 몰고 갔으며 새로이 실시된 총선거에서는 피
트가 승리하여 재집권하게 되었다. 다시 상정된 그의 법안은 그해 8월
'1784년의 동인도회사법(the East India Company Act, 1784)'이라는
이름으로 양원을 통과했다.

피트법은 앞의 두 법안을 기초로 하여 제정되었으며, 제정 목적을
"인도에서의 대영제국의 재산과 동인도회사를 더 잘 규제하고 관리하
며, 또 동인도의 이 왕국을 보다 잘 다스리고 안전하게 하기 위함"[7]

---

5) A. Keith, 앞의 책, 95쪽.
6) B. Misra, *The Central Administration of East India Company 1773~1834*(Oxford
   University Press, 1989), 29쪽.

이라고 밝혔다. 이를 위해 인도문제위원회가 신설되었으며 국왕이 임명한 6인——한 명의 주요 각료, 재무상, 네 명의 추밀원 의원——으로 구성되었다. 이 기구는 감독국 Board of Control[8]이라고 통칭되었다. 정족수는 세 명이며 주요 각료가 의장이 되었는데 그는 의견이 동수로 양분될 때 두 사람 몫의 발언권 혹은 결정권을 가졌다.

감독국은 벵골 지방을 중심으로 하는 영령인도와 이곳에서 무역을 하는 동인도회사의 제반 문제를 관리하는 기관이었다. 즉 "감독국은 동인도에 소재한 영국 영토의 민사적, 군사적 행정과 세정(稅政)에 어떤 형태로든 관련된 모든 행동, 작전 및 여러 사건을 때때로 감독하고 지휘하고 통제할 수 있는 완전한 권한을 갖는다."[9] 피트법 제5조에 규정된 감독국의 권한에 대해서는 심한 반발이 일기도 했다. 이사회 측에서는 이 조항에서 특히 '지휘하다 direct'라는 단어는 마땅히 삭제되어야 한다고 주장했다. 이 말은 제반 조치를 맨 처음 실시할 수 있는 권한을 감독국에 부여한 것처럼 보인다는 게 그 이유였다. 던다스도 이 단어의 삽입은 도저히 "허용할 수 없는" 것이라고 비판했다.[10] 또한 감독국은 동인도에 대한 관심사를 처리하는 데 있어서 동인도회사로부터 모든 활동에 관한 보고를 받을 수 있는 권한을 갖게 되었다. 감독국 위원은 누구나 필요할 때에 동인도회사의 모든 문서를 살펴볼 수 있었으며 초록이나 사본을 요구할 수도 있었다.

---

7) A. Keith ed., *Speeches and Documents on Indian Policy*, Vol. I(Oxford, 1982), 95쪽.

8) 감독국 위원으로 처음 임명된 이들은 외상 시드니 Sydney, 재무상 윌리엄 피트, 헨리 던다스, 윌리엄 그렌빌 William W. Grenville, 멀그레이브 Mulgrave 경, 그리고 워싱엄 Walsingham 경이었다. 이들 가운데 워싱엄은 사양했고, 처음 2년 동안 시드니와 피트는 회의에 참석하는 일이 드물었다. 던다스는 가장 열성적이었으며 수석 위원으로서 사실상 의장 역할을 담당했다.

9) A. C. Banerjee, 앞의 책, 73쪽.

10) C. H. Philips, *The East India Company 1784~1834*(Manchester, 1970), 31쪽.

한편 동인도회사 이사회는 주주총회의 모든 회의록, 명령서 및 결의안 사본을 감독국에 송부해야 하며, 영령인도에 관한 민사, 군사 및 세무에 관련된 문제일 때는 회의 개최 후 8일 이내에 보고해야 했다. 또 동인도 현지 관리로부터 보내온 모든 문서는 도착 즉시 그 사본을 감독국에 송부해야 했다.[11] "감독국은 이사회가 제시한 공문서를 받아들이거나 인정하지 않거나 혹은 수정할 수 있고, 이사회로 하여금 공문서를 수정하여 보내도록 요구할 수도 있으며, 만약 이 요구를 무시하거나 시간을 끌 경우 이사회의 응답을 기다리지 않고 감독국 자체적으로 명령을 내릴 수도 있다."[12] 또 감독국은 인도의 어느 토후국과의 전쟁이나 평화 및 조약 체결에 관해 독자적인 의견을 가지고 있을 때는 이사회의 비밀위원회를 통해 인도로 비밀리에 명령과 지시를 보낼 수 있었다.

비밀위원회는 당분간 이사회가 임명하도록 했는데 위원 수는 세 명을 초과할 수 없었다. 감독국이 명령서를 내리면 비밀위원회는 사본 두 부를 벵골의 총독부나 예하 주에 송부했으며 명령서를 받은 기관은 이를 이사회가 보낸 명령서와 마찬가지로 여기고 복종해야 했다.[13]

피트법은 이사회와 주주총회의 권한을 현저히 약화시켰지만, 폭스가 그의 법안에서 주장했던 바와 같이 이들 기구를 해체시키지는 않았다. 주주총회는 권한의 대부분을 상실하고 말았다. 이사회가 감독국의 인가 아래 취한 결정은 더 이상 취소하거나 수정할 수 없게 되어버렸다. 그러나 이사회는 감독국의 지휘와 감독을 받아야 하긴 했지만 권한의 일부는 그대로 보유하고 있었다. 감독국으로부터 명령을

---

11) A. C. Banerjee, 앞의 책, 74쪽.
12) C. Ilbert, *The Government of India*(Oxford University Press, 1965), 62쪽.
13) A. C. Banerjee, 앞의 책, 76~77쪽.

116

받으면 이를 인도로 송부해야 할 의무가 있었지만, 만약 감독국의 명령과 지시 사항이 영령인도의 민사, 군사 및 세무와 관련이 없다고 이사회가 판단했을 때는 국왕에게 청원할 수 있었다. 국왕의 자문위원회에서는 그 적부를 가려 최종 결정을 내렸다.[14]

이사회는 아직 상업 문제에 관해서는 독점적인 지휘권을 보유했으며, 또 동인도회사 주재관의 서임권(敍任權)을 갖고 있었다. 다만 총독, 마드라스와 봄베이의 지사(知事) 및 3개 주의 군사령관 서임권은 이사회에 속해 있으면서도 국왕의 재가를 필요로 했다. 이들 요직에 대한 해임도 왕실과 이사회의 소관이었다.[15] 서임권을 행사하는 데 이사회는 선임자 우대 원칙의 제약을 받았으며, 3개 주의 참사위원은 반드시 주재관 가운데에서 임명해야 했다.

따라서 이사회는 감독국의 통제 아래 있으면서도 동인도 무역 지휘권과 인도 주재관의 서임권을 독점적으로 행사할 수 있었다. 이사회는 대개 감독국의 지휘 방향을 제시하고 수정하는 임무를 수행했다. 동인도 문제에 대해 실권을 행사하는 감독국의 위원이 행정부의 각료라는 점을 고려하면, 의회보다도 정부가 동인도회사에 대해 더 큰 영향력을 발휘할 수 있었다.

피트는 "동인도회사에 관련된 법령을 급격하게 고쳤다는 인상을 주지 않으려고"[16] 주재관 임명권을 그대로 이사회에 일임했다. 상업적 독점은 간섭하지 않는 채로 방치하면서 동인도회사의 행정적 업무에 대해서는 영국 내각이 실제적인 지배권을 장악하게 되었다.[17] 피트는 왕실이 동인도회사의 재산 관리권을 공공연하게 장악하여 다

---

14) 같은 책, 76쪽.

15) B. Misra, 앞의 책, 30쪽.

16) H. Dodwell ed., *The Cambridge History of India*, *Vol. V, British India 1497~1858*(Cambridge University Press, 1978), 202쪽.

17) G. M. Trevelyan, *History of England*(London, 1957), 595쪽.

스리는 데 반대했으며 회사가 의회에 그대로 종속되는 것도 원하지 않았다. 그가 내놓은 개선책은 동인도회사와 국왕이 이중으로 혹은 공동으로 다스리는 것이었다.[18] 위에서의 지휘 감독은 감독국이 맡고 실제적인 동인도회사의 활동은 이사회에 위임함으로써, 영국은 인도를 다스리는 데 이중통치제도를 채택했다.

영국이 식민지를 지배하는 데 있어서 이중통치제도는 하나의 기본적인 통치 방법이었다. 일찍이 클라이브가 벵골 지방에 영국의 지배권을 확립한 직후 주요한 행정 지휘는 동인도회사의 주재관이 행사토록 하고 실무는 원주민에게 맡김으로써 이중통치제도를 수립한 바 있었다. 그런데 모국에서 동인도회사를 지휘하는 데 또한 이 제도를 끌어들인 것이다.

참사위원회에서의 총독의 권한과 예하 주에 대한 총독부의 권한도 어느 정도 신장되었다. 총독 참사위원회는 네 명에서 세 명으로 축소되었으며 세 명 가운데 한 명은 군사령관이었는데 그는 총독 다음 서열이었다. 참사위원회에서 출석 위원 가운데 의견이 양분되었을 때 총독은 두 사람 몫의 발언권 혹은 결정권을 행사할 수 있었다. 마드라스와 봄베이의 주지사(州知事) 참사위원회도 같은 비율의 인원으로 구성되었으며, 주(州) 참사위원회에서 지사는 총독과 똑같은 방식으로 권한을 행사했다.[19]

벵골의 총독부가 예하 주에 대해 갖는 권한도 크게 신장되었다. 총독과 그의 참사위원회는 토후 세력과의 관계, 전쟁이나 평화 혹은 예하 주의 군대 및 세금의 출연(出捐)에 관련된 문제들에 있어서 인도 내의 각 주와 주정부를 감독하고 지휘하고 통제하는 권한을 갖는다고 규정하였다. 그러므로 동인도회사의 모든 외교적 관계는 이를 지

---

18) V. Smith, *The Oxford History of India*(Oxford University Press, 1985), 522쪽.

19) A. Keith, *A Constitutional History of India*, 96쪽.

원하는 데 필요한 재정과 함께 벵골의 최고 정부에 위임되었다.[20] 주정부는 총독의 허락이나 지시 없이는 원주민 세력과 협상을 추진할 수 없었다. 주정부는 모국의 이사회 혹은 비밀위원회로부터 특별한 지시를 받은 경우를 제외하고는 벵골 정부의 총독 지시에 그대로 복종하게 되어 있었다.

피트법은 총독과 그의 참사위원회에 상당한 재량권을 부여했다. 그들은 본국의 명령에 복종해야 했지만 동시에 유사시 사태를 수습할 수 있는 충분한 권한을 보유하고 있었다.[21] 화전(和戰) 문제의 경우에는 이사회의 명령에 따라 행동하게 되어 있었다. 피트법은 "인도에서 정복이나 영토 확장을 추구하는 것은 이 나라의 소망과 명예와 정책에 위배되는 조치"라고 규정하고 "이사회나 비밀위원회의 지시가 없는데도, 또는 영령인도에 적대하여 전쟁 상태에 있거나 개전(開戰)을 위한 준비가 실행되고 있지 않은데도, 총독과 그 참사위원회가 인도의 토후 세력들과 개전에 나서는 것은 불법이다."[22]라고 명시했다.

피트법은 규제법의 미비점을 크게 보완했다. 참사위원회에 대한 총독의 통제력과 주정부에 대한 총독부의 권한은 강화되었고 분명하게 규정되었다. 그러나 아직 총독이 소신껏 정책을 수행해나가기에는 미흡했다. 마드라스 지사 매카트니 G. Macartney는 1785년 2월 인도 총독에 임명되었으나, 총독에게 참사위원회를 무시할 수 있는 힘과 동인도회사 군대에 대한 최고 지휘권이 부여되지 않는 한 받아들일 수 없다며 거절했다. 매카트니가 총독 직 수락을 거절하자 피트 수상은 미국 독립전쟁에 참전했다가 귀국하여 본국에 머물고 있던 콘월리스[23]에게 접근했다. 헤이스팅스 총독의 사례를 알고 있는 콘월리스의

---

20) B. Misra, 앞의 책, 31쪽.

21) 같은 책, 31쪽.

22) A. Keith, *Speeches and Documents on Indian Policy*, Vol. I, 112쪽.

생각도 매카트니와 마찬가지였다. 피트는 콘월리스로 하여금 인도로 떠나도록 끈질기게 설득했으며 콘월리스는 매카트니가 제시한 요건이 충족된다는 조건으로 총독 직을 받아들였다.

따라서 피트법을 보완하기 위해 감독국 의장 던다스에 의해 새로운 법안이 의회에 제출되어 통과되었다. '1786년의 개정법'은 총독과 지사에게 동인도회사의 이익이나 인도에서의 영국 재산의 안전과 관련이 있다고 판단되는 특수한 경우에는 참사위원회의 결정을 무시하고 위원회의 동의 없이 행동할 수 있는 권한을 부여했다.[24] 참사위원회를 무시하고 총독이 독단적으로 행동했을 때 여기에 불만을 품은 위원에게는 서면으로 항의할 수 있는 권한이 주어졌을 뿐이다. 그러나 총독이나 지사의 이와 같은 권한은 행정 집행 과정에서 발휘될 수 있는 것이었으므로, 참사위원회에 전반적으로 부여된 입법 및 사법의 기능에 영향을 미치는 명령이나 조치를 발할 수는 없었다. 또 이 법은 총독이 동인도회사의 최고사령관 직을 겸할 수 있게 규정했으며, 참사위원회에 결원이 생겼을 때 임시로 임명할 수 있는 권한까지 갖게 했다.

총독의 권한을 크게 제약했던 인도통치규제법은 피트법에 의해 다소 완화되었고, 이어 제정된 1786년의 개정법에 따라 총독의 권한은 자신의 정책을 충분히 펴나갈 수 있을 만큼 강화되었다. 헤이스팅스 총독의 탄핵재판 이후 총독의 권한을 강화해야 한다는 여론에 따라 이와 같은 개혁이 이루어진 것이지만, 헤이스팅스를 탄핵재판에 올려

---

23) 미국 독립전쟁에 콘월리스는 영국군 지휘관의 한 사람으로 참전했는데 그의 군대는 요크타운 전투에서 위싱턴 G. Washington에게 항복하고 말았다. 그는 이 같은 불명예를 안고 있었지만 청렴결백하고 성실하며 공공심이 강한 인물로 알려져 있다.(V. Smith, 앞의 책, 530쪽 이하.)

24) B. Misra, 앞의 책, 33쪽.

놓았던 버크는 이 개정법에 대해 "특히 총독과 군사령관 직의 결합을 허용한 것은 자의적이고 전제적인 정부의 출현을 야기할 수도 있다."[25]라고 공격하기도 했다. 어쨌든 총독의 권한이 증대됨에 따라 새로이 총독에 임명된 콘월리스는 적어도 헤이스팅스가 참사위원회에서 겪었던 곤경은 모면할 수 있게 되었다.

2 사법제도의 정비

총독의 권한이 강화되고 또 여러 면에서 유리한 상황 아래 콘월리스는 총독에 임명되었다. 개인적으로 친분이 두터운 피트 수상의 천거로 인도 총독이 되었으며 동인도회사를 지휘 통제하는 감독국 의장 던다스와도 절친한 사이였다. 또 콘월리스는 영국에 있는 동인도회사 이사회의 지지를 받고 있었다. 총독의 권한이 강화되었다고 하더라도 본국에서 명령을 내리고 지휘하는 감독국 및 이사회와 마찰을 일으킨다면 인도에서 원만히 개혁을 수행해나갈 수 없을 터였다. 이러한 면에서 볼 때 그는 헤이스팅스보다 자유롭고 유리한 조건에서 자신의 개혁안을 추진할 수 있게 되었다. 콘월리스가 신임 총독으로 인도에 부임한 것은 1786년 9월이었다.[26]

콘월리스는 사법제도의 개혁을 단행했는데 그것은 헤이스팅스 총독 시대의 사법제도를 얼마간 개혁한 것이었다. 원래 벵골 토후는 무굴 황제로부터 징세 업무와 민사재판을 관리하는 권한인 디와니와

---

25) A. Keith, *A Constitutional History of India*, 99쪽.
26) 헤이스팅스가 인도를 떠난 후(1785년 2월) 콘월리스가 정식으로 인도에 부임할 때까지는 총독 참사위원회의 선임위원인 맥퍼슨J. Macpherson이 임시로 총독 직을 맡았다.

군대를 통솔하고 형사재판을 다스리는 권한인 니자마트를 위임받아
행사해왔다. 그러나 플라시 전투 이후 벵골 지방이 동인도회사의 지
배 아래 들어가고 토후 폐립권이 영국의 수중에 넘어감에 따라 토후
가 누렸던 두 권한은 동인도회사로 이양되었다. 동인도회사는 이들
권한을 직접 행사하지는 않고 위에서 지휘, 통제할 뿐 실무는 인도인
대리인에게 맡겨놓았다.

헤이스팅스는 벵골, 비하르 및 오리사의 행정구역을 개편하여 여섯
개 지역으로 나누고 각각 지역위원회를 설치했다. 그는 각각의 행정
단위를 또한 사법 관할구역으로 만들었다. 10루피 미만이 걸린 크지
않은 소송사건은 촌장이 처리할 수 있는 권한을 부여받았지만, 각 지
역에 민사재판소와 형사재판소를 설치하고 둘의 재판 관할권을 구분
해놓았다.[27]

민사사건은 그 지역에 주재하는 유럽인 징세관과 다섯 명으로 구
성된 지역위원회가 원주민 관리와 공동으로 처리했는데 원주민 관리
는 지사와 참사위원회가 임명한 사람이었다. 그러나 상속, 결혼, 카스
트 및 종교 문제에 관한 소송의 경우에는 무슬림에게는 『코란』의 규
정이, 또 힌두에게는 그들의 성전인 『샤스트라』의 규정이 구속력을
가졌다. 따라서 이슬람 법률학자인 마울비와 힌두교 사제인 브라만이
법정에 나와 적용할 법규를 해석하여 재판 진행을 도왔다. 형사사건
은 원주민 관리들만이 심리했는데 법의 해석을 위해 두 명의 마울비
의 도움을 받았으며 영국인 관리는 재판의 전반적인 지휘권만을 가

---

27) 민사재판소는 부동산, 동산, 상속, 결혼, 카스트 분규, 채무, 계약 및 지대 등
    의 사건을 다루었다. 그러나 자민다르와 탈루크다르의 계승권은 지역위원회의
    결정에 따르도록 되어 있었다. 형사재판소는 살인, 강도, 절도, 흉악범, 위조,
    위증, 폭행, 강간 및 치안 교란죄 등의 사건을 다루었다. 다만 재산 몰수와 극
    형의 선고는 이를 집행하기 전에 캘커타 항소법원의 확인을 얻어야 했다.

지고 있었다.

각 지법에는 "징세관보다 상위인 유럽인 판사가 있어서 이슬람법을 다루는 카지와 무프티, 그리고 힌두법을 다루는 판디트의 협조 아래"[28] 재판을 진행했다. 형사사건에서 카지는 무슬림뿐 아니라 힌두까지도 수사하고 심리할 수 있었다. 처음으로 제기된 소송사건을 다루기도 하고 또는 간이재판소에서 올라온 항소심을 취급하기도 했다. 재판 진행 과정은 벵골 및 오리사 지방에서는 페르시아어와 벵골어로, 비하르 지방에서는 페르시아어와 힌디어로 기록되었다.

지방재판소로부터 올라온 항소사건을 다루기 위해 캘커타에 항소민사법원과 항소형사법원이 설치되었다. 전자는 총독과 두 명의 참사위원으로 구성되며 500루피 이상이 걸린 항소사건을 다루었다. 후자는 인도인만으로 구성되었는데 사법에 관한 일반 사무를 관장하는 최고직인 수석 카지와 이슬람사제인 동시에 이슬람법의 최고 해석가인 수석 무프티가 세 명의 마울비의 도움을 얻어 항소형사사건을 처리했으며 재판의 전반적인 지휘는 총독과 참사위원회의 소관이었다.

콘월리스는 사법제도의 개혁에 있어서 먼저 민사사건과 관련하여 궁극적으로 세무와 사법사무을 분리함으로써 징세관으로부터 재판권을 박탈하는 조치를 취했다. 그러나 이와 같은 개혁이 이루어지기까지는 두 기능의 분리, 결합, 재분리 등 여러 번에 걸친 우여곡절이 있었다. 원래 징세관은 지방의 세무는 말할 것도 없고 민사재판까지 관할해왔던 것이 무굴제국의 관례였고 동인도회사가 벵골과 그 주변 지역을 통치하게 된 후에도 이를 그대로 답습했다. 징세관으로부터 민사재판권을 빼앗음으로써 세무를 사법권으로부터 분리시킨 것은 1781년의 법규에 의해서였다. 이제 민사재판 사무는 재판관의 소관이

---

28) G. N. Singh, *Landmarks in Indian Constitutional and National Development*, Vol. I (Delhi, 1983), 35쪽.

었지만 치타공 등 멀리 떨어진 지방은 지리적, 군사적 고려에 따라 아직 세무와 사법사무가 그대로 징세관의 몫인 경우도 있었다.

콘윌리스 총독은 임기 말인 1793년 세무와 사법사무를 완전히 분리시켰다. 그는 자신이 추진한 여러 개혁 가운데 가장 급진적인 조치로서 세무재판소를 철폐해버렸다. 사법사무를 겸하고 있는 기존 제도 아래서는 징세관의 주요 관심은 세금 징수에 있었다. 판사와 치안관의 지위만으로는 봉급이 충분치 않았기에 징세는 그의 수입과 깊은 관련을 갖고 있었다. 세금 징수를 소홀히 했을 경우 그에게 돌아오는 수수료가 줄어드는 것은 물론이고 당국의 불만과 감사(監査)의 화살을 받아야 했다. 사법사무의 의무가 세무와 중복되었을 경우에는 자연히 전자를 뒤로 미루었으며 제소인은 징세관이 그를 돌볼 시간을 낼 때까지 기다리는 도리밖에 없었다.

콘윌리스는 소송사건이 적체되는 현상의 심각성을 지적했다. "6만 건 이상의 소송이 미결 상태로 남아 있다. 그 대부분은 몇 년씩 끌어온 것이다. 이와 같은 지연은 소송인에게는 파멸을 가져오고, 정의의 구현이라는 목표를 좌절시키며, 국가 번영의 기초를 위태롭게 한다."[29] 총독은 여기에서 사법사무를 다루어야 할 의무를 면제해줌으로써 징세관은 이제 전적으로 세무 관리에만 전념하게 되었다. 따라서 모든 사법사무는 지방재판소로 넘어가게 되었으며 심지어 세무소송까지도 일반 판사의 소관이 되었다.

콘윌리스는 계류 중인 소송사건이 산적해 있고 항소심을 다루는 캘커타 항소법원까지는 거리상으로 너무 멀다는 점을 고려하여 캘커타 부근 지역과 파트나, 무르시다바드 및 다카 등 네 곳에 주법원을 새로이 설치했다. 주법원에는 세 명의 주재관 판사와 서기 및 인도인

---

29) 같은 책, 245~246쪽.

법률학자들[30]이 있었는데 여기서는 각 지방법원에서 올라온 항소사건을 다루었다. 그 가치가 1,000루피 미만인 소송사건은 주법원이 최종 판결을 내렸다.[31] 주법원은 엄격히 정기적으로 개정하여 항소사건을 신속히 처리해야 했으며, 지법에서의 오판을 시정하기 위해 때로는 지법 소관인 초심을 받아들일 수 있는 권한이 부여되었다. 주법원은 또한 캘커타의 항소민사법원이나 총독 참사위원회가 위탁한 사건을 심리하기도 했다. 주법원의 지위는 지방법원과 항소법원의 중간쯤이었던 셈이다. 주법원은 민사사건만을 다루지 않았고 형사재판 사무를 수행할 경우에는 순회재판소로서의 역할까지 했다.

어떤 소송이 1,000루피 이상 가는 액수일 때 이 사건은 캘커타에 있는 항소민사법원으로 넘어갔다. 이 법원은 총독과 참사위원으로 구성되며 수석 카지, 무프티(두 명), 판디트(두 명), 서기 및 기타 보조원들의 도움을 얻어 재판을 진행했다.[32] 항소민사법원은 명칭이 의미하는 바와 같이 원칙상 하급 법원의 판결에 불복하고 상소한 사건을 다루는 기관이었다. 그러나 때로는 지방법원이 어떤 사건의 심리를 거부하거나 등한시할 경우 항소민사법원은 초심 법원으로서 그 사건에 관여할 수 있었으며 정부가 특별히 위탁한 소송사건을 다룰 수도 있었다. 항소민사법원은 모든 하급 법원의 사법권 행사에 대한 규정을 제정하고 명령을 발할 수 있는 위치에 있었다. 캘커타에 소재한

---

30) 파트나 주법원에 종사한 관리들이 받은 봉급은 다음과 같이 큰 차등이 있었다. 영국인 주재관의 제1판사가 연 45,000루피, 제2판사가 연 40,000루피, 제3판사가 연 35,000루피를 지급받았으며 서기의 봉급은 월 1,000루피였다. 한편 인도인 법률가인 카지와 무프티는 월 200루피 그리고 판디트는 100루피를 봉급으로 받았을 뿐이다. 지방법원의 판사와 관리들이 받은 봉급은 대개 이 액수의 절반을 약간 상회하는 정도였다. 당시 영국 화폐(£)와 인도 화폐(Rs)의 비율은 약 1대 8이었다.

31) G. Singh, 앞의 책, 35쪽.

32) 같은 책, 35쪽.

이 항소법원이 동인도회사가 통치하고 있는 영령인도에서는 사실상 최고재판소였지만 5만 루피 이상의 액수가 관련된 송사는 영국 왕실, 즉 추밀원에 상소할 수 있는 길이 있었다.

콘월리스는 1793년의 개혁에서 소송을 제한하는 조치를 철폐했다. 빈번히 재판에 호소하는 습성을 억제하기 위해 원고는 소송을 제기할 경우 2~5퍼센트의 공탁금을 예치하도록 규정되어 있었다. 그러나 총독은 미결 사건의 누적이 "하나의 소송사건을 해결하는 데 몇 년씩 소요하는 징세관 아래에서의 태만하고 비능률적인 사법행정에 기인한다."[33]라고 주장하고, 앞으로 재판관의 신속하고 불편부당한 해결 방식이 정착된다면 소송이 지연되는 폐단은 사라질 것이라는 확신에서 공탁금 예치제를 폐지했다.

콘월리스의 형사재판 개혁도 헤이스팅스 시대의 제도를 보완하겠다는 의미에서 시작되었지만, 특징적인 점은 우선 그 권한을 인도인의 수중에서 빼앗아 영국인에게 이양했다는 점이다. 원래 민사사건은 동인도회사의 주재관이 맡아보았지만 형사 업무는 인도인에게 일임해두었다. 헤이스팅스 총독은 1775년 무하마드 레자 칸을 나이브 나짐의 직위에 임명했다. 어의상으로는 부총독이라는 의미이지만 그 기능은 형사재판과 경찰 업무를 총괄하는 것이었다.

사실 레자 칸은 일찍부터 동인도회사와 인연을 맺어온 인물이었다. 동인도회사가 벵골 지방에서 지배권을 장악한 후 토후들을 마음대로 폐립하면서 1765년 레자 칸을 나이브 나와브(부토후)로 임명했다. 그는 또 나이브 디완(부재상(副財相))으로도 임명되어 벵골 지방의 세정과 형사재판 및 치안 문제를 관할했다.

물론 레자 칸은 동인도회사의 지휘를 받고 있었지만 1765년부터

---

33) B. Misra, 앞의 책, 250쪽.

1772년에 이르기까지 벵골 지방행정 실무를 전담했다. 그를 고위 직에 임명해놓고 표면적으로 모든 행정을 관할하도록 했던 것은, 앞에서 언급한 바와 같이 영국이 사실은 벵골 지방을 완전히 통치하면서도 원주민의 반감을 사지 않기 위해 위에서 지휘 감독만 하고 실무는 인도인에게 맡기는 이중통치제도의 표본이었다. 특히 형사사건을 다루는 문제는 원주민의 감정을 자극할 위험성이 크기 때문에 인도인으로 하여금 다스리도록 계획했던 것이다.

레자 칸은 총독 참사위원회의 동의를 얻어 형사재판 분야의 개혁을 추진해나갔다. 대부분 철폐해버렸던 형사지법 23개소를 다시 설치했다. 각 형사지법에는 한 명씩의 카지와 무프티가 법률학자 마울비의 도움을 얻어 재판을 진행했다. 시골에는 간이재판소가 있어서 모든 형사범을 다루었다. 그러나 내릴 수 있는 판결은 태형, 벌금, 중노동, 구금 등에 한정되었을 뿐 살인범과 같은 중죄인에 대한 선고는 형사지법에 맡겨야 했다. 형사지법에 대한 감독 및 통제는 법정의 구성원은 아니었으나 유럽인 징세관이 맡고 있었다. 그는 재판이 공정하게 진행되며 재판관은 증거를 정확하게 채택하는가 등을 주시하는 사정관(司正官)으로서의 역할을 했다. 캘커타의 형사지법은 징세관이 아니라 총독 참사위원회의 한 사람이 사정관으로서 감독했다.

콘월리스는 형사사건을 다루는 데 새로운 지침을 마련하려고 노력했다. 이제껏 형사범을 처벌할 때에는 인도의 법규나 관습을 따랐는데 무굴제국이 적용한 법규는 대개 『코란』의 규정이었다. 『코란』의 내용 가운데에는 범법자를 처벌하는 데 적용하기가 곤란한 경우도 있었고 또 불합리한 점이 많았지만, 원주민의 감정을 자극하는 것은 동인도회사의 이익에 유해하다는 생각 때문에 가능한 한 그들의 전통적인 관습을 인정해왔다.

그러나 콘월리스는 상식의 관점에서 볼 때 너무나 부당한 것은 시정해야 한다고 생각했다. 물론 이와 같은 개혁에는 총독의 소관이라고 보기 어려운 면도 있었다. 그는 신이 제정했다는 불가침의 무슬림 형법을 일반 시민법 정도로 격하시키려고 했다. 그는 무슬림 법률관리들에게 살인범을 다룰 때는 범인의 의도나 범죄의 성격과 상황이 중요하지 범행 도구나 방법이 더 문제가 되는 것은 아니라고 주지시켰다.[34] 또 살인범을 처벌하는 데 피살자의 가족의 의지가 크게 작용해서는 안 되며 사지절단 등의 형벌은 범죄의 경중에 따라 중노동, 벌금 및 구금 등의 형벌로 대체되어야 한다고 강조했다. 이는 무슬림이 적용하는 법규에는 "눈에는 눈, 이에는 이"라는 복수법의 관례가 크게 작용하고 있었기 때문이다.

콘월리스는 더 나아가 인도인으로부터 형사재판권을 박탈하려는 계획을 세웠다. 형사재판권을 무슬림에게 일임한 것은 이들의 부정을 조장할 소지를 마련했으며 그 결과 하나의 소송사건을 처리하는 데 긴 시간을 소모하게 만든다고 그는 생각했다. "형사재판의 수행이 원주민의 의지 혹은 토속적인 그 무엇에 달려 있는 한 이 분야의 개혁을 위한 어떤 규정도 쓸모없고 무가치한 것이 되고 말 것이다."라고 확신한 총독은 "우리의 중대한 통치의 일부에 대한 통제를 원주민이나 다른 어떤 한 사람이 독단으로 처리하도록 허용해서는 안 된다."[35] 라고 판단했다. 총독은 무슬림의 관습을 묵인하고 싶지 않았고 또 그들의 충성심을 의심했기 때문에, 다음에 올 결과는 원주민으로부터 형사사건 관할권을 빼앗는 것이었다.

1790년 콘월리스는 지금까지 형사재판권을 맨 위에서 총괄했던 레자 칸을 해임했고 그의 책임 아래 있던 항소형사법원도 무르시다바

---

34) B. Misra, The Indian Middle Classes: Their Growth in Modern Times(Oxford University Press, 1981), 204쪽.
35) H. Dodwell, 앞의 책, 445쪽.

128

드에서 다시 캘커타로 이전시켰다. 무슬림에게 일임되었던 이 항소형
사법원은 총독과 참사위원의 지휘하에 수석 카지와 두 명의 무프티
의 조력을 얻어 재판을 진행했다. 물론 이 재판소의 행정사무를 전담
하는 서기 직에도 주재관을 임명했으므로 이제 항소형사법원도 항소
민사법원과 마찬가지로 총독과 참사위원들이 그 재판 진행을 전담하
게 되었다.

인도인에 대한 총독의 불신은 이 정도의 개혁으로 끝난 것이 아니
었다. 그는 감독국 의장 던다스에게 보낸 서한에서 "형사재판 담당관
들은 고압적이고 불공정하며 지나치게 부패했으므로, 동인도회사의
고위 주재관 중에서 서너 명을 선발해 벵골 및 비하르 지방에 판사
로 임명함으로써만 이를 치유할 수 있을 듯하다."[36]라고 그의 개혁이
나아갈 방향을 시사했다.

새로운 개혁은 주법원을 개편하는 데서부터 나타났다. 각 지방에
형사지법을 두는 대신에 네 곳에만 순회재판소를 설치했다. 순회재판
소에는 각각 두 명의 주재관이 판사로 임명되었으며 한 명씩의 카지
와 무프티가 이슬람법을 해석하여 재판 진행을 도왔고 법원의 행정
사무를 전담하기 위해 한 명의 서기를 두었다. 순회재판소는 캘커타
주변 지역에서는 일 년에 네 번, 다른 지역에서는 두 번 그리고 주법
원 본부에서는 매월 한 번씩 개정되었다. 순회재판을 수행하기 위해
각 주법원은 둘로 분리되어 하나는 제1판사가 서기와 무프티를 동반
했으며, 다른 하나는 나머지 판사 두 명과 카지와 조수로 구성되었
다.[37] 이들 순회재판관은 관할지역 내의 치안판사 집무소로 가서 이
미 치안판사가 입건해놓은 사람들을 심리하여 선고했다. 순회재판이
끝나면 재판관은 본부가 있는 다카, 파트나, 무르시다바드 및 캘커타

---

36) B. Misra, *The Central Administration of East India Company*, 35쪽.
37) G. Singh, 앞의 책, 35쪽.

로 되돌아갔다. 사형이나 종신형 선고는 총독 및 참사위원회가 주관하는 항소형사법원의 최종 확인을 얻어야 했으며, 사면권은 역시 총독 및 참사위원회가 보유하고 있었다.[38]

1790년에 개정된 형사재판소의 관할 범위는 영국 출신의 신민(臣民)에게까지는 확대되지 않았다. 그들은 전과 다름없이 캘커타에 있는 최고재판소의 사법권에만 복종하게 되어 있었다. 영국인들은 원주민들과는 달리 치안판사에 의해서도 체포되지 않았다. 프랑스인을 제외한 다른 유럽인들은 원주민과 마찬가지로 치안판사의 권위에 복종해야 했다.[39] 재판장과 세 명의 배석판사로 구성된 최고재판소는 원래 규제법의 조항에 따라 주재관들이 원주민들로부터 뇌물을 받거나 사무역에 참여하는 데 제재를 가하기 위해 설치되었다. 최고재판소의 사법권은 동인도회사가 지배하고 있는 벵골, 비하르 및 오리사에 거주하는 영국인과 동인도회사에 고용된 사람에게만 미쳤으며, 영국인이 인도인을 상대로 제기한 소송은 피고의 동의가 있을 때만 심리되었다.

콘월리스는 경찰권에 대한 개혁도 단행했다. 경찰권은 도시에서는 코트왈에게, 시골에서는 자민다르에게 부여되었다. 코트왈의 주요 의무는 도시의 평화와 공공질서를 유지하는 것이었지만 규정된 의무 조항은 훨씬 다양했다.[40] 자민다르에게는 무굴제국에서 누렸던 특권

---

38) A. Keith, *A Constitutional History of India*, 108~109쪽.

39) B. Misra, *The Central Administration of the East India Company*, 328쪽.

40) 코트왈의 의무로는 도둑 체포, 가격의 규제와 도량형 점검, 도시 순찰과 야간 경찰, 가택과 시민의 등록, 이방인의 동태 감시, 방랑자 중에서 스파이를 고용하여 주변 사정과 각 계층의 수입 및 지출에 대한 정보 입수, 상속인 없는 사망자의 재산 목록 작성, 소, 말, 낙타 등의 살육 금지, 부인이 원하지 않을 때의 사티(남편의 장례 때 부인을 함께 화장하는 풍습) 금지 등이 있었다.(R. C. Majumdar, K. Datta, *An Advanced History of India*(London, 1989), 551쪽.)

을 그대로 유지시켜 동인도회사가 벵골 지방을 지배한 후에도 그대
로 세금을 징수하고 사법권을 행사하도록 했다. 특히 자민다르는 세
금을 징수하는 직무를 맡았고 또 경찰력을 이용할 수 있는 지위에
있었기 때문에 농민을 압박하는 경우가 허다했다. 치안판사가 주재하
는 곳으로부터 멀리 사는 자민다르는 스스로 도둑과 약탈 행위에 가
담하기도 했으며 도둑 두목과 모의하여 노획한 물품을 분배하는 경
우도 있었다.[41]

총독은 자민다르로부터 경찰권을 박탈하고 그 대신 새로운 제도를
마련했다. 1793년의 법규에 따라 확정된 이 경찰제도는 각각의 지방
을 약 32~50평방킬로미터 크기의 타나(경찰관할구)로 구획하고 이를
총괄할 다로가(경찰서장)를 두었다. 다로가는 수석 치안판사이기도한
지법판사에 의해 임명되었다. 그의 의무는 범인을 체포하여 치안판사
에게 호송하는 것이었으며 직접 형을 선고하거나 처벌할 수는 없었
다. 어느 누구도 1,000루피의 보증금을 내지 않고는 다로가 직을 맡
을 수 없었으며, 그 대신 한번 임명되면 총독 참사위원회가 비행을
인정하지 않는 한 해임되지 않았다. 월급은 보통 25루피(2파운드)였으
나 큰 도시나 상가 지역의 경우는 30루피가 지급되었다. 여기에다 그
는 자신이 되찾아준 도품(盜品) 가격의 10퍼센트를 수수료로 받을 수
있었다.[42] 총독은 이 새로운 경찰제도를 자민다르 지휘하에서의 경찰
제도와 조화시키려고 했다. 따라서 초키다르를 비롯해 향촌의 경찰
업무를 맡아왔던 사람들로 하여금 다로가의 명령에 따르도록 했는데,
이들 하급 경찰들은 범인을 체포하고 도둑이나 부랑자들에 대한 정
보를 제공하여 다로가를 도왔다. 그러나 이들에게 급료를 지불할 책
임은 자민다르에게 있었으며 이들이 해임당하거나 사망했을 때는 자

---

41) B. Misra, *The Central Administration of the East India Company*, 331쪽.
42) G. Singh, 앞의 책, 36쪽.

민다르만이 공석을 채울 수 있도록 했다. 따라서 다로가는 이전에 자민다르의 지휘 아래서 경찰 업무를 맡았던 타나다르와 크게 다를 바 없으며 자민다르의 권한이 여전히 유지되는 것처럼 보일 수도 있다. 그러나 다로가는 타나다르와는 달리 자민다르의 지휘를 받지 않았으며 영국인 치안판사의 직접 통제 밑에서 활동하는 정부의 도구였던 것이다.

콘월리스의 모든 개혁은 1793년 5월에 완성된 콘월리스 법전에 기록되어 있다. 이 법전은 주재관이었던(뒤에 총독이 되는) 발로 G. George Barlow 등이 편찬한 것으로서 콘월리스 총독 재직시의 내치 변화를 수록해놓았다. 이는 벵골 지방의 관리와 더 나아가 후일 영령인도의 주재관이 근무하면서 참고해야 할 기본 자료가 되었다.

3 영구정액제의 실시

콘월리스는 총독으로 부임한 후 먼저 주재관의 해이한 기강을 바로잡는 데 역점을 두었다. 우선 가장 말썽이 되고 있는 영국인들의 사사로운 상업 활동에 제재를 가하기 시작했다. 인도에 도착한지 몇 개월 만에 총독은 상무성의 활동을 중지시켰다. 이 기관의 주요 구성원은 동인도회사의 고위 관리들이었으며 회사의 상업 활동을 관장해왔다. 이들은 금지된 사무역에 직접 참여하거나 혹은 직간접적으로 다른 주재관들의 그러한 활동을 조장했다. 총독은 서류상에만 이름이 올라 있는 일단의 사람들에게 몇 년 동안 급료 전액이 지불되어 왔으며 35명의 징세관들 거의 모두가 금지된 사무역에 깊이 가담하고 있는 것을 발견했다.[43] 징세관이나 판사 등이 그릇된 활동에 깊이 빠져 들고 있다는 사실이야말로 동인도회사의 이익에 가장 유해하고 위험스러운 것이었다.

콘월리스 총독은 웨일스 공작을 비롯한 영국의 영향력 있는 사람들로부터 "그 수치스럽고 떳떳하지 못한 일자리"를 인정하라는 압력을 받아왔다.[44] 그러나 그는 용기와 끈기 그리고 청렴결백한 마음으로 이에 대항했으며, 사무역을 금지하는 규정을 강력히 시행하여 위반자는 본국으로 돌려보냈다. 콘월리스의 일관성 있고 강직한 성품이 그의 통치 기간을 "청렴의 시대"[45]라고 평하게 만들었는지도 모른다.

동인도회사 주재관들은 귀국할 때 충분한 금액을 지불받지 못했으므로 재직하는 동안에 가능한 많은 재화를 획득하려고 했다. 원주민으로부터 뇌물을 받고 금지된 사무역에 참여하는 등의 비행은 헤이스팅스 총독 때 많이 시정되었지만 아직도 그 잔재는 엄연히 존재하고 있었다. 당시 주재관들은 동인도회사 이사회에서 고정된 급료를 받는 동시에 벵골 지방의 세수(稅收)에서 수수료를 지급받았으며 그들에게는 허용되지 않는 사무역에 참여했다. 급료는 비교적 소액인데 비해서 수수료 등의 수입은 훨씬 많은 액수였다. 일례로 바라나시 지사는 연 1,350파운드의 급료를 받았으나 간접적인 방법에 의해서 연 4만 파운드의 수입을 올렸다.[46]

이와 같이 부패가 팽배하게 된 주요한 이유는 "동인도회사 이사들의 구태의연한 상업관과, 주재관들이 착복하는 비공식적 부수입의 엄청난 액수에는 무관심하면서 회계장부에 명시된 소액의 급료에 좇아라 했다는 데"[47] 있었다.

총독은 개혁을 단행하여 상무성의 인원을 감축하고, 동인도회사에

---

43) V. Smith, 앞의 책, 531쪽.

44) 같은 책, 531쪽.

45) P. Griffiths, *Modern India*(London, 1982), 49쪽.

46) P. Roberts, *History of British India*(Oxford, 1982), 226쪽.

47) G. Singh. 앞의 책, 34쪽.

의 물품 공급 계약은 반드시 상인과 직접 체결해야 하며 이전과 같이 회사 직원이 참여하는 일이 없도록 규정했다. 이 조치는 관리들의 기강을 바로잡는 데도 도움을 주었지만 동인도회사가 보다 저렴한 가격으로 물품을 구입할 수 있도록 만들었다. 또 수수료를 받는 악습을 철폐하고 그 대신 일정액의 관대한 봉급을 지불함으로써 고위 관리들이 자행해온 독직 행위는 크게 감소했다. 불필요한 직원은 해고하고 어느 직원을 막론하고 두 개 이상의 직위를 겸할 수 없도록 규정했으며[48] 요직은 동인도회사 주재관에게만 주어졌다.

콘월리스의 개혁 가운데 커다란 비판의 대상이 되는 부분은 원주민이 관리로 진출할 수 있는 길을 철저히 봉쇄해버렸다는 점이다. 원주민 관리들을 불신한 콘월리스는 인도인들의 관리 등용문을 닫아버렸으며, 따라서 동인도회사의 직원들은 유럽인 일색의 경향을 보이게 되었다. 인도인을 관료 사회에서 조직적으로 제외시켜버린 정책은 "콘월리스의 근본적인 커다란 실책"[49]이었다고 비판받았으며, 이와 같은 정책의 결과로 "동인도회사 영내에서의 인간관계는 상업의 테두리 밖에서 보면 주와 종, 치자(治者)와 피치자로 구분되는 경향이 나타났다."[50]

콘월리스가 추진했던 여러 개혁 가운데 최대의 업적은 토지세 징수에 있어서 확고한 기준을 세운 것이다. 1765년 지사 클라이브가 벵골, 비하르 및 오리사에 대한 디와니, 즉 세금을 징수하고 민사재판을 관리할 수 있는 권한을 무굴 황제로부터 부여받음에 따라 이 지역의 징세권은 동인도회사의 소관이 되었다.

인도인의 생업은 말할 것도 없이 농업이었으므로 토지세의 징수는

---

48) A. Keith, *A Constitutional History of India*, 109쪽.

49) G. Singh, 앞의 책, 36쪽.

50) V. Smith, 앞의 책, 553쪽.

매우 중대한 의미를 가졌다. 토지세가 동인도회사 수입의 많은 부분을 차지한다는 이유 외에도 토지세의 징수 방법과 액수는 원주민의 생활과 직결되는 문제였다. 공정하고 관대한 세정은 선정으로 기록될 테지만 가혹한 과세는 원주민의 생활을 파탄으로 몰고 갈 수도 있었다.

원래 인도의 토지세는 전통적으로 자민다르라는 세습적인 대리인에 의해 징수되어왔다. 자민다르의 성격에 대해서는 한마디로 규정하기가 어렵다. 자민다르는 아주 오래전부터 존재해온 집단으로, 그들의 업무는 동질적인 것이 아니었기에 토지에 대한 여러 가지 이권을 가지고 있는가 하면 복잡한 치안사법권을 보유하기도 했다. 어떤 자민다르는 16세기 무굴제국이 통치하기 전부터 토후의 지위에 있었던 사람들의 후예였고, 또 다른 경우에는 자신들이 전통적인 관료 계급의 후손이라고 주장하기도 했다. 그러나 자민다르의 대부분은 무굴제국에서 토지세의 징수권과 토지 임대와 관련해 행사할 수 있는 어떤 사법권을 세습적으로 보유해온 세리(稅吏) 계급이었다.

사실 오랫동안 벵골 지방에서 토지 소유권이 누구에게 있는가 하는 것은 매우 모호한 문제였다. 때로는 국가가, 또는 지주(자민다르)가, 또 가끔은 경작자가 토지 소유권을 주장했다. 국가는 지주라고는 생각되지 않았지만 토지세를 걷을 권한을 가지고 있었다. 자민다르는 대대로 그들의 토지를 소유해왔고 실제로 민사적, 형사적 권한을 가지고 있는 봉건영주였으며 관례에 따라 경작자로부터 지대(地代)를 거두어들일 권한을 가지고 있었다. 경작자는 단순한 노동자가 아니며 자자손손 계승된 토지를 보유하면서 관례적인 지대를 지주에게 지불해왔다.[51] 이와 같은 토지제도의 성격은 수 세기 동안 변하지 않고 그대로 유지되었다. 국가는 징세권을 장악했으며, 자민다르는 지대를

---

51) R. Dutt, *The Economic History of India under Early British Rule 1757~1837*, Vol. I (Delhi, 1983), 37~38쪽.

받아 국가에 납부했고, 농민은 지대를 지불한다는 점에서는 예속된 상태면서도 경작권에 대한 세습적인 권한은 그대로 보유하고 있었다.

동인도회사가 벵골 지방을 통치한 후에도 토지세의 징수 업무는 그대로 자민다르에게 위임되었다. 이들 자민다르 이외에도 많은 징세청부인이 있었는데 이는 영국 정부가 벵골 지방의 디와니를 얻은 후 징세 업무에 필요한 일손을 충당하기 위해 고용한 사람들이었다. 어느 점에서 보나 징세청부인은 하급 자민다르와 유사했으며 세습적 지주와 거의 다를 바 없는 기능을 행사했다.

전통적으로 농민들은 총소출의 3분의 1을 자민다르에게 납부해왔다.[52] 자민다르는 갹출한 총액 가운데 10분의 9를 국가에 납부하고 나머지 10분의 1은 노고의 대가로 자신의 수입으로 남겨놓았다. 자민다르의 지위는 대개 세습적으로 유지되었으며, 그들은 토지세를 징수하는 업무 이외에도 지방정부가 부과하는 임시세를 징수했고 지방의 공공질서에 대한 책임을 졌다. 따라서 "벵골의 자민다르는 그 지방의 귀족이었다. 그들은 징세관이자 치안판사이며 지방 유지인 동시에 자산가였다."[53]

헤이스팅스는 총독으로 부임하기 전 벵골 지사로 재직할 때부터 토지세제 개혁을 단행했다. 오랜 재직 기간 동안 추진된 개혁은 일관성이 없었으며 시행착오를 거듭했다. 헤이스팅스는 이른바 '5년 정액제(定額制)'를 채택하여 토지를 공매에 부쳤는데 이는 최고 액수로

---

52) 인도에서 무슬림 왕조는 전통적으로 수 세기 동안 총소출의 3분의 1을 토지세로 부과해왔다. 무슬림 왕조가 들어서기 전에 힌두 왕조가 6분의 1을 징수했던 것과 비교하면 훨씬 높은 세율이지만 모든 잡세(雜稅)가 면제되었기 때문에 아주 가혹한 것은 아니었다고 일반적으로 주장된다.

53) V. Smith, 앞의 책, 534쪽.

응찰한 경매자에게 토지세 징수를 5년 동안 위탁하는 방식이었다. 이 제도로 자민다르의 전통적인 권리가 흔들리게 되었다. 이사회는 징세관을 불신했으므로 세무위원회[54]를 구성하여 세무행정을 취급하도록 했다. 5년 정액제는 납세액을 과다하게 평가했을 뿐만 아니라 정확한 지식 없이 단행되었기 때문에 실시한 지 1년도 못 되어서 여러 가지 모순점이 드러났다.

영국 세무관들은 농촌에 대한 지식이나 관심도 없었고 다만 "캘커타에 주재하는 개성 없는 계산기의 무감각한 대리인"[55]에 불과했으며 농민들은 지불할 능력 이상의 액수를 납부해야 했으므로 5년 정액제의 기간이 만료될 즈음에는 체납자가 250만 명이나 되었다.[56] 말썽 많던 5년 정액제가 1777년에 끝남에 따라 또다시 '1년 정액제'로 되돌아갔다. 경매제도는 수정되었고 우선권은 다시 세습 자민다르에게 주어지게 되었다.

콘월리스의 세제 개혁안 기초 작업은 세무성이 마련했다. 세무성은 콘월리스가 총독으로 부임하는 것과 때를 같이하여 제 기능을 발휘하게 되었지만 사실은 그보다 앞서 추진되었고 일찍이 헤이스팅스 시대에 설치된 일도 있었다. 헤이스팅스가 벵골 지사로 재직할 당시 세무성이 설치되어 지사와 참사위원이 주관해왔는데 콘월리스 총독 때 개편이 이루어졌다. 세무성이 개편된 것은 1786년이었지만 전년에 영국의 동인도회사 이사회는 총독에게 세무성, 무역성 및 군부성을

---

54) 세무위원회는 세무성 관리 두 명과 참사위원급 이하의 관리 세 명으로 구성되었으며 그 의무는 징수관에게 명령을 내리고 또 감사하고 감독하는 것이었다. 벵골 및 주변 지역을 여섯 개 지구로 나누어 제1지구는 세무위원회에서, 나머지 다섯 개 지구는 고급 관리 다섯 명으로 구성된 각 지구위원회에서 관장했다.

55) V. Smith, 앞의 책, 535쪽.

56) P. Roberts, *History of British India*, 227쪽.

설치하여 각각 세무, 상업 및 군사 업무를 수행하도록 하라고 요구했다. 세무행정을 지휘, 감독했던 세무위원회는 이사회의 명령에 따라 이미 1781년에 철폐되었다.

본국 이사회의 의견을 받들어 개편된 세무성은 한 명의 총독 참사위원과 다른 네 명의 고위 주재관으로 구성되었다.[57] 세무성의 의무는 폐지된 세무위원회가 행사했던 것과 유사했으므로 토지 보유 기간의 확정, 공세(公稅)의 부과와 그 징수 등을 맡아보았다. 콘월리스는 2년 후에 그 규정을 약간 수정하여 세무성의 기능을 심의, 지휘, 감독에만 국한시키고 세무 관리에 있어서 세부적인 것은 세무성에 직접 책임을 지고 있는 징세관들에게 위임했다. 자민다르 이하 징세 업무에 종사하는 모든 세리들도 세무성의 통제 아래 있었다.

세무성은 비행을 가려내기 위해 어떠한 세리라도 소환하고, 소액의 벌금을 부과하고, 직책을 정지시킬 수 있었지만 처벌을 내릴 경우에는 정부의 재가를 받아야 했다. 1790년에는 세무성의 권한이 더욱 강화되어, 기술한 바 있는 세무법원이 재심법원 및 항소법원으로서 기능할 수 있게 되었다. 또 징세관을 통해 어떤 지주나 농민을 소환하여 액수를 조정하거나 다른 문제를 조사할 수도 있었다.

한편으로 세무성은 후견인법원의 역할을 시작하게 되었다. 정부의 목적은 부녀자, 미성년자, 백치, 정신이상자, 방탕아 등에게 속해 있는 재산에 관련된 문제들을 이 법원의 관할 아래 두려는 것이었다. 총독 참사위원회는 1790년 세무성이 후견인법원으로서 "벵골, 비하르 및 오리사 지방의 '10년 정액제'에 의거하여 자신들의 토지 관리 자격을 상실하게 된 후견인들에 대한 관리자들의 행동을 감독하고 관리자들의 회계장부를 조사할 권한"[58]을 부여했다. 이들의 재산은 제

---

57) 세무성의 의장은 총독부 참사위원 존 쇼어가 맡게 되었다. 여기에 심사실, 페르시아어 및 벵골어 번역국, 회계감사국, 관세국 등이 부설되어 있었다.

대로 보호받지 못해 커다란 손실을 입기도 했고, 미성년자의 경우 성장하기도 전에 그 재산을 모두 잃어버리고 마는 경우가 허다하므로 이를 보호하기 위한 조치였다.

이미 살펴본 바와 같이 5년 정액제의 결함이 드러나자 기간이 만료된 이듬해(1778)부터는 다시 가장 유리한 조건으로 1년 정액제가 채택되었다. 이제 공매에 부치거나 하지는 않았으며 자민다르의 관리권이 부활했다. 그러나 동인도회사의 전체 순세수액은 감소하여 1780~1781년에는 최저치를 기록했다.[59] 그러나 반대로 연간 징세 경비와 징세 수수료는 크게 증가하고 있었다.

따라서 이사회는 현재의 토지세 산정 방식은 한편으로는 세금의 연체와 부당 유용액만 증가시킬 뿐이며, 다른 한편으로는 국가의 재원을 고갈시키는 결과를 초래하게 된다는 점을 인식했다. 본국 이사회는 총독 참사위원회로 하여금 지대를 장기적으로, 가능하면 영구적으로 고정시키는 방안을 모색하도록 지시하기에 이르렀다.

세무성은 이사회의 지시에 따라 그 가능성을 다각도로 검토했다. 3년 동안의 연구 검토를 끝낸 세무성 의장 쇼는 토지세를 10년 동안 고정시키는 제도를 수립하기 위해 정부가 검토해볼 수 있는 방안으로는 세 가지가 있다고 제시했다. 첫째, 토지 문제를 농민과 직접 해결하는 방안, 둘째, 정부가 지명하는 사람에게 경작 원칙에 입각하여 임시로 토지를 임대하는 방안, 셋째, 자민다르의 지주권(地主權)을 인정하고 이를 기본으로 하여 그들과 토지 문제를 해결하는 방안 등

---

58) B. Misra, *The Central Administration of the East India Company*, 139쪽.

59) 1780~1781년간의 순세수액은 19,643,326루피에 불과했다. 1781~1782년간은 21,804,481루피로 증가했으나, 1783~1784년간에는 20,318,167로 떨어졌다. 10년 전의 경우와 대조해보면 1772~1773년간의 순세수액은 22,781,054루피였으며 다음해에는 23,322,901루피로 증가했다.(같은 책, 184쪽.)

이었다.[60]

　첫째 방안은 징세관의 경험과 지식 부족 때문에, 또 세무성이 각 지역의 세무를 효과적으로 통제할 수 없다는 의미에서 실행 불가능한 것이었다. 둘째 방안은 공매나 타협에 의해 세금 징수의 책임을 맡기는 것인데 이는 경작자나 정부 측 모두에 불리하다는 것이 경험적으로 증명된 바 있었다. 따라서 셋째 방안이 유일하게 채택할 수 있는 것이라는 의견을 쇼는 제시했다.

　총독은 이를 충분히 검토해볼 겨를도 없이 쇼의 건의에 따라 비하르 지방에는 1789년에, 벵골 지방에는 1790년에 '10년 정액제 Decennial Settlement'를 실시했다. 그 결과 세수액은 크게 증가했다. 1790~1791년에 벵골, 비하르 및 오리사 지방에서 거두어들인 토지세액은 총 26,800,989루피(268만 파운드)에 달했다.

　이 액수는 18세기 초 자페르 칸 등이 추정했던 바의 약 두 배에 이르며, 토후 미르 자파르 통치기의 마지막 해(1764~1765)에 징수했던 세수액의 세 배에 해당했다. 또 이는 동인도회사가 벵골 지방의 수조권(收租權)을 장악한 첫 해(1765~1766)에 영국 동인도회사의 감독하에 레자 칸이 거두어들인 액수의 약 두 배였다.[61]

　한편 10년 정액제를 영구적인 제도로 확정하는 문제에 대해서는 총독과 쇼의 의견에 차이가 있었다. 총독은 그동안 충분한 검토를 했기 때문에 징수액을 10년 동안 고정할 것이 아니라 영구적으로 고정시켜야 한다고 주장했다. 반면에 쇼는 충분한 조사가 이루어지지 않았다는 이유에서, 또 다년간 그와 함께 세제를 연구했던 그랜트 J. Grant는 기록에 대한 검토가 충분하지 못하다는 이유에서 영구화에는 반대했다.

------

60) 같은 책, 187쪽.
61) R. Dutt, 앞의 책, 63쪽.

총독은 경험 많은 징세관인 던컨 J. Duncan의 찬성과 세무성 위원인 스튜어트 C. Stuart의 지지를 얻어 영구적인 제도로 확정하기로 마음을 굳혔다.[62] 10년 정액제에는 찬성하면서 농민에 대한 자민다르의 요구액이 확실히 규정되지 않았다는 이유에서 총독의 견해에 반대했던 쇼는 "토지에 부과하는 액수를 당장 고정시킨다는 것은 정부 측에서 학정을 저지르는 것"[63]이라고 생각했다.

그러나 총독은 스스로 "세무에 관해서는 이 나라에서 어느 누구보다도 정통한 사람"[64]이라고 격찬했던 쇼의 반대 의견을 묵살하고 10년 정액제를 고정화시키겠다는 군은 의지를 본국 이사회와 감독국에 밝혔다. 이사회와 감독국은 10년 정액제를 실시한 이후의 세수액 증가에 만족하고 있던 참이었으므로, 감독국 의장 던다스는 피트 수상의 인가를 얻어 총독의 의견을 재가했다. 이에 콘월리스 총독은 1793년 3월 10년 정액제를 영구적으로 고정시키는 이른바 '영구정액제 Permanent Settlement'를 공포했다.

영구정액제는 벵골, 비하르, 마드라스와 우타르프라데시의 일부 지방에 실시하게 되었다. 새로이 확정된 이 세제는 기술한 바의 자민다르 제도에 근거한 것이었다. 정부는 자민다르를 지주로 인정하고 자민다르는 약정 기일까지 반드시 총세수액의 10분의 9를 정부에 납부해야 했으며, 그 액수는 10년 정액제에 근거하여 영구적으로 고정되었다. 영국 정부는 토지세의 영구적인 산정액이야말로 "원주민이 다스려온 정부가 실시했던 원칙이나 실제에 입각한 것이 아니고 영국 정부가 인도인에게 부여한 선정의 은총에 근거했다."[65]라고 주장했지만

---

62) H. Dodwell, 앞의 책, 449쪽.

63) B. Misra, *The Central Administration of the East India Company*, 188쪽.

64) H. Dodwell, 앞의 책, 435쪽.

65) N. K. Sinha, *The Economic History of Bengel*, Vol. Ⅱ(Calcutta, 1968). 158쪽.

사실 그 산정액은 가장 높은 수준에서 결정된 금액이었다.

이사회나 총독이 영구정액제를 추진했던 데는 세수액을 증가시키고 토지세제를 안정시킨다는 기본적인 목적 이외에도 다른 의도가 작용했던 것으로 볼 수 있다. 세제의 빈번한 변동에 따라 자민다르는 약정된 10년 이후의 사정을 전혀 예측할 수 없었고 약정 기일 전이라도 콘월리스 총독이 사임할 경우 세제에 또 한 차례의 변화가 닥칠지도 모른다는 생각에서 불안감을 가질 수밖에 없었다.

영국 정부 측에서는 토지에 대해 영구적으로 불변의 고정된 세액을 부과할 경우 이는 결국 동인도회사와 자민다르와 농민 모두에게 이익을 주는 것으로 평가했다. 자민다르의 파멸을 가져올지도 모른다는 의견을 제시하면서 쇼가 영구정액제의 실시를 반대했을 때, 총독은 자민다르까지 포함한 보다 광범한 하나의 계층을 염두에 두었다.

콘월리스는 인도에 하나의 새로운 지주계급을 정착시키는 것을 목표로 했다.[66] 그는 세습적인 자민다르는 말할 것도 없고 하급 자민다르와 징세청부업자 등을 포함한 새로운 지주계급은 농업을 장려하고 소작인들의 생활 상태를 개선시킴으로써 경제, 사회, 정치 면에서의 발전을 도모하는 데 공헌할 것이라고 보았다. 전통적인 관점에서 보면 새로운 지주계급은 귀족이라고 볼 수도 없고 서구적인 자본가라고 할 수도 없지만, 점차 자유주의적이고 자본주의적인 사고방식을 갖게 될 것이다. 이 새로운 계급이 영국의 지원 아래 형성되고 또 성장함에 따라 자연히 영국 정부에 협조할 테고 따라서 영국의 인도 지배는 더욱 확고해지리라는 것이 그의 구상이었다.

총독은 영구정액제를 공포하면서 10년 정액제의 기간이 만료되더라도 규정된 징세액은 변화 없이 그대로 적용될 것이라고 밝혔다. 또

---

66) L. S. O'Malley ed., *Modern India and the West: A Study of the Interaction of their Civilizations*(Oxford University Press, 1968), 706쪽.

현재 지주의 자손이나 합법적인 후계자도 동일한 약정액에 입각하여 토지를 영구적으로 보유하게 될 것이며, 여러 형태로 소유하고 있는 토지도 정부의 허가 없이 매매하거나 증여할 수 있다고 공포했다.[67] 경작지를 개조하거나 황무지를 개간하는 데 필요한 모든 절차는 자민다르의 소관으로 두었다.

영구정액제는 본국 이사회의 지시를 받기는 했지만 콘월리스 총독이 이룩한 여러 개혁 가운데 가장 주목할 만한 것이었다. 영구정액제의 실시에 대해서는 많은 찬사와 함께 비난도 있었다.

영령인도 경제사 분야에서 하나의 고전으로 평가받는 저서를 남긴 로메쉬 더트 Romesh Dutt는 영구정액제의 실시야말로 인도의 번영을 가져올 수 있었던 계기를 마련해준 것이라고 찬사를 보냈다. 영구정액제는 영국이 인도를 지배하기 시작한 후로 반세기 동안 영국 국민이 취한 행동 가운데 인도 국민의 경제적 번영을 가장 효과적으로 보호한 조치였으며, 또한 국가의 불확실하고 점증하는 요구에 따라 원주민의 산업을 마비시키는 것이 아니라 그들로 하여금 자신들의 산업에 의해서 이익을 볼 수 있도록 허용한 문명국의 근대적인 정책과 부합되는 제도였다. 만약 국민의 번영과 행복이 성공적인 통치의 표본이라면 콘월리스의 영구정액제야말로 영국이 지금까지 인도에서 채택한 조치 가운데 가장 현명하고 성공적이었다는 것이 그의 주장이었다.[68]

최근에 와서는 콘월리스 총독의 영구정액제 실시가 큰 실책이었다고 비판하는 학자들이 있다. 영구정액제는 10년 정액제가 실시되면서 가장 많은 세수를 올렸던 해의 액수를 근거로 산정액을 정했기 때문에 농민들에게는 관대한 조치가 아니었다. 이 영구정액제에 의한 새

---

67) B. Misra, *The Central Administration of East India Company*, 191쪽.
68) R. Dutt, 앞의 책, 64쪽 이하 참조.

로운 부담액은 "지금까지 벵골을 황폐화했던 과중하고 파괴적인 토
지세를 기준으로 하여 책정된 것이었다."[69]

또 영구정액제의 실시는 봉건적인 사회에서의 인정미 어린 인간관
계를 파괴했다는 점에서 비판받는다. 자민다르의 임무가 징세에만 국
한된 후로 그는 오직 기계적인 세금 징수관일 따름이었고 농민은 단
순한 소작인으로 전락했다. 두 계층 사이의 유기적 유대는 비인간적
인 현금 거래 관계에 의해 대체되었다. 이제 두 계층은 서로 무관한
존재로서 반목을 일삼게 되었다. 질서와 발전은 확보되었지만 사회정
의는 실현되지 않았다.[70]

아무튼 이 개혁의 결과 세액이 고정됨에 따라 경작자는 징세관의
횡포로부터 벗어날 수 있게 되었으며 납세액을 지불하지 않거나 재
산을 은닉하는 등의 폐단은 없어지게 되었다. 흉작이 들면 곤경에 처
하지만 노력 여하에 따라 많은 소출을 올렸을 때에는 경작자 자신의
수입이 그만큼 증가하는 것이었으므로 증산 의욕을 크게 자극시켰다.
농민들은 경작 가능한 토지를 개발하고 지력(地力)을 북돋아 생산 증
대에 힘썼으며 세제의 안정으로 농촌의 질서가 확립되어갔다.

그러나 영구정액제는 동인도회사와 자민다르 간의 관계만 규정해
놓은 것이었다. 다시 말하면 자민다르가 지불하는 액수만 고정시켰을
뿐이므로 이들이 농민에게 저질러온 횡포의 여지는 그대로 남겨놓은
셈이었다. 따라서 이 또한 완전한 세제 개혁이었다고는 보기 어렵다.

---

69) G. Sanderson, *India and British Imperialism*(New York, 1981), 105쪽.

70) V. Smith, 앞의 책, 536쪽.

144

맺음말

콘월리스는 헤이스팅스의 뒤를 이은 제2대 인도 총독으로서 두 사람 모두 인도에 영국의 지배권을 제도적으로 확립시킨 사람들이었다. 헤이스팅스가 여러 제도의 기반을 마련했다면 콘월리스는 그 미비점을 보완하는 역할을 했다. 헤이스팅스가 인도에 관한 광범한 지식을 가지고 다방면에 걸친 개혁을 시도해나갔지만 인도통치규제법의 제약 때문에 충분한 성과를 얻지 못했는데 반해, 콘월리스는 전임 총독이 완수하지 못했던 개혁을 의욕적으로 충분히 추진해나갈 수 있었다. 그것은 피트법이 총독의 권한을 크게 강화시켰기 때문이다.

피트법은 인도에 대한 영국 조야의 관심이 크게 증대한 결과로 나타났다. 인도에 대한 효과적인 통치와 주재관들의 기강을 바로잡기 위해서는 총독의 권한을 강화시키고 동인도회사를 한층 더 본국에 예속시킬 필요가 있었다. 동인도 문제를 총괄하는 감독국을 신설하여 행정부의 각료를 임명한 조치는 동인도회사에 대한 정부의 통제력을 강화하기 위함이었다. 그러나 감독국은 위에서 지휘, 감독만 하면서 관리의 임명권 등은 그대로 이사회에 일임했던 것은 영국의 이중통치제도의 일면을 보여준다. 피트법을 계기로 인도에 대한 영국의 통치 형태는 상업적 지배에서 정치적 지배로 변모하게 되었다. 동인도회사는 이제 상업적 이익을 추구하는 상인 집단으로서보다는 오히려 영국 정부에 정치적으로 예속된 기관으로 존재하게 되었다.

사법제도 부문에서의 콘월리스의 개혁은 사실상 헤이스팅스 시대의 개혁에서 크게 진전하지 못했다. 헤이스팅스 시대부터 콘월리스 시대까지 사법제도는 뚜렷한 변화도 없이 반복되고 제자리를 맴도는 격이었다. 다만 콘월리스는 지방법원과 캘커타의 항소법원을 연결시키는 중간자적 존재로서 주법원을 신설하여 산적한 소송사건을 원활하게 처리하고, 주법원에 순회재판소로서의 역할까지 부여하여 사법 제도의 새로운 질서를 모색하려고 했다는 데 주목해야 할 것이다. 그러나 전례를 무시하고 세무소송까지 일반지법에 넘긴 것은 사법 개혁에서의 콘월리스의 실책으로 평가되며, 법관과 치안판사의 겸직은 두 기능의 능률을 떨어뜨리는 결과를 가져왔다.

수십 년 동안 극도로 문란해진 주재관들의 기강을 바로잡은 것은 콘월리스 자신의 청렴결백한 성품에서 기인한 결과로도 볼 수 있다. 이 조치는 동인도회사의 이익을 증대시켰을 뿐만 아니라 원주민으로 하여금 영국의 통치에 신뢰감을 갖게 하는 계기가 될 수도 있었다. 그러나 인도인에 대한 불신감에서 발로한, 공직에서 원주민을 철저하게 배제하는 정책은 인도인으로 하여금 이민족의 지배에 대해 저항감을 갖게 만들었고, 청렴했던 것으로 평가되는 그의 업적의 광도(光度)를 흐리게 했다.

콘월리스의 정책 가운데 최대의 업적으로 일컬어지는 토지세 부문에서의 영구정액제 실시는 농민들이 안정된 상태에서 의욕적으로 경작할 수 있도록 만들었다. 그러나 정부와 농민 사이의 직접 계약이 아니었고 정부와 자민다르의 관계만을 규정했다는 취약점을 내포하고 있으며, 또 징세액의 산정이 최고 수준에서 이루어졌다는 점에서 비판의 대상이 되었다. 영구정액제의 공과는 한마디로 단언할 수 없지만 원주민, 특히 후일 인도 민족주의자들이 국민회의의 활동을 통해 거의 연례적으로 영구정액제의 확대 실시를 정부에 청원해왔고, 영국의 지배가 인도에서 종식될 때까지 이 제도가 그대로 존속되었다는 점으로 미루어 긍정적으로 평가할 수 있을 듯하다.

영구정액제의 도입과 함께 콘월리스가 인도에 새로운 계급을 형성하려고 했던 점은 주목할 만하다. 그는 광범한 지주계급을 조직하여 근대적인 중산층으로 육성함으로써 이들을 영국 지배에 동조하는 세력으로 만들고자 계획했다. 사실 반세기 후 영어교육을 인도에 도입한 것 또한 영어교육을 통해 새로운 중간계급을 형성하려는 의도에서 비롯된 것이었다. 이들은 사고와 행동 면에서 영국인을 추종할 것이며, 이는 곧 인도에서의 영국 지배를 더욱 공고히 해주는 결과를 가져올 것으로 기대되었다. 또 19세기 말 인도국민회의를 창설한 영국의 의도는 영국 통치 아래 형성된 충성스러운 집단인 새로운 중산층이 마음껏 활동할 수 있는 테두리를 한정 지어놓음으로써 인도 국민의 행동이 과격하게 흐르는 것을 사전에 막기 위한 안전판으로 삼으려는 계획이었다. 광범한 지주계급을 형성하려는 그의 의도는 영어교육의 도입보다는 반세기 먼저, 또 국민회의의 성립보다는 한 세기먼저 표현된 것이다. 여기에서 우리는 장기적인 안목을 가진 콘월리스의 정치적 통찰력을 엿볼 수 있다.

4
영어교육의 도입과 그 이상

인도에는 예로부터 수백 개의 방언이 통용되어 왔으며 현재에도 인도 정부가 공식적으로 인정하고 있는 언어만 열여덟 개에 이른다. 광대한 지역에 잡다한 인종이 혼거(混居)해온 데다가, 인도 역사상 한 번도 정치적 통합을 이루지 못했기 때문에 통일된 언어를 갖지 못했던 것은 오히려 당연한 일이었을지 모른다. 또 바꾸어 생각해보면 공통의 언어를 소유하지 못했기 때문에 그만큼 정치적 통일이 어려웠다고도 볼 수 있다. 다 같은 인도 국민이면서도 멀리 떨어진 지방 사람끼리 대화할 때는 의사소통이 불가능했다. 상황이 이러한데 상이한 언어를 사용하는 각 지방의 주민들이 같은 인도 국민이라는 일체감을 갖기는 어려웠으며, 따라서 그들에게는 애국심이나 민족의식이 결여되어 있었다.

영국 동인도회사가 인도에서 지배 세력으로 성장한 후 도입한 영어교육은 인도 사회에 커다란 영향을 미쳤다. 대중 교육으로 발전하지는 못했지만 영어교육을 받은 교육중간계급 사이에서는 영어가 거주 지역을 초월하여 그들의 의사를 전달하고, 공동의 관심사를 논의할 수 있는 매개어 역할을 하게 되었다. 인도인에게 영어는 단순히 의사소통에 도움을 준 것뿐만 아니라 서구 사상을 전파시킨 수단으로서의 기능까지도 수행했던 것이다. 인도인들은 영어를 통해 근세 유럽의 새로운 사조를 받아들이게 되었다. 모국어로 번역하여 이해하는 과정을 거치지 않고 각자가 습득한 영어로 직접 서양 서적에 접함에 따라, 그 이해의 속도와 분량에 있어서 훨씬 큰 효과를 얻을 수 있었다. 인도의 국민 지도자들 가운데 일부는 서구의 선진 문물을 아무런 비판이나 반성 없이 그대로 수용하려 했고, 다른 일부에서는 이질적 서구 사상을 배척하면서 이의 침투를 막기 위해 인도 고전 문화의 부흥을 도모했다. 양측의 태도는 서로 대조적이었지만 모두 인도의 정신적 근대화에 크게 공헌했다.

이 장에서는 인도에서 영국의 영어교육 정책이 구체화되어 공식적으로 추진되는 과정을 고찰하려고 한다. 먼저 무굴제국의 교육 실태를 간략하게 살펴본 후, 19세기 전반 영어교육 정책이 수립될 때까지의 기간을 다룰 것이다. 그 후 영어교육이 실시됨에 따라 나타나는 구체적인 영향에 관한 상세한 검토는 또 다른 연구를 요한다.

1 무굴제국의 교육 실태

인도에서는 예로부터 승려 신분인 브라만 계급이 힌두 사회의 최상위 계층을 형성해왔는데, 그들은 단순히 종교적 의식만을 관장하는 데 그치지 않았다. 그들은 원시 브라만교의 신앙 체계 속에서 독단적 횡포를 휘둘렀으며, 한편 프로테스탄티즘의 성격을 띠고 나타난 신흥 종교의 도전을 막고 힌두교의 교의를 확립시키는 데 공헌하기도 했다. 인도의 정신문화는 그들을 중심으로 수립되었으며, 고대 세계에서 브라만 계급은 교육을 받고 이를 전수하는 유일한 지식층이었다.

아직 불교가 인도 북부 지방에서 지배적인 종교의 지위를 누렸던 6~7세기경 나란다 지방에는 세계적인 대학이 존재하여 불교학을 비롯한 다방면의 학문을 연구했다. 근대 서구식의 대학과는 성격상 차이가 있었겠지만 나란다 대학에는 동남아시아, 중앙아시아, 중국, 한국 등지의 불승(佛僧)까지도 유학했으며, 교수를 포함한 학생 수는 만 명이 넘었다.[1] 한때 크게 번창했던 이 대학도 인도에서 불교가 쇠퇴하자 그 활동이 미약해져 갔으며, 12세기 무슬림의 침입 과정에서 완전히 파괴되고 말았다.

페르시아 노예 출신 왕이 지배했던 이른바 노예왕조를 비롯한 무슬림 통치 전기에는 군주를 비롯한 지배층이 대부분 교육을 받지 못한 사람들이었으므로 문화의 발전은 기대할 수 없었다. 오히려 찬란했던 인도 고전 문화가 이 시기에 거의 회복 불능으로 파괴되어갔을 뿐이다. 따라서 무슬림 지배 전기에는 교육의 발전은커녕 전통적인 힌두 사제 계급의 교육 활동도 침체를 면할 수 없었다.

무슬림 지배 후기에 해당하는 무굴제국 시대에는 전례 없는 물질적 번영 속에서 문화가 발달했다. 이때에는 교육면에서도 큰 진전을 보였지만 아직 현대적인 의미의 교육과는 상당한 차이가 있었다. 부

---

1) 나란다 대학은 적어도 여덟 개의 칼리지와 세 개의 도서관을 갖고 있었다. 교과목은 대승불교가 중심이 되었지만, 그 외에도 논리, 철학, 의학, 베다 문학, 전기, 심지어 마술까지 포함한 보편적 교육을 실시했다. 이 대학에서는 한국 승려도 공부하고 있었는데, 그는 혜초보다 훨씬 먼저 인도에 간 한국승이었다. 혜초보다 50년 앞서 인도 불적지(佛蹟地)를 순례했던 중국의 구법승 의정은 다음과 같은 기록, 즉 "칫솔 나무 밑에서 생활하는 한국승 Huih-Nieh(범어명(梵語名)은 아리아바르만)는 여기에 이 기록을 남긴다."라는 글을 발견했다. (K. M. Panikkar, *A Survey of Indian History*(Bombay, 1986), 86쪽.)

분적으로 국가의 후원을 받기도 했지만 대중을 위한 교육은 아니었으며 엄격한 의미에서 현대적 교육제도는 아직 존재하지 않았다.

무굴 시대의 교육은 국가에 의해서 관장된 것이 아니라 무슬림 학자 혹은 승원(僧院)에 의해서 영위되었다. 국가의 교육 발전을 관리하는 정부 부처도 존재하지 않았으며 국가는 단지 사원을 건축할 수 있도록 돈과 토지를 대여해주었을 뿐이다. 교육은 대개 이 사원에 부속된 기관을 중심으로 이루어졌다.

무굴제국 초기에 사람들은 깊은 지식을 얻기 위해서가 아니라 주로 종교적 또는 도덕적 수련을 위해 교육을 받았다. 교육의 주요 목적은 영혼의 정화에 있었으며 교육을 받는다는 것은 곧 현실 생활과 내세 생활을 위한 하나의 준비로 생각되었다.[2]

무슬림 어린이들은 마크타브에서 초등교육과정을 배웠다. 마크타브는 오늘날의 초등학교에 해당하는 교육기관으로 대개 무슬림 사원에 병설되어 있었으며 지방민들에 의해 운영되었다. 교과서는 일정하지 않았고 교과목은 학교에 따라 다양했다. 왜냐하면 교사의 의향에 따라 과목이 좌우되기가 예사였기 때문이다. 그러나 초등교육과정에서 교사들은 특히 문자, 어의, 단시(短詩) 등을 가르치는 데 주력했다.

다음으로 무슬림 학생들은 칸카에서 중등교육에 해당하는 교과과정을 이수했다. 칸카도 역시 무슬림 사원에 병설되어 있는 경우가 대부분이었으며 대개 무슬림 포교단에 의해 운영되었다. 여기에서 학생들은 이슬람의 법률과 신학뿐 아니라 세속적인 학문도 배웠다. 중등교육과정에서는 궁정 용어인 페르시아어로 수업을 했으며 아랍어도 철저히 가르쳤다. 교과목은 이슬람에 관련된 과목 이외에도 작문, 시, 소설, 역사, 윤리 등이 포함되었다. 이와 같은 과목들도 무굴제국 전

---

2) B. K. Sahay, *Education and Learning under the Great Mughals*(Bombay, 1988), 3쪽.

체에 걸쳐 통일되어 있었던 것이 아니라 학교와 지역에 따라 다소 차이가 있었다.

무굴제국의 고등교육기관은 마드라사였다. 이는 대개 근대의 대학에 준하는 교육기관으로서 이슬람 사원에 접해 있거나 또는 황제의 영묘(靈廟)를 교사(校舍)로 사용했다. 영묘에는 보통 많은 방이 딸려 있었으므로 학생들은 이곳에서 공부와 숙식을 겸했다. 여기에서 다방면의 인문·자연과학에 관한 교육이 실시되었으며, 강의는 아랍어로 진행되었다. 마드라사에서의 교과목은 대개 논리, 문학, 역사, 신학, 법학, 의학, 천문학, 수학 등을 포함했다. 세분화된 이들 교과목을 통해 학생들은 높은 수준의 전문적인 교육을 이수했다.

역대 황제들의 관심에 따라 각 교과목의 중요도가 달라졌다. 예컨대 무굴제국의 가장 걸출한 인물이며 교육 문제에 특별한 관심을 기울였던 제3대 아크바르 대제는 천문학, 철학, 역사, 의학, 수학 등의 과목을 특히 강조했으며, 아랍어 또는 아랍 학문은 경시하는 경향이 있었다. 그러나 그 후의 자한기르 및 샤 자한 왕 때에는 문학을 특히 강조했으며, 아우랑제브가 즉위한 후부터는 이슬람법과 신학이 가장 중요시되기도 했다.[3]

초등교육과정부터 고등교육과정에 이르기까지 수업 연한은 일정하지 않았고 학생들 개개인의 능력에 따라 차이가 있었다. 우수한 학생은 단기간에 상급 학교에 진학할 수도 있었지만, 고등교육을 마치기까지는 일반적으로 10년에서 15년이 소요되었다. 무굴 시대에는 현대적 의미에서의 시험제도는 아직 존재하지 않았다. 상급 학교에 진학하기 위해서 특별한 시험이 요구되지도 않았다. 가르친 교사가 학생을 평가할 수 있는 유일한 심판관이었으며, 어떤 정식 학위가 학생들

---

3) 같은 책, 16쪽.

에게 수여된 것도 아니었다.

무슬림 지배하의 무굴제국에서 힌두 교육은 무슬림 교육에 비해 위축되어 있었다. 힌두의 초등교육기관인 파트살라는 주요 부락에 설치되어 있었다. 근대적 교육 시설이 갖추어져 있지 못해서 대부분 마루 위에서 교사를 중심으로 둘러앉은 채로 공부했다. 상당한 수준에 오른 학생들에게만 펜과 종이가 허용될 정도였다.[4] 힌두 초등교육과정의 교과목에 대해서는 정확한 기록이 없지만 대개 독본, 산수 및 자연과학 원리 등을 가르쳤다고 한다. 또 당시 관청 용어인 페르시아어도 주요 과목이었으며 고등교육을 받기 위한 준비 과목으로서 산스크리트어도 중요시되었다.

힌두는 보통 톨(처음에는 차우파리라고 불렸다.)이라고 부르는 곳에서 고등교육을 받았다. 먼 지방에서 온 교사와 학생이 많이 포함되어 있었는데 수업 연한은 10년에서 12년 정도였다. 여기에서의 강의 용어는 산스크리트어였으며, 또한 모든 교과목 가운데서도 산스크리트어문학이 가장 중요시되었다. 또 다른 교과목으로는 베다, 철학, 역사, 지리, 의학, 점성학, 천문학 등이 있었다. 힌두 교육은 무슬림 교육만큼 활발하지는 못했지만 힌두 고도(古都) 바라나시 등지에는 수많은 학자와 학생들이 모여들어 인도 고전 학문의 전통을 잘 이어나가고 있었다.

무굴제국의 군주들은 무슬림 지배 초기의 군주들과는 달리 충분한 교육을 받았으며 고서 수집열이 대단했다. 아크바르 대제는 이미 설립되어 있던 제국도서관을 확장했다. 그는 당시 세계에서 견줄 이가 없을 만큼 특별히 귀중한 수많은 도서를 수집했다.[5] 또한 도서 수집뿐만 아니라 산스크리트어, 그리스어 및 아랍어로 쓰인 고전을 번역

---

4) 같은 책, 53쪽.
5) V. Smith, *Akbar, the Great Moghul*(Delhi, 1978), 242쪽.

하도록 하여 제국도서관에 비치하기도 했다.

자한기르와 샤 자한의 치세 때는 훌륭한 건축물을 통해 그 시대의 문화 융성을 입증해 보였지만 도서 수집과 제국도서관의 유지에도 역시 깊은 관심을 보였다. 제국도서관의 장서 수가 어느 정도였는지 정확하게 알 수는 없지만 당시 서양인 여행가들의 기록에 의하면, 진귀한 필사본 24,000권이 보존되어 있었다고 한다.[6] 제국도서관뿐만 아니라 당시 북부 인도에는 상당수의 도서관이 있었는데, 오늘날에도 인도의 큰 도서관은 대개 그 기원을 무굴제국 시대에 두고 있다.

무굴 시대의 교육은 지배자의 적극적인 후원 아래 실시되었다. 역대 군주들은 학자들을 우대하여 학문을 장려했으며 많은 국내외 학자들을 조정에 초빙하기도 했다. 무굴제국의 군주들은 고전 학문을 보존하고 이를 발전시켜야 한다는 의무감을 갖고 있었다. 대부분의 군주들은 종파나 카스트의 차별 없이 유능한 학자들을 우대했으며 국가 재정으로 많은 교육기관을 지원했다.

무굴제국의 국기(國基)를 공고히 했던 아크바르 대제 때 황실 교육 정책의 기초도 마련되었다. 당시까지의 교육제도는 혼란을 면치 못했으며 지나치게 종교적 성격이 강해 아랍어와 아랍 학문만을 너무 강조했다. 아크바르 대제는 대중 교육에 관심을 두어 여러 지역에 각급 학교를 설립하고 가능한 한 많은 사람들에게 교육의 혜택을 주려고 했다. 수도 아그라 등지에는 몇 개의 마드라사를 건립하여 특히 세속적인 학문 연구에 주력하도록 했다. 아크바르 치세에 무굴제국의 교육제도는 철저하게 재조직되었으며 거의 국민교육의 형태를 갖추게 되었다.[7]

그는 힌두의 교육 문제에도 특별한 관심을 표시했다. 지혜로운 군

---

6) K. M. Panikkar, 앞의 책, 175쪽.
7) B. K. Sahay, 앞의 책, 21~22쪽.

주였던 아크바르는 힌두 학문을 장려하고 힌두 학자들의 활동을 후
원함으로써 나아가 국민국가의 통일을 도모했다. 국민의 다수를 점하
고 있는 힌두의 협조 없이는 제국의 안정 또한 기대할 수 없다는 점
을 깊이 인식하고 있었기 때문이다.[8] 힌두와 무슬림 사이에 패인 깊
은 골을 메우기 위해 무슬림으로 하여금 힌두 서적을 읽도록 권유하
기도 했다.

아크바르가 실시한 교육 정책은 후대의 왕들에 의해서도 계속 추
진되었다. 그러나 전통적인 무굴제국의 교육 정책은 아우랑제브 치세
에 들어와서 크게 변질되었다. 그는 대중 교육에 관심을 갖고 국민교
육 수준을 향상시키겠다는 의무감을 간직하고 있었으면서도 힌두에
대해서는 철저하게 배타적이었기에 힌두 교육도 무슬림 교육과 마찬
가지로 장려되어야 한다는 아량을 보여주지 못했다. 아우랑제브는 충
분한 교육을 받은 인물이었지만 아크바르가 보인 힌두에 대한 관용 정
책을 이슬람 이념의 부정으로 보았다. 그는 힌두 교육을 중지시키고
주지사에게 명령하여 힌두 학교와 사원을 파괴하도록 했다. 그는 제국
내에 오직 무슬림 교육만을 보급하려고 했으며 무슬림 학자만을 우대
하고 힌두가 차지했던 관직은 무슬림 관리로 대체했다.[9] 아우랑제브의
편협한 문화 정책은 결국 학문의 쇠퇴를 가져왔으며, 그의 사망 후에
일어난 힌두의 반란은 제국이 급격히 약화된 한 요인이기도 했다.

따라서 무굴제국 시대에는 물질적인 번영 속에서 다른 문화 활동
과 함께 교육 면에서도 큰 진보를 보였다. 역대 군주들의 열의와 후
원에 힘입어 각급 학교교육이 실시되었다. 그러나 그것은 근대 서양
식 교육과는 거리가 먼 것이었다. 엄격한 의미에서 볼 때 근대적 교
육제도는 존재하지 않았지만 미흡하나마 초등교육에서 고등교육까지

---

8) 같은 책, 45쪽.
9) V. Smith, *The Oxford History of India*(Oxford, 1988), 425쪽.

156

이루어지고 있었다. 물론 근대적 교육 시설도 없었고, 국가 혹은 지방 유력 인사의 후원에 힘입어 사원을 중심으로 소규모로 교육이 실시되었을 따름이다. 대체로 관대했던 역대 군주들의 교육 정책에 힘입어 힌두의 교육도 원만하게 진행될 수 있었다.

그러나 대중 교육에 대한 군주의 관심이 부족하지 않았음에도 아직 대중이 참여하는 교육은 실시되지 못했다. 결국 무굴제국 시대에는 사저나 소규모의 학교에서 귀족이나 고급 관리의 자제들 위주로 소수만이 교육을 받은 정도에 지나지 않았다. 사실 교육받을 기회는 모든 사람에게 개방되어 있었는데도 하층 계급은 대체로 여기에서 제외되었다. 그것은 교육기관의 미비와 교사의 부족이라는 이유와 더불어, 국민 다수를 점하고 있는 하층 계급이 그들의 소망을 성취할 수 있는 경제적 여건이 허락되지 않았기 때문이었다.

2 총독 정치 초기의 교육 정책

영국은 동인도회사가 중심이 되어 인도와 접촉을 시작한 이래 1세기 반 동안 가능한 한 원주민과의 충돌을 피하면서 평화스럽게 교역을 진행해왔다. 그러는 동안에도 영국, 프랑스, 홀란드 등은 동인도에서의 상업 지배권을 놓고 치열하게 대립했다. 18세기 중엽 영국 동인도회사는 인도 벵골 지방에서 그들의 지배권을 확립한 후에도 오직 상업적 이익을 확보하는 데 급급했을 뿐 인도인의 교육에 대해서는 전혀 관심을 나타내지 않았다.

인도 문화와 원주민 교육에 처음으로 깊은 관심을 보였던 인물은 초대 총독 워런 헤이스팅스였다. 총독에 임명되기 전에 이미 그는 동인도회사 직원으로 20여 년 동안 인도에 주재하면서 찬란했던 인도 고전 문화와 동양 학문에 깊은 감명을 받았다. 당시 인도의 관청 용어였던 페르시아어뿐 아니라 벵골어에 능통했던 그는 힌두와 무슬림에게 그들의 고전 문화와 학문을 부흥하도록 촉구했다. 그는 가능한 한 인도 고유의 모든 제도를 유지하려고 힘썼으며 인도 문학과 예술의 연구를 후원했다. 무슬림 관리들의 자질을 향상시키기 위해 1781년 그가 창설했던 캘커타 마드라사에서는 이슬람에 관한 여러 과목을 가르쳤다.

동양 학문에 대한 총독의 관심은 동양학자 윌리엄 존스로 하여금 벵골아시아협회를 창설(1782)토록 만들었으며, 이 학술 기관은 산스크리트 학문의 실제적인 중심지가 되었다.[10] 총독은 산스크리트어를 행정적 목적에서가 아니라 문화적 목적에서 중요시했다. 인도의 훌륭한 고전이 대부분 산스크리트어로 기록되었기 때문이다. 그는 산스크리트어의 연구는 문화적, 정치적 관점에서 매우 중요하다고 믿었다.

헤이스팅스 총독의 문화 운동에 참여했던 던컨J. Duncan의 지속적인 노력으로 1792년에는 당시 총독 콘월리스의 도움을 얻어 산스크리트 대학이 설립되었다. 이 대학은 "힌두의 법률, 문학, 종교를 보존하고 장려하기 위해"[11] 힌두 신앙의 성도 바라나시에 세워졌다. 헤이스팅스 총독의 문화 정책은 동양 학문과 문화에 대한 그의 열렬한 관심과 깊은 이해에서 비롯되었다. 빅토리아 여왕 말기에 인도 총독으로 임명되었던 커즌(G. N. Curzon, 재직 1899~1905)은 "헤이스팅스야말로 영령인도의 수많은 지배자 가운데 인도의 문학, 학문 및 예술에 실제로 깊은 관심을 가졌던 유일한 인물이었다."[12]라고 평하기에 이르렀다.

---

10) P. Griffiths, *Modern India*(London, 1992), 58쪽.
11) L. S. O'Malley ed., *Modern India and the West: A Study of the Interaction of their Civilizations*(Oxford University Press, 1985), 141쪽.
12) G. N. Cuzon, *The British Government in India*, Vol. Ⅱ(London. 1965), 155쪽.

동인도회사나 본국 정부에서도 인도인의 교육 문제에 대해서는 아직 구체적인 계획조차도 내놓지 않고 있던 무렵, 인도에 영어교육을 보급해야 한다고 최초로 주장하고 나섰던 인물은 동인도회사 직원으로 근무해왔던 찰스 그랜트 Charles Grant였다.

그랜트도 인도에서의 치부(致富)에 혈안이 되었던 당시의 전형적인 관리였지만, 나중에는 기독교 선교사들의 활동을 적극 주장하고 나섰다. 1792년 그는 인도인의 사회적, 도덕적 상태가 여러 면에서 볼 때 야만적이라는 점을 지적하면서 "사회적 악습과 국민의 도덕적 타락은 밀도 높은 광범한 무지의 결과이며 이것들은 교육, 무엇보다도 영어교육에 의해서만 치유될 수 있다."[13]라고 주장했다. 인도인의 악습의 요소는 그들의 종교 속에 내포되어 있는데, 이는 영어교육에 의해 퇴치될 수 있으며 영어교육이야말로 인도 국민에게 기독교에 대한 지식을 열어주는 열쇠가 된다는 것이었다. 그랜트의 생각으로는 많은 영문 서적이 인도어로 번역되려면 오랜 세월이 소요되지만 인도인이 일단 영어를 습득하면 광범한 서양 학문을 곧 이해할 수 있을 터였다. 그는 페르시아어 대신에 영어가 관청 용어로 대체되어야 하며, 인도인에게 영어를 가르칠 수 있는 교사를 양성하기 위해 영어학교가 설립되어야 한다고 주장했다. 그랜트는 이와 같은 의견을 본국의 이사회와 감독국에 호소했으나, "동인도회사의 재정을 현명치 못하게 소비하고 인도 내에 있는 영국 영토의 평화와 질서를 위태롭게 만들 것이라는"[14] 이유에서 그 제의는 거부되었다.

일찍이 워런 헤이스팅스 총독이 인도 고전 문화와 원주민 교육에

---

13) R. C. Majumdar and H. C. Raychaudhuri, *An Advanced History of India* (London, 1970), 810쪽.

14) C. H. Philips, *The East India Company 1784~1834*(Oxford University Press, 1981), 159쪽.

깊은 관심을 표하기도 했었지만 아직 영어교육 도입 문제가 공식적으로 논의되지는 않았다. 인도인에게 영어를 가르치기보다는 오히려 영국인이 토속어를 익히는 것이 먼저였다. 동인도회사 서기들은 인도에 근무하게 되면 우선 인도의 언어와 풍습에 관해 사사로이 배워야 했다. 서기들은 특히 당시 관청용어인 페르시아어와 일상용어인 힌두스타니어를 배워야 했는데, 이들 어학을 습득하도록 동인도회사는 1년 동안 일정액의 보조금을 개인에게 지불했다.

페르시아어와 인도어에 능했던 존 길크라이스트John Gilchrist는 서기들을 위한 어학 강습을 자청하고 나섰다. 총독도 이에 동의함으로써 지금까지 개인에게 주어졌던 보조금은 1년간 길크라이스트에게 지불되었다.[15] 어학 정규반이 개설되고 시험에 의해 서기들의 실력을 평가함에 따라 개인적인 필요성에서 출발했던 어학 교육은 정규 과정이 되었다.

동인도회사의 서기 교육을 보다 조직적으로 원활하게 실시하기 위하여 총독 웰즐리(Lord Wellesley, 재직 1798~1805)는 캘커타에 대학을 설립하려는 계획을 수립했다. 당시 동인도회사에서 근무하기 위해 인도로 오는 영국인 서기들은 충분한 교육과 훈련을 받지 못한 18세 미만의 소년들이 대부분이었다. 총독은 그들에게 일정한 교육을 실시하여 서기로서의 자격을 갖출 수 있도록 하기 위해 대학의 설립을 계획한 것이다. 새로이 임명된 모든 동인도회사 직원은 서양식 교육을 이수하고 인도의 언어, 법률, 역사에 관한 지식을 습득키 위해 3년 과정을 마쳐야 했다.[16] 모든 학생들은 정규적인 시험을 거쳐야 했으며 3년 과정을 이수한 학생에게는 학위가 수여되었다.

---

15) B. B. Misra, *The Central Administration of the East India Company*(Oxford University Press, 1979), 387쪽.

16) C. H. Philips, 앞의 책, 125쪽.

영국 동인도회사의 벵골 근거지인 윌리엄 요새의 이름을 따서 1800년 개교한 이 대학은 총독정부의 지휘와 감독을 받았다. 그러나 실무 행정은 대학평의회의 소관이었다. 대학평의회는 학료장과 부학료장 이외에 총독이 대학 행정감독관으로 임명한 세 명의 위원으로 구성되었다. 학료장과 부학료장은 영국 국교회 Anglicanism의 성직자여야 했는데 이들 없이는 대학평의회가 소집될 수 없었다. 이 대학은 동양 언어를 교육시키는 것뿐만 아니라 기독교 신앙을 두텁게 하려는 의도로 설립된 것이었다. 교수 직에도 영국 국왕에게 충성을 맹세하고 기독교 신앙, 특히 영국 국교회의 교리에 위배되는 이론을 내세우지 않기로 서약한 사람만 받아들였다.[17]

비록 포트윌리엄 대학에서 기독교 신앙을 강조하긴 했지만 이것은 인도인에게 기독교를 전파하려는 의도는 아니었다. 이 대학은 어디까지나 영국인 관리를 교육시키려는 목적에서 설립되었을 뿐이다. 당시 영국 정부가 인도에서 추진했던 종교 정책은 기독교의 전파가 아니라 오히려 선교 활동의 철저한 억제였다. 영국인 선교사가 인도에 입국하는 일이 허용되지 않았으며, 인도인 용병(세포이)이 기독교로 개종하는 것도 가급적 제한했다. 이와 같은 영국 정부의 기독교 선교 활동에 대한 신중책은 인도 통치 기간 내내 일관되었지만, 특히 19세기 초까지는 그 정도가 한층 엄격했다. 이는 전통적 종교 관념이 매우 완고한 인도인의 감정을 자극하지 않으려는 의도였음은 말할 것도 없다. 더욱이 인도에서 영국의 지배권을 조심스럽게 확대해가고 있는 시점에서 인도인의 종교적 감정을 자극하는 것은 영국인들이 추구하는 상업적 이익에도 이롭지 못할 것이기 때문이었다.

웰즐리 총독은 인도에 주재하는 모든 동인도회사 직원들이 포트윌

---

17) B. B. Misra, 앞의 책, 388~390쪽.

리엄 대학에 와서 훈련받도록 하는 계획을 추진했다. 봄베이 및 마드라스 주에 근무하는 동인도회사 직원들을 캘커타에 있는 이 대학에서 일정 기간 동안 머물게 함으로써, 인도에 주재하는 모든 직원들의 교육 및 훈련 정도의 평준화를 도모했다. 또 총독은 대학의 교육 분야를 확장하여 네 개 학부로 나누었다. 즉 동양 어학, 동양 법률 및 윤리학, 정부 법규, 유럽학 등이었다.[18]

웰즐리 총독이 계획하고 설립한 포트윌리엄 대학은 전 인도적으로 영국인 관리 교육을 담당하게 되었으며, 그 교육 분야도 크게 확대되어 나갔다. 그러나 이와 같은 대학의 운영 계획은 총독의 개인 의사에 따라 수행된 것이지 본국 지도부의 지시에 의한 것이 아니었다. 영국의 동인도회사 이사회는 총독의 계획을 거부하고 나섰다. 이사회는 웰즐리 총독에게 "이 대학에서 실시하는 강의는 어떤 경우에도 동양 관계 과목에만 한정되어야 하며, 모든 학생들을 캘커타에 집결시키는 것은 불필요하고 현명하지 못한 처사"[19]라고 지적했다.

이사회가 총독의 계획을 인가하지 않은 정확한 이유는 뚜렷하게 밝혀진 바 없다. 강력하게 반대한 이유의 하나는 아마도 웰즐리 총독이 그에게 부여되지도 않은 권한을 행사하여 본국의 인가 없이 야심만만한 계획을 추진한 데 제재를 가하기 위함이었을 것이다.[20] 그러나 보다 본질적인 반대 이유는 재정적인 고려에서 비롯되었다고 볼 수 있다. 마이소르 지방의 토후 티푸 술탄과의 2년간에 걸친 싸움의 여파에서 아직 회복되지 않은 동인도회사는 재정적으로 피폐해 있었다. 또한 나폴레옹 전쟁의 영향을 받아 인도아대륙에서도 영국과 프랑스 세력이 대립하고 있는 마당에 막대한 예산이 소요되는 웰즐리 총독

---

18) 같은 책, 390~391쪽.
19) C. H. Philips, 앞의 책, 126쪽.
20) B. B. Misra, 앞의 책, 392쪽.

162

의 계획을 그대로 받아들일 수가 없었다. 1803년 총독이 본국의 이사회에 보낸 서한을 살펴보면 그의 계획은 "인도에 평화가 상존한다는 것과 동인도회사의 재정 상태가 호전되고 있는 데 근거하고 있음"[21]을 알 수 있다. 따라서 이사회가 웰즐리 총독의 계획을 그대로 인정하지 않은 것은 총독의 월권행위에 대한 제재, 또는 재정적인 문제를 고려했기 때문으로 볼 수 있다.

한편 감독국 측은 총독의 계획에 긍정적인 반응을 보였다. 감독국 의장 케슬레이 R. S. Castlereagh는 포트윌리엄 대학의 잠정적 중요성을 인정하면서 이사회에 거부를 재고하도록 요청했다. 그는 감독국 위원들에게 "나의 목적은 우리가 만족할 만한 대안을 찾았다고 확신할 때까지 이 교육기관의 해체를 반대하는 것"[22]이라고 언명했다. 케슬레이는 이사회가 거부를 고집함으로써 감독국의 권위에 도전하고 있다고 간주하고 이 문제를 의회에서 결정할 기세였다.[23] 이사회는 의회가 감독국에 유리한 결정을 내릴 것이라는 판단 아래 케슬레이로 하여금 의회 상정을 연기시키도록 요청하고 협상을 모색했다. 이사회는 협상에 성의를 보이기 위해 또 다른 명령이 시달될 때까지 포트윌리엄 대학을 그대로 운영하도록 조처했다. 또한 감독국 측에서도 봄베이 및 마드라스 주의 서기들이 캘커타에서 교육받는 것은 부당하며, 이들 두 개의 주에도 개별 학교의 설립 타당성을 검토해야

---

21) C. H. Philips, 앞의 책, 127쪽.

22) 같은 책.

23) 19세기 중엽 인도가 영국 왕의 직접 지배하에 들어갈 때까지는 동인도회사의 이름으로 영국의 세력을 확장해나갔다. 따라서 동인도회사의 행정은 런던에 있는 24명으로 구성된 이사회의 소관이었다. 그러나 인도통치규제법(1773)에 따라 총독 정치가 시작되면서 영국 의회가 동인도회사를 간섭하기 시작했다. 피트법(1784)에 의해 6인의 인도문제위원회(감독국)가 설치되어 동인도회사의 제반 문제를 감독하고 지휘하게 되었다.

한다는 점에 동의했다. 그러나 1806년 케슬레이가 감독국 의장 직을 그만두고 또 웰즐리가 총독 직에서 물러남에 따라 이사회는 이 대학을 단순한 어학교육 학교로 전락시키고 말았다.

포트윌리엄 대학은 크게 확장되지 못했지만 그 활동은 문화 교류에 크게 공헌했다. 이 대학은 언어교육이라는 본래의 기능 이외에도 특히 번역 활동에 힘썼다. 영문 서적이 벵골어 등 인도 지방어로 번역됨에 따라 서양의 지식이 인도에 널리 보급되는 계기가 되었다. 또 동양의 법률, 윤리, 철학, 문학 등이 산스크리트어, 아랍어, 페르시아어로부터 영어로 번역되었다. 이와 같은 번역 활동은 상호 문화 이해를 증진시켰으며, 또 서양 학문에 대한 인도인들의 관심을 일깨우는 데 크게 공헌했다.

3 영어파와 동양어파의 대립

워런 헤이스팅스 총독과 웰즐리 총독 등은 교육 문제에 깊은 관심을 보였지만, 주된 목표는 동양어교육과 영국인 관리를 대상으로 한 교육이었다. 서양 학문을 인도에 보급시키려는 영국 정부의 구체적인 조치는 아직 나타나지 않았다. 기독교 선교 활동에 의해 서양 교육이 지역적으로나마 다소 보급되고 있긴 했지만 영국인의 선교 활동은 본국 정부에 의해 철저하게 억제되었으므로, 소수의 영국인 선교사가 덴마크 선교단 등에 가입하여 활동하는 정도였다.

영국 복음주의자들은 인도에서의 선교 활동을 허가해줄 것을 계속 요구해왔으며, 특히 동인도회사의 특허권 갱신에 즈음하여 의회는 동인도회사로 하여금 마땅히 인도 국민에게 유용한 지식을 보급시키고 종교적, 도덕적 개선을 위한 조치를 취하도록 강력히 권유했다.

이와 같은 의견은 상당한 논란 끝에 '1813년의 특허법'의 교육 관계 조항에 반영되었다. "영령인도의 1년 잉여 세입 가운데 10만 루피 이상을 따로 떼어 인도 학문을 부흥, 발전시키고 인도 지식층을 장려하며 영령인도의 원주민에게 과학 지식을 도입, 증진시키는 데 충당하여야 한다."[24] 물론 여기서의 과학 지식은 근대 서양의 과학 지식을 의미하는 것이다. 또한 이 조항에 나타난 영령인도의 잉여 세입은 사실상 벵골 주의 잉여 세입을 뜻하며 당시 마드라스 주와 봄베이 주는 적자 재정을 면치 못하고 있었다. 따라서 '1813년의 특허법'에 규정된 인도인 교육 장려책은 주목할 만한 성과를 거두지 못했다.

1823년에는 인도 주재 문관으로 구성된 국민교육위원회가 총독 서리 존 애덤 John Adam에 의해 임명되었다. 총독이 주재하는 참사위원회에서 국민교육위원회를 설치하도록 결의했는데, 그 취지는 당시 대중의 교육 수준과 교육기관 실태를 조사함과 더불어 국민교육을 위해 연 10만 루피를 충당하겠다는 영국 정부의 결정에 앞서 그 타당성을 검토하려는 것이었다. 이 위원회의 구성원으로는 의장에 해링턴 W. H. Harrington, 간사에 윌슨 H. H. Wilson, 위원에 라킨스 J. P. Larkins, 프린셉 H. T. Prinsep, 마틴 W. B. Martin, 베일리 W. B. Bayley, 셰익스피어 H. Shakespeare, 매켄지 H. Mackenzie, 서덜런드 J. S. Sutherland 및 스틸링 A. Stiling 등이 있었다. 이들 가운데 매켄지를 제외하고는 모두 동양 학문에 관심을 보였으며, 사실 그들의 전력은 관리 또는 군인 등이었으므로 교육 분야의 전문가는 아니다.

국민교육위원회의 건의에 따라 캘커타에 산스크리트 대학이 건립되었다. 이 위원회가 추진해나갔던 과업 가운데 하나는 인도 고전과 아랍어, 페르시아어 작품 등을 인쇄, 출판하는 일들이었다. 그러나 본

---

24) H. Dodwell ed., *The Cambridge History of India*, Vol. *IV. The Indian Empire* (Cambridge University Press, 1968). 153쪽.

국 정부의 의도는 단순한 힌두·무슬림 문학의 보급과 전파에만 있
지 않았다. "교육의 큰 목적은 힌두 학문을 가르치는 것이 아니라 유
용한 학문을 가르치는 데 있어야 한다고 지적했다."[25] 여기서 유용한
학문이란 인도인에게 영어를 교육시키고 서양 학문을 전파시키는 것
을 암시했다.

본국 정부의 의도에 따라 국민교육위원회는 기존의 동양어교육을
위주로 해온 대학에 영어교육반을 신설하기로 했다. 국민교육위원회
의 한 보고서는 "우리는 토속적 학문의 추구를 우리가 모든 노력을
기울이고 있는 궁극적 목표로 삼아야 한다."[26]라고 밝히고 있지만, 사
실은 토속어로보다는 인도 고전어와 영어를 매개어로 하여 교육하는
데 훨씬 깊은 관심을 가질 수밖에 없었다. 비록 국민교육위원회에서
는 동양어교육에 중점을 두었다고 할지라도 본국 정부에서는 영어와
서양 학문의 교육에 호의적인 반응을 보였음에 분명하다. 한편 기독
교 선교사들이 중심이 된 자유주의 개혁가들은 기독교와 서구 사상
을 전파하기 위한 학교를 설립하려고 노력했다.

인도인의 교육 문제에 대해서는 영국인 지배자들끼리도 좀처럼 의
견의 일치를 보지 못했다. 이 문제를 검토하기 위해 설치된 국민교육
위원회에서도 상반된 견해가 오래도록 대립하여 소위 영어파 Anglicists
와 동양어파 Orientalists 간에 기나긴 논쟁이 벌어졌다. 전자는 인도
인의 지적 향상을 위해서는 영어교육의 도입이 시급할 뿐 아니라 보
다 바람직하다고 주장했고, 후자는 인도인을 교육시키기 위해서는 원
주민에게 더욱 친숙한 산스크리트어나 아랍어 등 동양어를 널리 보
급시키는 것이 절실하다고 주장했다. 국민교육위원회가 구성될 당시
에는 동양어 지지파가 영어 지지파를 수적으로 압도했다. 그러나 그

---

25) C. H. Philips, 앞의 책, 248쪽.
26) 같은 책, 248쪽.

후 몇 명의 동양어파 위원들이 본국으로 귀환하고 영어를 지지하는 소장 위원들이 새로이 임명됨에 따라 양측의 세력은 백중해졌고 논쟁은 가열되어갔다.

영어파는 영어를 필수교과목으로 규정해야 하며 고등교육기관에서는 영국의 문학과 과학을 직접 영어로 교수하는 데에 최고의 가치와 의무를 두어야 한다고 주장했다. 영어파는 영어교육 도입의 정당성을 강조하면서, 감정에 피동적으로 따르지 않고 그 감정을 적절하고 사려 깊은 방법에 의해 공정하고 향상된 목표에로 인도하도록 노력하는 것이 정부——특히 인도에서의 영국 정부——의 의무라고 주장했다.[27]

동양어파는 단순한 영어의 보급은 무방하나 규정을 세워 필수과목으로 강제하는 것에는 반대했으며, 원주민에게 영국 과학과 문학에 대한 관심을 불러일으키는 일은 중요하다고 인정하면서도 토속어가 서구의 지식을 보다 널리 보급하는 데 공헌할 것이라고 주장했다. 인도인들은 그들 자신의 문학과 과학을 배울 수 있는 공평한 기회를 요구할 권리가 있으므로 인도 학문을 부흥시키고 배양하여 널리 보급하는 것이 인도에서 영국인들이 걸머진 첫째 의무라는 생각이었다.[28] 영어파는 인도의 고전어를 공부하는 학생이나 또는 산스크리트어, 아랍어 및 페르시아어 서적 출판을 재정적으로 지원하는 데 반대하고, 인도인에게 영어를 통해 자유주의적 교육을 실시하는 일에는 가능한 모든 지원을 아끼지 말아야 한다고 주장했다. 또 동양어파는 "현재의 교육제도를 원주민으로 하여금 그대로 추구하도록 내버려두고 거기에다 서양 과학을 접목시키려고 노력하는 정책"[29]을 취하기를

---

27) D. P. Sinha, *The Educational Policy of the East India Company*(Calcutta, 1984), 184~185쪽.

28) 같은 책, 185쪽.

29) H. Dodwell, 앞의 책, 107쪽.

희망했다.

국민교육위원회에는 이와 같이 서로 대립된 견해를 내세우는 양파 이외에도 중립적인 태도를 유지해온 소수가 있었다. 이들은 정부가 어떤 특정한 교육제도를 두둔하는 것은 불필요하고 바람직하지 못한 일이므로, 정부는 오직 모든 교육제도에 대해 냉담하고 공평무사한 태도를 취해야 한다는 견해를 가지고 있었다. 그러나 이 중립파의 세력은 위원회의 정책 결정에 영향을 미칠 만한 정도가 못 되었으며, 영어파와 동양어파 모두 중립파의 견해에 동조하지 않았다.

서양 학문을 인도인에게 교육시키는 데 있어서 그 매개어로 영어를 사용할 것인가, 또는 산스크리트어, 아랍어 등 동양어를 사용할 것인가 하는 문제는 오랫동안 첨예한 대립을 낳은 논점이었다. 이는 인도에 영어교육 도입 여부를 판가름할 매우 중대한 논쟁이었다. 영어파는 동양 고전어에 의한 번역을 통해 인도인에게 영국의 학문을 광범하게 전파한다는 것은 어리석고 쓸모없는 일이라고 주장했다. 왜냐하면 완전한 번역을 마련한다는 것은 가망 없는 작업이며, 그러한 번역은 원전의 진정한 정신을 전달할 수 없을 뿐 아니라 결국에 가서는 국민의 도덕심 앙양에 영향을 준다는 근본 목표를 허물어뜨릴 것이기 때문이었다. 더욱이 공통 언어의 사용은 인도 국민과 지배자 간의 유대를 강화시키리라는 것이 영어파의 견해였다.

여기에 대해 동양어파는 두 가지 면에서 반론을 제기했다. 다른 학식이 없이 영어에만 정통한 것은 오히려 혼란의 근원이 되며 지식에 대한 손실일 것이다. 왜냐하면 국가의 실제적인 사무 처리가 영어로 진행되지 않으며, 또한 영어가 인도의 일반적인 공용어가 되리라고 생각할 사람은 아무도 없기 때문이다. 더욱이 동양어파는 고전어의 사용과 육성이 결국에 가서는 교육적 목적으로 통용될 토속어를 계발하는 데 도움이 될 것이라고 주장했다.[30]

영국 정부가 인도에서 추진한 교육 정책을 둘러싼 의견 대립은 국민교육위원회 안에서만 나타났던 것이 아니다. 영국 내에서도 대(對)인도 문화 정책 전반에 걸친 견해는 일정하지 않았다. 보수주의자들은 교육 정책에 대해 대개 동양어파와 의견을 같이 하여 산스크리트·아랍 학문의 장려를 주장하고 기독교의 선교를 반대하고 나섰다. 또 그들은 인도의 전통적인 사회 악습에 대한 개혁 운동도 불장난이라고 여겨 반대했다.

자유주의자들은 서구 사상과 가치관의 도입을 바람직한 조치로 생각해 이를 권장했으며, 인도의 전통적인 여러 제도의 가치를 인정하면서도 이의 조심스러운 개혁을 표어로 내세웠다. 그리고 보다 대담한 급진주의자들은 영어와 함께 서구의 과학과 신사조를 인도에 도입하는 것이 급선무라고 강력히 주장하고 나섰다. 이들은 벤담J. Bentham, 밀 J. S. Mill 등 당시 영향력이 컸던 자유주의자들로서 대담한 개혁을 촉구했다.

이상의 대립된 견해들은 인도의 새로운 지배자로 등장한 영국인들의 생각이었지만, 인도인들의 의견도 통일되지 않았기는 마찬가지였다. 인도 지식인들의 다수가 동양어파와 견해를 같이하여 인도 고전어 혹은 동양어의 보급을 희망했다는 사실은 여기에서 언급할 필요도 없는 일이다. 그러나 일부 지식인들은 영국 정부의 자유주의적 개혁을 찬양하고 동양어 대신 영어교육을 보급시켜주기를 희망했다.

영어교육을 적극 찬양하고 나섰던 대표적인 인물은 '근대 인도의 아버지'로 불리는 람 모한 로이 Ram Mohan Roy였다. 그는 총독에게 청원서를 보내 근대적 서양 지식 교육의 도입을 강조했다. "학생들은 이천 년 전에 이미 알려졌던 것들을 얻게 될 테지만 이는 무용하고

---

30) D. P. Sinha, 앞의 책, 185~186쪽.

공허한 난삽만을 가중시킬 것이다. …… 만약 영국 입법부의 정책이 그러하다면 산스크리트 교육제도는 이 나라를 암흑 속에 가두어놓기 위한 최선의 방책이 될 것이다. 그러나 원주민을 향상시키는 것이 정부의 목표라면 수학, 자연과학, 화학, 해부학 등을 포함하는 보다 자유주의적이고 개화된 교육제도를 증진시킬 일이다."[31]

로이는 근대 인도의 대표적인 선각자로서 정신적으로 인도 지식층에게 가장 큰 영향을 미쳤던 인물로 인정받고 있다. 그는 브라만 계급 출신으로 전통적인 힌두 가정에서 성장했으면서도 힌두교의 인습을 극복하려고 노력했다. 종교 사회 개혁가로서 그는 힌두교를 기독교적 방향으로 개혁하려 했으며, 사티 등의 힌두 악습을 비난하고 카스트 제도의 철폐를 주장하기도 했다. 그는 산스크리트어 등 주로 고전어교육을 받았으면서도 영어교육의 중요성을 강조하고 그와 함께 서양 학문의 도입을 적극 주장하고 나선 사람이었다.

4 복음주의와 공리주의의 영향

인도에서의 개혁 운동은 당시 영국의 사상적 영향과 밀접한 관련을 맺고 있었다. 영국의 사상계와 정계에서 커다란 영향력을 행사하고 있던 복음주의자들과 공리주의자들의 활동은 인도의 내정 개혁에 직접적인 영향을 미쳤다. 당시 영국과 인도 두 나라에 진보적인 개혁의 시대가 열린 데에는 이들의 역할이 결정적으로 작용했다. 19세기 전반 영국의 식민주의 지배자들은 낡은 식민 지배 체제를 새로이 개혁해야 한다는 엄숙한 사명감을 품고 있었는데, 인도에서 이러한 개

---

31) H. Dodwell, 앞의 책, 105쪽.

170

혁을 이끌었던 사상적 근거는 복음주의와 공리주의였으며, 특히 공리주의의 역할이 크게 작용했다.[32]

18세기 말부터 싹튼 복음주의의 부흥은 중상층 시민 사이에서 많은 동조자를 얻었다. 복음주의의 영향은 너무 광범하게 퍼져나가서 전통적인 척도로는 잴 수 없을 정도로 강력했다. 일부에서는 복음주의가 혁명기의 폭력적인 파괴로부터 영국 사회를 지탱한 접합제의 역할을 했다고 믿을 정도였다. 여기까지는 동조하지 않더라도 대부분의 역사가들이 고결한 빅토리아 시대를 열어젖힌 도덕적 동인(動因)으로서 복음주의가 맡은 역할의 중요성을 인정했으며 산업혁명기의 무정부적 개인주의를 길들이고 훈련시켰던 힘이 복음주의였다고 믿었다. 복음주의의 특징 가운데 하나는 인간성이 완전히 개조될 수 있다는 신념이었는데 이는 교육을 통해 가능하리라고 보았다. 또한 복음주의자들은 식민지의 수많은 이교도들에게 복음을 전파하는 것은 그들의 장엄한 책임이요 의무라고 확신했다.

공리주의가 인도의 제반 개혁에 미친 영향은 훨씬 광범하게 나타났다. 공리주의의 중요성을 말할 때는 그 이론적인 면보다는 정치적인 면에 역점을 두어야 한다. 벤담을 대표로 하는 공리주의 학파의 이론인 '최대다수의 최대행복'과 선은 쾌락이요 행복이며 악은 고통이라는 주장은 이미 제기되었던 것들로서 새로운 내용은 없었다. 벤담의 사상이 갖고 있는 특징은 이론적인 학설에 있는 것이 아니라 그것들을 여러 가지 현실 문제에 적용한 데 있다.

공리주의자와 복음주의자의 생각에서 우리는 넓은 의미에서의 유사성을 찾을 수 있다. 공리주의와 복음주의는 모두 개인주의 운동으로서, 개인을 관습의 예속으로부터 또 귀족과 성직자들의 학정으로부

---

32) B. Stein, "Eighteenth-century India;cAnother View", P. J. Marshall ed., *The Eighteenth Century in Indian History*(Oxford University Press, 2003), 84쪽.

터 해방시키는 길을 모색했다. 양측의 목표는 각계각층의 개인을 자유롭고 자율적인 인간으로 만들어 양심에 따라 사려 깊게 선택하고 행동하는 생활로 이끌어가는 것이었다. 인간이 행복의 목표를 달성하지 못하는 것은 무지와 판단 착오의 결과일 뿐이다. 그 때문에 인간은 원대하고 지속적인 행복보다는 현재의 향락을 더 좋아하는 경향이 있다. 인간은 완전히 교육받을 때까지는, 또 지속적인 행복을 얻기 위해 찰나적인 즐거움을 버릴 수 있도록 충분히 훈련을 쌓을 때까지는 '근엄한 교장 선생님'이 필요한데 그것은 다름 아닌 법이었다.

공리주의자들과 복음주의자들은 모두 급진적인 변화를 원했으면서도 서로 대립적인 견해를 보였다. 법의 중요성을 인정하면서도 그 의미를 바라보는 입장은 크게 달랐다. 법은 복음주의자에게는 하나님이요 모세의 율법이었지만, 공리주의자에게는 인간 입법자가 형벌의 고통 같은 것을 인위적으로 부과함으로써 인간이 사악한 행위를 피하도록 돕는 것을 의미했다. 공리주의자들은 여론이나 교육이 행복을 추구하는 인간의 사고와 행동에 중대한 영향을 미친다는 점을 인정했다. 그러나 이것들은 법의 힘과 비교한다면 아무것도 아니었다. 인간성을 결정짓는 가장 큰 영향력은 입법자와 집행자, 즉 법과 정부의 형태였다.[33] 따라서 공리주의자들은 신을 버리고 신의 심판 대신에 인간이 만든 법의 심판을 채택했던 것이다. 개혁을 위한 공리주의자들의 처방은 종교적 감정을 포함하고 있지는 않았었다.

인도 문제와 관련하여 특별히 거명될 수 있는 복음주의자로는 인도 총독을 지낸 존 쇼어와 몇 차례에 걸쳐 동인도회사 이사회의 대표를 지낸 찰스 그랜트 등이 있다. 피트 수상의 가까운 친구이며 하원에서 자유주의적 개혁, 특히 노예 문제에 남다른 관심을 보였던 윌

---

33) Eric Stokes, *The English Utilitarians and India*(Oxford University Press, 1992), 55쪽.

버포스W. Wilberforce도 당시 영국 정계에서 이름을 날린 복음주의
자였다. 그들의 적극적인 활동이 영국 내에서는 비인도적인 노예무역
을 금지시켰고 인도 문제에 있어서는 '1813년의 특허법'에 반영되었
다. 특히 찰스 그랜트는 인도에 서양 문화를 도입하고 물질적 번영을
증진시키는 일이 영국의 원래 목적인 상업적 이익에도 큰 도움이 될
것이라고 역설했다. '정복의 고결한 씨앗'인 진정한 종교와 지식이 전
파되면 인도에서의 모든 장애물은 제거되고 자연히 세속적인 보상이
수반될 것이었다. 왜냐하면 서구인의 이념과 언어가 인도에 도입되면
상업 발전이 뒤따르게 마련일 것이기 때문이다.

영국의 복음주의자들은 1813년 동인도회사의 특허 갱신에 즈음하
여 그랜트의 이상을 실행에 옮기기 위해 대대적으로 조직적 운동을
전개했다. 인도에 기독교 선교사를 파견하여 교회를 설립할 수 있게
하고 교육의 보급을 위해 별도의 예산을 확보한 것은 복음주의자들
의 적극적인 활동이 올린 개가였다.

영국은 벵골 지방을 지배하고 총독 정치를 실시하면서도 인도에서
의 기독교 선교 활동은 철저히 억제해왔다. 영국 정부는 기독교의 전
파가 전통적인 종교 관념에 강하게 지배받는 인도인들을 자극함으로써
영국의 상업적 이익에 타격을 입게 될 것을 우려하여 영국 선교사의
인도 입국을 철저히 금지시키고 있었다. 18세기 말 케리W. Carey가
인도에 들어와 선교 활동을 수행한 일이 있었지만 그는 쪽 재배자로
서 거주하면서 덴마크 선교단의 일원으로 활동했을 뿐이다. 영국 당
국은 오히려 인도의 국민감정을 회유하기 위해 힌두 사원을 관리하
는 등 인도인의 전통적인 종교 활동을 후원해주기까지 했다. 따라서
당시 영국 복음주의자들의 견해와 역할은 동인도회사의 전통적 종교
정책에 반하는 것이었으며 이로써 미루어 볼 때 그들의 영향력이 얼
마나 크게 작용하고 있었는가를 짐작할 수 있게 한다.

　공리주의를 명료하게 정식화(定式化)했던 벤담의 정치철학은 근본적으로 권위주의적이며 독재적인 성격의 것으로 18세기 계몽전제정치의 산물이었다. 정치권력의 성격과 그 행사에 관한 벤담의 개념은 절대주의 옹호론의 대표적 인물인 토머스 홉스Thomas Hobbes의 사상으로부터 연유하고 있다. 통치권은 하나이고 분리될 수 없으며 그 도구는 법이다. 권리란 법의 창조물일 경우를 제외하고는 의미가 없으며, 자유란 자제의 부재일 뿐 법이 침묵할 때 자리를 잡는 것이었다.

　공리주의자 가운데 또 다른 탁월한 인물인 제임스 밀James Mill은 교육의 중요성을 강조하면서도 일반적인 의미의 학교교육이나 기술교육은 하위에 두고 가정교육과 사회교육으로서의 여론을 우위에 두었다. 그러나 무엇보다도 중요한 것은 정부 형태와 법, 다시 말하면 모든 힘이 의존하는 정치교육이었다. 정치교육은 개인에게 작용하는 도덕력을 직접적으로 결정하고 또한 국민의 체력에서 나오는 간접적인 힘도 결정한다. 왜냐하면 부의 증대와 생활수준은 정부의 형태에 의존하기 때문이었다.

　제임스 밀은 그의 정치철학을 인도 문제에 적용했다. 그는 런던의 동인도회사 집행부에 다년간 근무한 인도 전문가로서 권위 있는 『영령인도사』를 저술했으며, 훗날 오히려 아버지보다 더 큰 명성을 누리게 된 그의 아들 존 스튜어트 밀도 아버지의 힘을 빌어 이곳의 인디아 하우스India House에 근무한 적이 있었다. 제임스 밀은 인도가 당면한 절실한 문제를 정부 형태, 법의 성격, 징세 방법 등 세 가지로 요약했다. 이것들을 개혁하면 인도 사회 전체에 엄청난 변혁이 이루어져 빠른 속도로 문명의 단계에 접어들게 될 것이라고 그는 말했다. 모든 다른 문제들은 부차적인 것이고 그 중요성도 약하다. "무지는 자연히 빈곤을 동반하며 가난한 사람들은 항상 무지하기 마련이다. 그러나 빈곤은 법과 정부의 형태에서 비롯된 것이며 잘 통치되고 있는 나라의 국민이라면 누구도 가난으로 고통받는 일이 없다. 따라서 교육이 어떤 커다란 효과를 가져오기에 앞서 국민의 빈곤은 치유되어야 하며 그들의 법과 정부가 자애롭게 작용해야 한다."[34]

벤담과 제임스 밀은 인도의 변화가 법에 의해 이루어지려면 우선 주권을 가진 입법기관이 수립되어야 하고 또 인도 정부가 현재의 반(半)독립적 권력의 변칙적인 집합으로부터 통일된 중앙집권적 국가로 변모하는 것이 필수적이라고 보았다. 그들이 생각했던 이상적인 통치형태는 현대적 의미의 자유주의적 정부는 결코 아니었고 유럽 계몽사상기의 유물인 이른바 계몽전제정치였다. 공리주의자들은 한데 입을 모아 인도 문제에 대한 대담한 개혁을 부르짖었다. 왜냐하면 "그들은 편견은 이성으로, 허위는 진실로 대체된다고 믿었기 때문이다. 이성과 복음의 빛이 인도에 한번 가 닿기만 하면 스스로 타올라 인도인들은 스스로 변신할 것이며 새로운 질서가 시작될 것이라고 믿었기 때문이다."[35]

5 영어교육 정책의 이상

영어교육 도입 문제에 대한 논쟁은 다년간 지루하게 이어져왔다. 진보적 견해를 표명해온 윌리엄 벤팅크(William Bentinck, 재직 1828~1835)가 총독으로 부임함에 따라 영어교육 문제에 대한 어떤 해결책이 나올 것으로 기대되었다. 총독의 진보적 사상 때문에 영어교육 도입 문제는 물론이고 인도의 사회제도 개혁 문제에 대한 논의도 더욱 활기를 띠게 되었다. 벤팅크 총독은 벤담과 J. S. 밀 등과 견해를 같

---

34) James Mill, *History of British India*, V(London, 1957), 543쪽.

35) V. Smith, *The Oxford History of India*, 580쪽.

이해온 급진적 자유주의자였다. 그는 역대 인도 총독 가운데 가장 많은 자유주의적 개혁[36]을 단행했던 인물 중 한 사람이었다.

벤팅크 총독의 일련의 자유주의적 개혁은 교육 정책 논의에 있어서 영어파를 크게 고무시켰다. 특히 선교사로 인도에 파견되어 기독교 전파와 교육기관의 설립에 공헌했던 더프 A. Duff가 국민교육위원회 위원으로 임명됨에 따라 위원회 내에서 영어파의 우세가 결정 났다. 1829년 인도에 온 이후 인도인 선각자 람 모한 로이의 협조를 얻어 중등학교를 설립했던 더프는 많은 힌두 학생을 교육시키는 과정에서 얻은 경험을 통해 교수용어로서의 영어의 적합성을 절실히 느꼈다. 더프는 "산스크리트어야말로 근대 교육의 강의용어로 적합하지 못할 뿐만 아니라 국민의 4분의 3을 차지하는 하층 계급에게는 산스크리트어 공부가 금지되고 있다."[37]라는 점을 지적하여 그 부당성을 주장했다.

영어교육의 도입은 인도 총독 벤팅크가 이룩한 자유주의적 개혁 가운데 가장 눈부신 업적으로 평가받고 있다. 영어교육을 인도에 도입하는 사명은 그의 법률 고문인 매콜리가 떠맡게 되었다. 한마디로 영어교육의 도입은 매콜리의 작품이었다.

매콜리는 후일 역사가로서 널리 명성을 날렸지만 당대에는 휘그당

---

36) 벤팅크 총독은 피지배 국민의 복지가 영국인의 의무라는 신념 아래 인도를 통치하려고 노력했다. 그는 내정 개혁에 주력했는데, 이를 살펴보면 다음과 같다. 첫째, 재정 절약(대외전쟁을 피하고 군사비를 절감). 둘째, 사법상의 개혁(순회재판소를 폐지하고 인도인 판사의 권한과 봉급을 인상). 셋째, 세제 개혁(서북 지방에 토지세의 반영구정액제(30년간) 실시). 넷째, 사회제도 개혁(사티와 같은 힌두 악습을 살인죄로 규정하여 금압함). 다섯째, 언론 자유의 보장(신문사전검열제도가 폐지되었고 현재 인도의 대표적 일간지들이 이 당시 출현했다.) 등이다. 그러나 무엇보다도 영어교육의 도입이야말로 그의 가장 큰 업적이었다.

37) H. Dodwell, 앞의 책, 109쪽.

의 급진적 개혁주의자로서 영국 의회 정치에서 눈부신 활약을 보여
준 인물이었다. 당대의 이름 있는 공리주의자요 자유주의자로서 그는
영국 의회 정치사에서 획기적인 사건으로 기록되는 1832년의 선거법
개정안(the Reform Bill, 1832)을 통과시키는 과정에서 커다란 역할을
한 인물이었다. 매콜리는 프랑스 7월혁명 직후인 1830년 9월에 프랑
스를 여행하면서 파리에서 혁명 이후의 진행 과정을 직접 목격했다.
프랑스 대혁명 때 인권선언을 기초했으며 아직도 프랑스 국민방위대
사령관으로서 가장 영향력 있는 정치적 지도자로 활약하고 있던 라
파예트 De Lafayette의 대중 집회에도 그는 참가했다.[38]

선거법 개정안은 1831년 3월 존 러셀 John Russell에 의해 영국 의
회에 제출되었다. 의회는 200년 전 영국 혁명(청교도 혁명) 때의 '단
기의회(短期議會)' 이후 가장 열심히 일하면서 힘겨운 의회 일정을
보냈으나, 법안이 상원에서 부결됨에 따라 전국은 분노와 소요로 끓
어올랐다. 매콜리는 혁명의 영향을 받은 당시 유럽의 정치적 분위기
를 강조하여 "개혁이 없으면 혁명이 있을 뿐"이라고 절박하게 표현
함으로써 선거법 개정안의 통과에 결정적인 역할을 했다.[39]

---

38) George O. Trevelyan, *The Life and Letters of Lord Macaulay*, Vol. I(Oxford
    University Press, 1988), 165, 183~186쪽.

39) 매콜리는 하원 연설에서 선거법 개정안의 통과를 절박하게 강조했다. "선거법
    의 문제가 신속하게 해결되지 못할 때 재산과 질서, 그리고 우리의 모든 위대
    한 군주제는 소름끼치는 위험에 노출되고 말 것이다. …… 편견과 당파심과 수
    치스러운 자만심이 아니라 역사와 이성에 입각하여, 또한 지금이 가장 불길한
    시기라는 것을 인식하고 결정을 내리자. …… 지금까지 존재해온 것 가운데 가
    장 위대하고 가장 공정하고 가장 문명화된 우리의 공동체를, 오랜 세월을 통해
    이룩한 모든 지혜와 영광이 깃든 풍부한 유산을 한순간에 휩쓸어버릴 재난으
    로부터 구하도록 하자. 위험은 가공할 만하고 시간은 촉박하다. 만약 선거법
    개정안이 부결된다면, 부표(否票)를 던진 사람이면 누구나 법이 파괴되고 위계
    질서가 혼란에 빠지고 재산이 약탈당하고 사회질서가 허물어져 내리는 상황에
    서 참담하고 허탈한 후회의 마음으로 그 투표를 기억하게 될 것이다."(같은 책,

　매콜리는 인도 총독의 법률 고문으로 부임하기 전에도 인도 문제
와 관련하여 활동한 일이 있었다. 런던에서 인도 문제를 총괄적으로
지휘, 감독하기 위해 정부 각료 급 인물들과 동인도회사 이사를 중심
으로 구성된 감독국의 위원으로 임명되기도 했으며 또 사무총장으로
활동하기도 했다. 또한 그는 영국 동인도회사의 무역 활동에 주어진
특혜를 철폐하면서도 총독의 권한을 강화했던 동인도회사 특허법
(1833)의 초안자이기도 했다.

　따라서 당시 영국 정부의 정책이 복음주의와 공리주의의 영향을 강
하게 받고 있던 상황에서 벤팅크 총독과 인도국민교육위원회 의장이
었던 매콜리의 영어교육 정책은 곧 나아갈 방향을 설정할 수 있게 되
었다. 1835년 3월 벤팅크 총독정부는 토착 학문을 위한 학교를 철폐
하는 것이 정부의 의도는 아니지만, 영국 통치의 목표는 인도 원주민
에게 유럽의 문학과 과학을 장려하는 것이 되어야 한다고 결의했다.

　매콜리의 생각으로는 인도에 동양어 대신에 영어를 도입하는 문제
는 너무나도 당연하고 필연적인 것이었다. "인도에서 영어는 지배 계
급이 사용하는 언어이며 또한 정부에서 일하고 있는 원주민 상층 계
급이 사용한다. 영어는 동양의 광범한 지역에 통용되는 상업 언어가
될 것으로 보인다. 영어는 남아프리카와 오스트레일리아에서 부상하
고 있는 거대한 유럽공동체의 언어이고, 이들 공동체의 중요성은 해
마다 증대해가고 있으며 또 인도제국과 더욱 밀접하게 연관을 가지
고 있다."[40] 매콜리는 인도의 이와 같은 특수한 상황과 영국 문화의
진정한 가치를 고려할 때 모든 외국어 가운데 영어는 인도 원주민에
게 가장 유용한 언어가 될 것이라고 확신했다.

　매콜리의 영어교육 정책은 이 정도의 의미를 갖는 데 그치지 않았

158~160쪽.)
40) G. O. Trevelyan, 앞의 책, 371쪽.

다. 그의 자유주의적 교육 정책의 배경에는 상상을 뛰어넘는 대영제
국의 제국주의적 목표와 자부심이 자리 잡고 있었다. 매콜리가 인도
인을 교육하는 데 품었던 의도는 국민 대중의 문맹 퇴치나 지식 수
준의 향상이라는 일반적인 생각보다는 훨씬 깊고 원대한 제국주의적
이상이 포함된 것이었다.

우리는 현재 우리들과 우리가 다스리고 있는 수백만 명의 사람들 사
이에서 통역자 역할을 담당할 하나의 계층을 형성하는 데 최선을 다해야
한다. 그들은 혈통과 피부색에 있어서는 인도인이지만 기호(嗜好), 견해,
도덕 및 지성에 있어서는 영국인이 될 수 있는 사람들의 집단이다.[41]

매콜리의 교육 목표는 인도의 국민 대중을 교육시키는 것이 아니
라 서양식 교육을 받은 하나의 계층을 만드는 것이었다. 서양 지식의
교육을 통해 이들 인도인을 서양식 사고방식을 가진 사람들로 개조
시키려는 어마어마하고 치밀한 계획이었다. 이른바 영어교육을 받은
중간계급이 서양의 생활 태도를 동경하게 되면 이는 곧 인도에 대한
영국의 지배가 그만큼 확고하게 보장되는 결과로 이어질 것이었다.
매콜리는 교육 이념에 대해 다음과 같이 부연했다.

인도 국민 대중의 소망은 우리의 교육제도 아래서 충분히 성취될 것
이며, 우리는 선정(善政)을 펌으로써 보다 나은 통치를 할 수 있는 능
력을 갖도록 우리의 신민을 교육시킬 것이다. 유럽의 지식을 전수함에
따라 인도인들은 머지않아 영국의 여러 제도를 요구하게 되리라. 그때
가 정말로 올는지 알 수는 없으나 우리는 결코 이를 피하거나 지연시키

---

41) D. P. Sinha, *The Educational Policy of the East India Company*(Calcutta, 1984). 199쪽.

려고 하지 않을 것이다. 만약 그러한 시기가 도래한다면 영국사에 있어서 가장 자랑스러운 시대가 될 것이다. 지배권은 우리 수중에서 빠져나가고 승리는 우리의 손길에 와 닿지 않을지도 모른다. 그러나 결코 전도(顚倒)될 수 없는 큰 영광이 뒤따르리라. 성쇠의 자연질서로부터 예외일 수 있는 제국은 없지만, 그 영광은 야만주의에 대한 평화적인 이성의 승리이며, 인도제국은 영국의 예술과 도덕과 문학과 법률로 이루어진 불멸의 제국이 될 것이다.[42]

국민교육위원회 위원으로서 매콜리의 처남이기도 했던 트리벨리언 C. Trevelyan도 영어교육의 이념에 대해 매콜리와 같은 견해를 표명했다. 그는 영어교육의 실시로 인도의 수다(數多)한 언어가 통일되어 인도의 문화적 통일을 촉진시킬 것이라고 주장하면서, 더 나아가 영어교육의 도입에 따른 결과를 극대화하여 예견했다. 그는 영어교육의 실시가 인도인에게 자치 능력을 길러주는 하나의 교육과정이 될 것이라고 확신했다. "영국과 인도 사이의 기존 관계가 영속화될 수는 없으며, 어떠한 정책도 인도인들이 독립을 성취하는 길을 막을 수는 없는 일이므로 오직 우리가 할 수 있는 일은 영어교육이라는 방법을 통해 점진적이고 평화로운 정권 이양을 보장해주는 것뿐이다."[43]라고 그는 주장했다.

트리벨리언은 서구의 정치제도가 인도에 도입되면 모든 정치적 변혁이 평화적으로 일어나게 될 것이며 폭력이나 상호분격(相互奮擊)은 사라질 것이라고 보았다. "인도에서 폭력을 박멸하는 가장 효과적인 방법은 이 나라에 서구 사상을 점차적으로 보급하는 일이며, 서양식 교육을 통해 인도인들은 우리의 정치제도를 높이 평가하게 되고

---

42) A. Banerjee ed., *Indian Constitutional Documents*, Vol. II(Calcutta, 1987), 260쪽.
43) I. S. O'Malley, 앞의 책, 743쪽.

이른바 아시아적 전제정치를 경멸하게 될 것"[44]이라고 믿었다.

물론 영국이 영어교육 정책을 추진한 배경이 전적으로 먼 앞날을 내다본 이상적인 목적에만 있었다고 볼 수는 없으며, 현실적인 면에서도 그 타당성을 찾을 수 있을 것이다. 영어교육은 단순히 인도인에게 서양 학문을 효과적으로 보급시키는 것뿐만 아니라 인도인 관리들이 그들의 사무 능력을 효율적으로 발휘할 수 있도록 하는 데도 목적이 있었다. "영어교육의 한 목적은 인도인 관리들이 능률적으로 성실하게 그들의 의무를 수행하는 데 적합하도록 만드는 것이었다."[45] 고액의 급료를 지불하면서 영국으로부터 관리를 데려오는 것보다는 인도인에게 영어교육을 시켜 낮은 임금을 주면서 고용하는 쪽이 예산 절약 면에서는 훨씬 도움이 되었을 것이다. 벤팅크 총독이 부임 후 적자재정을 타개하기 위해 군인의 전쟁 수당까지 없애버릴 정도로 경비 절약을 단행했다는 점을 감안할 때, 그는 분명 경제적인 측면에서의 영어교육의 타당성 또한 충분히 고려했을 것이다.

매콜리는 지금까지 정부가 지원해왔던 인도 고전어 및 동양어교육을 거의 중지시키려는 계획을 세웠다. 고전어학자이기도 했던 그가 고전어교육을 완전히 무시하고 영어교육 일변도의 주장을 내세웠던 것은 앞에서 말한 교육 이념을 철저히 신봉하고 있었기 때문이다. 국민교육위원회에서는 그동안 동양어 서적 출판에 상당액을 지원해왔으나 거의 팔리지 않고 남아 있는 데 반해 영어 서적은 많은 판매량을 보여 이익을 남겼다는 점을 지적하면서 동양어 서적 출판 작업의 완전 중지를 요구했다.

또 동양어 학문의 중심지인 델리와 바라나시에 설립된 두 개의 대

---

44) S. Ghose, *The Western Impact on Indian Politics*(Bombay, 1987), 51쪽.

45) B. B. Misra. *The Indian Middle Classes; Their Growth in Modern Times*(Oxford University Press, 1981), 149쪽.

학을 제외한 모든 동양어 대학은 마땅히 폐쇄되어야 하고 모든 교원의 급료 지불은 중단되어야 한다고 주장했다. 동양식 교육제도는 진리의 구현을 촉진시키지 못한다는 점을 강조하면서 그의 제의가 받아들여지지 않으면 의장 직을 사퇴하겠다고 위협했다. 여기에 대해 동양어파는 인도의 동양어 대학들은 모두 종교와 관련이 있으므로 당연히 유지되어야 하며, 이들 교육기관을 유지하는 실제적인 이유는 법관을 양성하기 위한 것이라고 주장했다.[46]

영어파가 우세하기는 했지만 영어교육 도입 문제를 놓고 영어파와 동양어파가 벌인 장기간에 걸친 논쟁은 1835년 2월 벤팅크 총독이 캘커타에 의과대학을 설립함으로써 영어파의 승리로 굳어졌다. 이 대학에서는 강의용어로 영어만을 사용하도록 규정했다. 이어 3월 총독이 참사위원회에서 영어파가 주장해온 내용이 포함된 결의안을 공식적으로 채택함으로써 영국의 인도에 대한 교육 정책은 결정되었다.

이른바 '1835년의 결의안'의 내용을 간추려보면 다음과 같다. "첫째, 총독 참사위원회는 영국 정부의 큰 목표가 인도 원주민에게 유럽 문학과 과학을 장려하는 것이며 교육 목적을 위해 계상(計上)된 모든 재원은 영어교육에만 가장 적절히 사용되어야 할 것이라는 견해를 가지고 있다. 둘째, 그러나 토착 학문을 교육하는 모든 대학과 학교를 폐쇄하는 것이 총독의 의도는 아니다. …… 총독 참사위원회는 교육위원회의 감독하에 있는 교육기관의 모든 현직 교수와 학생들이 계속해서 그들의 급료를 받도록 지시한다. 그러나 지금까지 학생들을

---

46) D. P. Sinha, 앞의 책, 198~203쪽. 무슬림이 지배자였던 무굴제국 시대(1526~
1858)에는 법률관리인 카지가 지방의 재판사무를 관리하고 이슬람사제인 무프
티가 법률을 해석했다. 법정 용어는 대개 페르시아어였으며, 이슬람 경전 『코
란』이 재판의 전거(典據)가 되었고 힌두에게는 힌두 경전 『샤스트라』가 구속
력을 갖기도 했다.

교육받는 기간 내내 지원해왔던 관례에는 결단코 반대한다. 총독은 앞으로 이들 교육기관에 입학하는 어떤 학생들에게도 장학금을 지급하지 말도록 지시하고, 동양 학문 교수 가운데 결원이 생겼을 때는 정부가 후임자를 임명하는 데 편리하도록 교육위원회로 하여금 해당과(科)의 정원과 형편을 보고하도록 지시한다. 셋째, 총독 참사위원회는 교육위원회에 의해 엄청난 금액이 동양어 서적을 출판하는 데 소비되어 왔다는 점을 인식하고, 이제부터는 얼마간의 자금도 그와 같이 사용되는 일이 없도록 지시한다. 넷째, 총독 참사위원회는 본 개혁에 의해 교육위원회의 임의에 따르도록 되어 있는 재원은 이제부터 영어를 매개어로 하여 영문학과 과학 지식을 인도 국민에게 보급하는 데 사용하도록 지시한다……."[47]

'1835년의 결의안'의 내용은 매콜리가 계획했던 바를 그대로 정확하게 채택하고 있지는 않다. 매콜리는 동양어 대학의 폐쇄를 주장했지만 결의안은 인도인이 이들 교육기관에 출석하기를 원하는 한 그 유지를 보장했다. 또 매콜리는 대학에 지불하는 급료의 즉시 중단을 요구했지만 학생들에게 지원했던 장학금만 점차적으로 줄여나가기로 했다. 교육 정책에 있어서 매콜리의 급진적 개혁사상은 커다란 영향을 미친 것이 사실이지만, 총독 벤팅크와의 조정을 거쳐 그 결실을 볼 수 있었던 것이다.

어쨌든 이 결의안은 인도 국민 교육사에 새로운 이정표를 세웠다. 이는 영국 정부가 피지배자인 인도인의 교육 문제에 대해 공식적으로 취한 최초의 조치였다. 이 결의안의 미비점은 후일에 보완되었지만 여기에 표현된 영어교육 정책의 기본 목표는 변함없이 그대로 추진되었다. 영국 정부의 적극적인 지원 아래 영어교육이 실시된 데 대

---

47) D. P. Sinha, 앞의 책, 206~207쪽.

해 인도인, 특히 힌두의 반응은 호의적이어서 영어와 서양 학문을 배우는 사람들의 수는 날로 증가했다. '1854년의 교육법'에서는 '1835년의 결의안'의 교육 목표가 재확인되었으며, 고등교육기관에서는 영어를 매개어로 하고 국민 대중에게는 인도 토속어로 교육하도록 규정했다. 또 차별 없이 교육받을 수 있는 기회를 모든 계급에 균등하게 부여하기 위해 대학 설립 계획이 구체화되었으며, 3년 후 캘커타, 봄베이, 마드라스에 각각 유니버시티가 설립되었다. 고등교육기관이 날로 증설되고 일반인의 교육에 대한 관심이 고조됨에 따라 영어교육을 받은 사람들을 중심으로 이른바 교육중간계급이 출현하기에 이르렀다.

맺음말

영국이 서구식 교육을 도입하기까지 인도에는 근대적 교육제도가 존재하지 않았다. 무굴제국 시대에는 물질적 번영 속에서 다방면의 문화가 발달함에 따라 교육에 있어서도 큰 진보를 보였다. 역대 군주들의 후원으로 각급 학교가 설립되었고 학자들의 활동이 활발했다. 초등교육과정에서 고등교육과정까지 있었지만, 서양과 같은 근대적 교육제도와는 거리가 멀었다. 또 아직 교육 시설이 미비했고 여러 사회적 여건으로 인해 교육받을 수 있는 범위는 극소수의 상층 계급에만 한정되는 경향을 보였다.

영국 동인도회사가 인도의 지배적 세력으로 성장하면서부터 인도 국민에 대한 교육 문제가 논의되었다. 처음에는 힌두와 무슬림의 고전어를 가르치고 그들의 학문을 부흥시키는 것과 인도에 주재하는 영국 관리들의 교육에만 관심을 보였을 뿐이다. 영어교육을 인도에 도입하는 문제를 두고는 영국인 지배자 측에서도 영어파와 동양어파로 나뉘어 십여 년간에 걸친 논쟁을 벌였다. 당시 영국에서 자유주의적 개혁을 선도하던 공리주의자들과 견해를 같이한 벤팅크 총독과 매콜리가 인도 교육 문제를 다루게 됨에 따라 영어교육의 도입이 실현될 수 있었다.

인도에 영어교육을 도입하기로 결정한 것은 고액의 급료를 지불하면서 영국인 관리를 본국에서 불러오는 대신에 인도인에게 영어를 가르쳐 값싼 임금을 주고 고용하려는 현실적인 이유도 있었다. 그러나 매콜리는 보다 원대한 이상을 가지고 영어교육의 도입을 추진했다. 즉 인종적으로는 인도인이지만 사고나 행동, 기호 면에서는 영국인과 다름없게 개조하려는 계획이었다. 그들은 인도인들이 영어교육을 통해 영국의 자유주의와 입헌주의를 터득하게 되면 영국의 정치 체제를 동경하게 될 것이며, 그렇게 되면 영국의 인도 지배는 확고하게 보장될 것으로 믿었다.

그들의 원대한 계획은 치밀했고 미래를 예견하는 통찰력은 비상했다. 그들이 예견한 바는 반세기 후에 정확하게 실현되었기 때문이다. 서양식 교육을 받은 인도인들은 교육받은 중산층을 이루어 하나의 새로운 세력체를 형성하게 되었다. 소위 이들 교육중간계급은 인도의 국민 지도자로 성장해서 일반 대중에게 큰 영향력을 미쳤다. 그들은 문벌과 재력에 있어서는 전통적 귀족계급에 비해 뒤떨어졌지만 국민의 신망을 얻어 그들의 지도자로 부상하게 되었다. 영국 정부 측에서 볼 때, 이들 교육중간계급을 자기 편에 계속 머무르게 한다면 인도에서의 영국 통치는 더욱 굳건해질 터였다.

교육중간계급이 활동할 수 있는 배출구를 마련해줌으로써 그들의 행동이 과격하게 표출되는 것을 방지하고자 영국 정부가 계획했던 것이 인도국민회의의 성립이었다. 여기에서 인도의 국민 지도자들은 상이한 언어와 거주 지역을 초월하여 영어를 매개어로 인도가 당면한 공동 관심사를 토의하게 되었다. 영어교육 정책의 결과로 교육중간계급이 성장하여 인도 국내의 과격 활동을 견제하는 민주주의적 활동 단체가 출현하게 된 것은 일찍이 영어교육 정책 수립자들이 추구했던 이상이 일단은 이루어진 셈이었다.

5

리펀 총독의 자유주의적 개혁

인도 총독 리펀(George Frederick Samuel Robinson Ripon, 재임 1880~1884)은 영국 제국주의의 절정기에 인도를 통치했던 인물이다. 그가 다스렸던 기간은 영국사에서 볼 때 빅토리아 여왕 통치 후기로서 디즈레일리 B. Disraeli 보수당 정권이 열강의 선두 주자로서 과감하게 제국주의 정책을 추진한 이후에 시작되었으며, 인도사에서 볼 때는 대폭동(세포이 항쟁)을 계기로 인도에 대한 영국 국왕의 직접 통치가 시작된 이후 제1차 세계대전까지 이어지는 인도 통치 절정기의 중간 쯤에 해당하는 시기였다. 리펀은 빅토리아 여왕이 공식적으로 자신을 인도 국왕이라고 선포한 직후에 인도 총독으로 부임했다. 이때는 인도의 독립운동이 추진되기 훨씬 이전으로서 영국이 인도에서 평온한 제국주의 통치를 구가(謳歌)하던 시기였다. 인도제국의 모든 통치 조직이 완비 단계에 이르렀을 뿐만 아니라 유력한 원주민 세력들도 이미 대영제국 측에 의해 압도당한 상태였으며 열강의 세력 확장을 우려한 영국인 지배자들은 국경 지방의 방비까지도 철저하게 다져놓았

다. 영국인 지배자들에 의해 이따금 군비 증강의 필요성이 강조되었
지만 이것은 어디까지나 대영제국의 세계정책의 일환으로 추진되었
을 뿐 인도 내에서는 평화와 안전이 유지되고 있었다.

19세기 후반의 영국은 완전히 제국주의의 물결에 휩싸여 있었다.
제국주의는 영국인의 애국심과 결합하여 각계각층의 마음을 사로잡
았다. 제국주의의 구호는 애국심을 고취시키는 표어로, 혹은 식민지
를 포함한 대영제국의 유대를 강화시키는 의미로 강조되었다. 우리는
제국주의 정책을 말할 때 디즈레일리가 이끈 보수당 정부의 정책을
연상하게 되고, 반대로 자유당의 글래드스턴 W. E. Gladstone은 대내
적인 자유주의적 개혁에 몰두했던 인물로 인식한다. 그렇지만 글래드
스턴이 진정한 자유주의적 민주개혁가인지 혹은 자유주의적 제국주
의자인지는 깊이 숙고해야 할 문제다.

제국주의 시대의 절정기에 인도 총독으로 부임했던 리펀은 지방자
치제를 인도에 도입하는 등 주목할 만한 자유주의적 정책을 추진하
여 역대 인도 총독 가운데 인도 국민으로부터 가장 신뢰와 지지를
받았던 총독으로 기억된다. 리펀 총독의 대인정책(對印政策)은 단순
한 자유주의적 개혁으로서뿐만 아니라 인도 민주정치의 발전에 공헌
한 큰 발자취로 기록될 만하다.

리펀 총독의 가장 큰 업적으로 평가되는 지방자치제의 도입은 마
지막 장에서 고찰할 것이며 여기에서는 리펀 총독의 업적과 인물을
평가하는 데 있어서 종종 간과(看過)되는 부분인 초기의 개혁적 노력
과 사상적 배경에 대해 고찰해보고자 한다.

1 리펀 총독의 사상적 배경

제국주의 국가의 통치 정책과 피지배 국민의 저항운동이 전개되는 양상에는 서로 밀접한 연관이 있다. 단조로운 국지적 식민 정책이 모국 위주의 보다 치밀한 전국적인 제국주의 정책으로 전환할 때 이에 대처하는 식민지의 반응도 그것이 저항적이건 혹은 협조적이건 간에 전국적 성격의 운동으로 표출되기 마련이다. 영국의 인도 통치에 있어서도 리튼(R. B. Lytton, 재임 1876~1880) 총독 이전에는 제정된 대부분의 법규가 지역에 따라 차별 적용되었으며 통치는 지방정부의 대리인을 통해 이루어졌다. 통치 법규가 인도인의 생활을 직접적으로 간섭하지도 않았으며 특히 인도 국민의 실질적인 지도자로 부상하고 있는 이른바 교육받은 중간계급의 활동을 제약하는 일은 없었다.

리턴 총독의 교육중간계급에 대한 견제 내지 억압 정책은 그들로 하여금 전국적인 규모의 정치적 움직임을 갖도록 자극하는 결과를 낳았다. 인도문관시험 응시자의 연령 제한 조치와 지방어신문법 Vernacular Press Act 및 무기법 Arms Acts의 발포 등은 교육받은 인도 지식층의 저항감을 불러일으켰다. 이들 조치에 대한 조직적인 항의 집회는 인도 지식인들이 상호 연계하여 협력하는 모습을 보여주었다.

리펀 총독의 대인도정책은 리튼 총독의 억압 정책을 지양하고 인도 지식인들의 정치적 활동을 보장함으로써 이들을 적대자가 아닌 협력자로 끌어들이고자 했다. 그가 추진한 자유주의적 정책도 인도의 교육중간계급을, 리튼 총독 시대의 것과는 성격이 크게 달랐지만 전국적인 정치 활동 단체를 결성하는 방향으로 이끌어갔다. 그러면 리펀 총독이 인도 통치에서 추구했던 신념은 무엇이며 그의 정책은 어떤 양상으로 전개되었는가?

리펀이 인도 총독으로서 자유주의 정책을 추진할 수 있도록 도와준 정치적 후원자는 글래드스턴 수상이었다. 글래드스턴 수상은 리펀을 철저하게 신뢰했고 리펀 자신도 수상의 신임을 확신했다. 리펀은 글래드스턴이 자신을 인도 총독으로 내정했다는 소식을 전해 듣고 당황했으며, 인도 총독이라는 자리에 대단한 매력을 느꼈음에도 불구하고 병약한 아내 때문에 이 제의를 받아들이지 않을 것이라고 그의 일기에서 다짐했다.[1]

사실 리펀은 글래드스턴이 맨 처음 인도 총독으로 지목했던 인물은 아니었다. 그 자리는 처음에 고션G. J. Goschen에게 제의되었는데 그는 재정 전문가로서 당시 인도를 다스리는 데 가장 절실하게 필요한 인물이었다. 그러나 고션은 글래드스턴 수상과 정치적 견해차를 보였으므로 수상의 제의를 거절했다. 리펀을 총독으로 임명하는 데 아무런 문제가 없었던 것은 아니다. 빅토리아 여왕은 리펀이 인도 총독 직을 수행할 만큼 충분히 과단성 있고 의지가 강한 인물이 아니라고 판단하고 있었으며,[2] 이는 영국 정계의 일반적인 견해였다. 그럼에도 불구하고 글래드스턴 수상은 리펀이 총독 직을 훌륭하게 수행할 수 있다고 여왕을 확신시켰다.

역설적이게도 리펀이 인도 총독에 임명된 데 대하여 유일하게 긍정적인 평가를 내린 신문은 보수적인 ≪새터데이 리뷰 *Saturday Review*≫였다. 그 신문은 리펀이 인도 총독 직을 수락한 것을 놀라운 일로 받아들이면서도 "리펀의 능력과 지위, 다양한 공공 분야에서의 오랜 실무 경험 등은 그에게 최고 행정 직에 오를 자격을 제공한다.

---

1) John P. Rossi, "The Ripon Diary 1878~1880: Ⅲ", *Recusant History*, Vol. XII, No. 6(1974), 296쪽.

2) John P. Rossi, "Lord Ripon's Resumption of Political Activity 1878~1880", *Recusant History*, Vol. II, No. 2(1971), 70쪽.

그는 군대 행정 분야의 지식에서는 총독 직에 특별히 적합한 자격을 갖추고 있는데, 이는 그가 국방 차관과 장관을 역임했기 때문이다."[3]라고 평했다.

리펀이 글래드스턴과 가까워질 수 있었던 것은 정치적 이념과 생활방식에서 깊이 통하는 바가 있었기 때문이다. 글래드스턴은 자유주의적 정치 개혁의 기수였다. 그에게는 확고한 정치적 신조에 얽매어 있다고 보기 어려운 면이 있었다. 원래 보수주의자로 출발했다가 자유당의 지도자가 되었지만 그의 정치적 이념은 항상 잠재적으로 급진적인 성향을 띠고 있었다. 그는 아무도 따를 수 없는 천부적인 언변을 가진 데다가 탁월한 지성과 불꽃같이 번뜩이는 상상력이 이를 뒷받침했다. 개혁 의지뿐만 아니라 특히 신앙과 도덕적 열정을 정치로 옮겨서 표현하는 글래드스턴의 태도는 리펀의 마음을 사로잡기에 충분했을 것이다.

리펀이 인도 총독에 임명된 것은 리펀 개인의 적격 여부 이상의 의미를 지녔다. 가톨릭교도라는 사실이 영국 정계에서 더 이상 결정적인 장애 요인이 아니라는 점이 증명되었기 때문이다. 물론 이미 1829년에 가톨릭 해방법이 통과됨으로써 영국 국교도가 아닌 가톨릭교도도 관리와 국회의원으로 진출할 수 있었지만, 영국에서 가톨릭이 정치적으로나 사회적으로 완전히 용인된 것은 20세기에 접어들어서였다. 가톨릭교도인 리펀이 총독에 임명됨으로써 이는 영국 사회에 깊이 뿌리박혀 있던 편견에 도전하고 또 이 편견을 완화시키는 데 도움을 주었다.

리펀이 1874년 돌연 가톨릭으로 개종한 일은 영국 정계에 충격적인 사건으로 받아들여졌다. ≪더 타임스 *The Times*≫는 어제까지도 자

---

3) 같은 책, 70쪽.

유당의 충실한 당원이었던 리펀의 개종을 사설을 통해 공격했다. "로마 가톨릭교회로 개종한 인간은 당장 영국 국민의 신뢰를 상실하게 된다. 그러한 발걸음은 크게는 국가에서 정치적 혹은 사회적 영향력을 행사할 권리를 완전히 포기하는 것을 의미하며, 또 돌이킬 수 없는 유약함을 무심코 드러내는 것으로 간주될 뿐이다. 로마 가톨릭교도가 되어서도 철저한 영국인으로 남는다는 것은 숨길 수 없는 모순된 상황이다."[4]

정치적, 사회적 문제에 있어서 견해를 같이해왔던 글래드스턴으로서는 더욱 충격적이었다. 글래드스턴은 리펀의 개종에 관한 소식을 듣고 곧 리펀의 부인 하트에게 "그러한 소식이 어떻게 정말일 수 있습니까?" 하고 편지를 보냈다. 하트 부인은 끝까지 영국 국교도로 남았다. 글래드스턴은 또한 리펀의 개종에 따른 놀라움과 분노에 휩싸여 "어느 누구도 자신의 도덕적, 정신적 자유를 포기하거나 자신의 공민으로서의 충성과 의무를 다른 곳으로 돌리지 않고는 로마 교회로 개종할 수 없을 것이다."[5]라고 강렬하게 비판했다. 글래드스턴의 공격만큼 리펀의 마음에 타격을 준 것은 없었을 것이다. 글래드스턴은 리펀에게 실망했고 가톨릭교도를 진정한 영국인으로 바라보지 않고 있었다.

그러나 불과 수년 후에 재집권한 글래드스턴은 리펀을 인도 총독에 임명했던 것이다. 가톨릭교도라는 사실이 영국 정계에서는 활동하는 데 커다란 장애요인이 되었지만 인도에서 총독 직을 수행하는 데 있어서는 그렇지 않았다. 인도는 물론 힌두 국가이지만 국교가 정해져 있지 않았으며, 인도에서 상당한 교세(敎勢)를 떨치고 있는 기독

---

4) A Denholm, "The Conversion of Lord Ripon in 1874", *The Times*, 5 Sept. 1874. (*Recusant History*, Vol. 10, No. 2(1969), 113쪽에서 재인용.)

5) J. P. Rossi, "Lord Ripon's Resumption of Political Activity 1878~1880", 63쪽.

교 공동체의 4분의 3이 가톨릭이라는 사실로 미루어 볼 때 인도에서
의 리펀의 위치는 영국에서보다도 오히려 나은 편이었다.

인도 문제에 관해서 리펀은 총독으로 임명되기 훨씬 전부터 상당한
전문가로 인식되었는데 그것은 그의 집안 분위기 때문이었다. 리펀
총독은 다우닝 가 10번지 수상 관저에서 태어났다. 부친 고드리치
Goderich 자작은 당시 영국 수상이었으나 불과 수개월 만에 물러남
으로써 역대 수상 가운데 손에 꼽히는 무능한 인물이었다. 고드리치
자작은 그레이 E. Grey 정권 아래서는 국방차관을 지내기도 했으며,
특히 눈길을 끄는 대목은 그가 감독국 의장을 지냈다는 사실이다. 대
폭동 이후 영국 정부가 인도를 직접 지배하면서부터 이 자리는 각료
가운데 한 사람인 인도상(印度相)에 해당하는 직위였기 때문이다. 또
리펀의 외조부 버킹엄셔 Buckinghamshire 백작은 인도의 마드라스 지
사(知事)를 역임했으며, 리펀의 외숙부 헨리 엘리스 Sir Henry Ellis도
동인도회사에서 수년간 근무한 일이 있었다.

리펀은 특히 헨리 엘리스의 아들이며 외종형제인 로버트 엘리스
Robert S. Ellis로부터 개인적으로 인도 사정에 관한 정보를 입수하고
있었다. 로버트 엘리스는 인도 나그푸르 지방의 행정관으로 근무하면
서 대폭동을 전후하여 현지의 정세를 서한으로 리펀에게 상세히 알
려주었다. 리펀이 행정 개혁이나 영토 병합 정책을 취하지 않은 것
등은 로버트 엘리스로부터 영향받은 듯하다.

리펀은 그의 초기 의회 활동(1852~1859)에서 특히 인도와 관련된
제국주의 문제에 전념했으며 인도의 대폭동에 관한 하원에서의 연설
을 계기로 두각을 나타내게 되었다. 인도아대륙에 대한 계속적인 관
심의 결과로 리펀은 잠시 동안의 차관 생활을 거쳐 1866년에는 단명
(短命)한 러셀 J. Russell 내각에서 5개월 동안 인도상을 역임했다. 리
펀은 역대 인도 총독 가운데 인도 관련 차관과 장관을 지낸 유일한

총독이었다. 사실 리펀은 이미 1872년에 인도 총독의 물망에 올랐다. 그러나 이때 리펀은 앨라배마호 사건을 해결하기[6] 위해 영국 대표단의 의장으로 워싱턴에 파견되어 있었으므로 인도 총독의 자리는 노스부르크Northbrook에게 넘어갔다.

프랑스에서 일어난 2월혁명(1848)의 여파가 서유럽을 휩쓸고 있을 때 리펀은 벨기에, 프랑스, 이탈리아, 스위스 등지를 여행했는데 이 무렵 급진주의의 영향을 받은 듯하다. 영국은 2월혁명의 정치적 영향을 거의 받지 않았으며 오직 산업혁명에 매진하여 세계를 경탄시킬 산업박람회를 준비하고 있었지만, 프랑스, 독일, 이탈리아 등의 대륙 국가들은 정치적 혁명의 분위기에 휩싸여 있었기 때문이다. 리펀은 길고 활동적인 생애를 보내면서 역경이나 좌절을 거의 몰랐다. 여든 두 해의 생애 가운데 약 60년을 공직 생활로 보냈다. 약관 24세에 하원에 진출하여 31세에는 차관이 되었으며 35세에는 각료로 임명되었다. 리펀은 정규 학교교육을 받지 않고 가정교육에 의존했는데 그 이유는 형과 누이의 이른 사망에 충격을 받은 부모의 교육 방침 때문이었다.

리펀은 성장하면서 토머스 휴즈Thomas Hughes로부터 가장 큰 영향을 받았다. 두 사람은 광범한 서신 교환을 통해 긴밀한 관계를 유지했다. 옥스포드 출신의 급진주의자로서 변호사와 소설가로 활약하

6) 리펀은 영국측 사절단장으로서 미국 정부와 앨라배마호 사건을 성공적으로 해결한 공로로 작위를 수여받아 리펀 후작이 되었다. 앨라배마호 사건에 대한 영국 조야의 평가는 한결같지 않았으며 오히려 부정적인 견해가 높았다고도 볼 수 있다. 남북전쟁 당시 남군의 앨라배마 공격선이 영국 리버풀항(港)에서 무장을 갖추고 북군을 공격하기 위해 출항하는 것을 영국 정부가 허용한 데 대해 전후 미국 정부는 배상금을 요구했다. 결국 영국 측은 1,500만 달러의 배상금을 지불했다. 글래드스턴 정부는 영국의 이익을 적극적으로 지키지 못했다는 이유로 각계에서 심하게 비난받기도 했지만, 다른 한편 미국과의 우호 관계를 유지해나갈 수 있는 계기가 되었다고 하여 긍정적으로 평가받기도 했다.

던 휴즈는 어리고 경험 없는 리펀에게는 건실한 안내자이며 철학자일 뿐만 아니라 꾸준한 격려자였다.[7]

리펀은 휴즈의 영향을 받아 기독교사회주의당과 밀접한 접촉을 가졌다. 리펀이 이 단체에 가입한 것이 1852년이었는데 이 해에 그는 하원의원에 당선되었다. 기독교사회주의당은 차티스트 운동Chartist Movement이 실패하자(1848년 4월) 곧 창립되었으며 차티스트 운동에 비해 보다 평화적인 개혁 방법을 모색했다. 차티스트 운동의 쇠퇴가 기독교사회주의당으로 하여금 활동할 수 있는 공간을 마련해준 셈이었다. 리펀은 당시 영국의 제반 문제를 새로운 방법으로 해결하려는 이 집단의 중요한 성원이 되었다.

2 리펀과 기독교사회주의

리펀 총독은 대폭동 이후 반세기 동안 인도 통치에 직접 간여한 수많은 사람 가운데에서 20세기 초의 몰리J. Morley 인도상과 더불어 가장 급진적인 생각을 갖고 있었던 인물이었다. 리펀의 급진주의는 공리주의와 기독교사회주의의 혼합으로서 공리주의자 벤담 및 밀 부자 등과 신학자 모리스F. D. Maurice의 영향을 받았다.

리펀은 기독교사회주의당이 출판하는 책자의 하나로「시대의 의무」라는 팸플릿을 썼다. 그가 이 팸플릿을 쓴 목적은 기독교와 민주정치를 조화시키는 데 있었다. 그는 민주정치를 강조하면서 민주정치는 두 가지 요인에 의해 결정된다고 말했다. "첫째, 각자는 한 인간으로서 그 나라의 정치 그리고 의무와 책임에 있어서 당연한 권리로서

---

7) L. Wolf, *The Life of the First Marquess of Ripon*, I(London, 1921), 150쪽.

한몫을 요구할 수 있다. 둘째, 자치(自治)는 정치에서 가장 숭고한 원리이며 국가가 의지할 수 있는 가장 안전한 기반이다."[8]

그는 이 원칙이 하나님의 의지이며, 민주주의 이념이 대다수 유럽 인민의 신앙이 될 때까지 여러 세대 동안 꾸준히 민간에 뿌리를 내릴 것이라고 보았다. 그가 보기에는 그리스의 민주정치도 소수에게만 평등권이 부여되었으므로 큰 의미가 없었다. 그리스도만이 인류를 같은 아버지에게서 태어난 형제로 선언했으므로 하나님이 세운 지상의 나라에서 자유롭고 평등한 시민으로 살아갈 그 날을 향해 인류를 이끌어나가는 것이 하나님의 의지라고 보았다. 귀족계급도 평등한 시민으로서 권리를 누려야 함이 마땅하나, 지금까지 귀족이 누려온 특권은 시민을 단합시킨 것이 아니라 서로 분열시켰으며 평화와 사랑 대신에 유혈 반목과 혁명을 불러왔을 따름이다. 해결책은 결국 자치를 인정하는 데서 찾을 수 있을 뿐이라고 그는 주장했다.[9]

리펀의 견해는 분명히 자유주의적이고 진보적인 면을 보여주었다. 시대를 앞서가는 느낌이었지만 거기에서 혁명적이거나 파괴적인 이론은 찾을 수 없었다. 그렇지만 리펀의 팸플릿 「시대의 의무」는 출판되지 못했다. 모리스가 그것이 너무나 과격하다는 이유로 발행을 금지했기 때문이다.

이 원리는 영국에는 말할 것도 없거니와 인도에도 적용되는 것이었으며 리펀의 오랜 정치 경력을 통틀어 그의 정치적 개혁의 밑바닥에 자리 잡고 있었다. 리펀은 출생에 의한 것이건, 재능에 의한 것이건 간에 귀족제도를 줄기차게 비난했는데, 그것이 특권을 영속화하고

---

8) A. Denholm, "The Making of a Liberal Viceroy", *Bengal Past and Present*, Vol. LXXXV(85), 3쪽.

9) A. Denholm, "Lord Ripon and Liberal Party Indian Policy 1859~1909", *The Quarterly Review of Historical Studies*, Vol. XVI, No. 1(1976), 8쪽.

사회를 분열시키는 요인으로 작용한다고 생각했기 때문이었다. 민주주의적 개혁이란 점진적이어야 하며 보통선거권과 자치 획득이라는 궁극적 목표가 항상 합법적 발전의 지침이 되어야만 했다.

리펀은 1878년에 다시 자유당의 정책 자문으로 참여했다. 유럽의 정치적 상황과 디즈레일리 보수당 정부의 적극적인 제국주의 정책이 그를 자극했던 것이다. 이탈리아와 독일이 국민주의에 호소하여 통일 과업을 완수한 사실이 그에게는 유럽의 자유주의에 대한 전체적 위협으로 생각되었다. 유럽 각국이 추구하고 있던 중앙집권적인 국가권력의 강화는 그의 눈에 한낱 전시대의 이교적 통치 수단에 불과한 것으로 비쳤다. 리펀은 기독교의 사랑에 입각한 자유주의를 강조하면서 새로운 제국주의적 '철혈(鐵血)' 정책을 일러 이교적 통치술로의 복귀라고 비난했다.

이교의 시대에는 국가의 강대화가 사람들이 열망하는 최고의 가치였으므로 모든 덕이 국가 안에서 구현되었다. 리펀은 당대의 유럽이 이와 같은 비도덕적 관념으로 복귀하고 있다고 보았다. 국가의 강화는 야심에 찬 군주들이나 저속하고 난폭한 분자들에게는 매력적이기 마련이며, 비도덕적 통치술의 표본은 당대의 나폴레옹 3세나 비스마르크 등에게서 찾아볼 수 있었다. 영국에서도 이러한 현상이 일어나고 있었는데, 국가의 영향력을 증대시킴과 아울러 미래에 닥쳐올지도 모를 위험에 대비하여 안보를 강화하기 위한 여러 조치가 요구된다고 말하는 것이 그 증거였다.

리펀은 제국주의자를 이교도와 연결시켰다. 이교도에게는 타국을 희생시키면서 자국의 국경을 확장하는 것이 세속적인 열망의 최고 목표이며, 가끔은 유일한 실제적인 신앙의 대상이기도 하고, 그 국가 신앙과 관련된 것이면 모두 정당하고 또 정당화될 수 있다. 또한 그들은 편협한 자기네 집단 밖의 모든 사람들을 권리도 갖지 못한 야

만인으로 본다.[10)]

리펀은 정치가들뿐만 아니라 일반 국민까지도 여기에 이끌리는 현실을 개탄하면서 이와 같은 통치책은 마키아벨리적 수법일 뿐 참다운 기독교 국가를 위해서는 아무런 도움이 안 된다고 주장했다. 왜냐하면 기독교인에게나 기독교 국가에는 모든 세속적 이익이나 권력 또는 재부(財富) 등은 부차적인 것일 뿐 추구하는 최상의 목적은 될 수 없기 때문이었다. 기독교적 시민 정부의 이상은 국민의 복리를 최고로 증진시키는 것이며, 이 위대한 목표는 타인의 권리를 무시한 채 추구되어서는 안 되는 것이었다. 기독교 국가는 마땅히 이웃의 권리를 존중하고 그들의 이익을 정당하게 돌봄으로써 모범을 보여야 했다. 개인과 국가를 막론하고 기독교 세계에서는 하나님의 법에 복종하는 것을 인간의 목표로 삼아야 하는데, 신법(神法)은 타인의 권리를 존중하고 다른 사람의 이익을 정당하게 고려할 것을 요구한다. 권리의 보호에 대한 고려가 정책의 고려에 우선해야 했다. 요컨대 기독교 윤리를 국제 관계에 도입해야 한다는 것이 리펀의 주장이었다.

이것은 리펀이 인도 총독으로 임명되기 전의 견해였다. 리펀은 영국이 정의를 사랑하고 엄격한 신앙심을 가진 국가로 성장하는 표본이 되어야 한다고 생각했다. 그는 대부분의 개종자들이 안일한 보수주의나 공직 생활로부터 초연한 은퇴 생활을 보내는 것과는 대조적으로, 민족주의, 제국주의 및 마르크스주의라는 거대한 세력이 힘차게 일어나고 있는 상황에서 세계 교회를 통해 그리스도의 사랑 속에서 모든 인간이 함께 뭉칠 것을 강조했다.

---

10) 같은 책, 8쪽.

3 협동조합운동과 공장법

리펀은 헐에 이어 허더즈필드와 웨스트라이딩으로 지역구를 옮겨 다니면서 하원에 진출했으며, 1859년 부친과 숙부의 사망으로 인해 백작 작위(Earl de Grey and Ripon)를 물려받을 때까지 하원에서 활약했다.[11] 리펀은 이 기간에 특정 정당이나 관직에 얽매이지 않고 자유로운 분위기 속에서 정치 활동을 활발히 전개했으므로, 그의 본질적인 정치 성향에 대해서 오히려 정확히 파악할 수 있는 기회이기도 하다.

리펀은 하원에서 급진주의자들과 어울리면서 소규모이지만 결의에 찬 집단을 만들었다. 그들은 주요한 정치 문제를 논의하고 의회에서 한 목소리로 행동을 같이했다. 리펀, 즉 고드리치 자작은 이 집단의 알려진 기수로 활약하면서 성실한 정치가이자 능숙한 토론자로서 명성을 쌓아갔다. 그들이 특별히 관심을 보인 분야는 군대 및 문관의 개혁, 인도 문제, 산업 문제, 특권 철폐 문제 등이었다. 그들은 영국인의 생활에 배어든 보수적 세력의 강대함을 합리적이고 실행 가능한 노력을 통해 지속적으로 반대함으로써 약화시킬 수 있다고 믿었다. 1854년부터 의회에서의 그들의 연대는 특별히 긴밀해져 "고드리치 집단Goderichites"이라고 불리기도 했다. 리펀이 이때쯤 프랑스의 급진적인 사회주의자 루이 블랑Louis Blanc을 만나기 시작한 것도 그의 정치적 성향이 급진주의로 기울고 있음을 말해준다. 루이 블랑은 프랑스 2월혁명 후 임시정부의 각료로 들어가, 기업은 관리인과

---

11) 리펀은 오랜 생애 동안 여러 칭호를 갖고 있었다. 1833년에 아버지가 백작의 지위에 오르자 자작의 칭호를 계승하여 Viscount Goderich로 알려졌고, 1859년부터는 부친과 숙부의 귀족 칭호를 이어받아 Earl de Grey and Ripon이 되었으며, First Marquess of Ripon으로 후작의 지위를 차지하게 된 것은 1871년부터였다.

노동자가 공동으로 운영하고 이익은 균분(均分)하는 사회주의적 산업 개편을 주장한 당대의 가장 영향력 있는 인물 가운데 한 사람이었기 때문이다.

리펀은 수년 내에 자유당의 충실한 당원이 되었는데, 그와 함께 활동했던 압력 집단이 자연히 여기에 포함되어 이념적 개혁 작업에 공헌했다. 리펀이 태도를 바꾼 것은, 영국의 사회와 제도를 개혁하기 위해서는 선린이나 동정심 또는 합리적인 토론만으로는 충분하지 않고 정치적 세력을 갖추는 것이 필수적이라는 사실을 알아차렸기 때문이다. 1859년에 그는 새로운 정치적 활동을 시작했다. 이제 더 이상 멀찌감치 떨어져 외쳐대는 급진주의자가 아니라, 정의로운 민주사회를 목표로 삼고서 관직을 갖고 활약하는 개혁가로 변신한 것이다.

리펀은 일찍부터 협동조합운동에 특별한 관심을 보여왔다. 물론 영국의 협동조합운동에서 기독교사회주의당의 역할을 지나치게 강조하는 것은 과장일 수도 있다. 모리스, 휴즈, 닐 E. V. Neale 등이 강조한 박애주의적 기독교 윤리에 영향을 받은 장인연합회(匠人聯合會)가 대륙에서 불어온 2월혁명의 바람 속에서 활동을 시작했지만 이 무렵 협동조합운동은 시기상조이거나 유토피아적인 것으로 생각되었다.

리펀이 1848년에서 1854년 사이에 기독교사회주의당에 몸담으며 이 방면의 활동에 공헌한 것은 사실이다. 리펀은 노동자발기인연합회가 1850년에 창설된 직후 여기에 가입하여 재봉사, 방적여공(紡績女工), 인쇄공, 건축공, 기사 등이 자율적으로 이윤을 배분하는 협동작업장의 신설을 글을 통해, 또 재정적으로도 지원했다. 이 연합회는 런던에만 열네 개, 그리고 지방에 스물한 개의 지부를 설립했다. 리펀은 "이 연합회의 주요 목표는 정부의 포악한 해체 정책에 맞서 현재의 조직을 자유로운 협동 조직으로 대체시키는 것"[12]이라고 「시대의 의무」에서 밝혔다. 팸플릿 「시대의 의무」가 출판되지 못했던 이유는 아마도 그의 협동조합운동이 과격한 행동으로 비쳤기 때문이었을 것이다.

협동조합운동의 결과로 리펀은 노동자계급의 지도자 윌리엄 뉴턴 William Newton, 로이드 존스 Lloyd Jones 및 윌리엄 쿠퍼 William Cooper 등과 절친한 사이가 되었으며 노동자계급의 친구로서 그의 명성은 급격히 퍼져나갔다. 노동자연합회의 활동이 뚜렷한 성과를 거두지 못했던 것은 운영, 특히 관리 기술의 미숙과 경험 부족에 있었으며 또 이 단체를 보호해줄 법적 장치가 마련되어 있지 않았기 때문이었다. 기독교사회주의당도 이 문제를 인식하고 노동자의 교육을 위해 근로자 학교를 설립했으며 리펀 자신도 교사로서 여기에 깊이 관여했다.

리펀이 초기 협동조합운동에서 펼친 보다 값진 활동은 협동조합에 대한 법적인 보호를 마련하려는 노력에서 찾을 수 있다. 리펀은 1851년 협동조합을 법적으로 인정하는 법률 제정을 촉구하기 위해 협동조합 원들의 청원서를 휴대하고 기독교사회주의당의 파견단에 가담하여 상무성(商務省)을 방문했다. 1852년 초에 개혁법이 통과되어 협동조합의 존재를 인정받고 노동자가 협력하여 단체로 행동하고 공동으로 거래하는 것이 허용되었다. 이 산업공제조합법은 협동조합과 관련된 첫 입법이라는 데서 중요성을 찾을 수 있다. 주식 소유가 제한되어 있고 주식을 양도할 수 없는 등 미비점이 많았지만 모두가 기독교사회주의당이 노력한 성과였다. 산업공제조합법이 왕실의 재가를 얻은 지 일주일 후에 리펀은 헐 지역구에서 하원의원에 당선되었다. 그는 노동자발기인연합회의 유일한 의회 내 대표가 되었으며 다음 수년 동안 하원에서 협동조합운동의 대변인 역할을 했다.

---

12) A. Denholm, "Lord Ripon and the Co-operative Movement", *Historical Studies*, Vol. 17(1976), 16쪽.

의회에서 리펀은 협동조합 문제에 관심을 갖고 꾸준히 활동했지만 그가 보여준 가장 주목할 만한 업적은 '1862년의 산업공제조합법' 통과에서 주도적인 역할을 한 점이었다. 이 법은 협동조합이 토지를 소유할 수 있고 다른 곳에 투자할 수 있도록 허용함으로써 곧 이어 협동조합의 사업이 급격히 확장되는 결과를 가져왔다. 리펀은 소매점의 중요성도 인정했지만 그가 주로 관심을 기울였던 것은 생산조합이었으며 새로운 이익 분배 조합을 증진시키는 일에 적극 참여했다. 리펀은 기독교사회주의당의 노력이 노동자에게 노고(勞苦)의 완전한 결실을 부여하는 데 있다고 강조했다. 생산자가 생산업의 이익 전부를 요구하는 것은, 소비자가 협동조합 상점과 관련하여 편의를 주장하는 것과 마찬가지로 도덕적으로 정당하다는 논리였다.[13] 산업공제조합법의 통과 이후 15년 동안 설립된 약 200개의 생산조합 가운데 겨우 열다섯 개만이 1880년대까지 남아 있었는데 대부분이 경금속 분야의 조합이었다.

협동조합운동은 이후 여러 해 동안 가시적인 뚜렷한 성과를 보이지 못했다. 부진의 이유는 1850년대의 경우와 크게 다를 바 없었다. 그러나 협동조합에 대한 리펀의 관심은 계속 변치 않았다. 1879년에는 협동조합원 협회가 설립되어 협동조합의 조직을 관장하고 재정적, 법적 지원을 보냈는데, 리펀은 인도 총독에서 물러난 1884년 이후 10여 년간 한두 해를 빼놓고는 줄곧 이 협회의 의장을 맡았다. 1895년에 전 세계적으로 협동조합운동을 협력, 증진시키기 위해 국제협동조합연맹 the International Cooperative Alliance이 창설되었을 때 리펀은 초대 부의장을 맡았다. 당시 그가 식민상(植民相)의 각료 직에 있지 않았다면 이 연맹의 국제회의에서 더욱 적극적인 직무를 수행했을

---

13) A. Denholm, "The Conversion of Lord Ripon in 1874", *Recusant History*, Vol. 10, No. 2(1969), 115쪽.

것이다.

리펀의 주된 관심사는 이익 배분과 생산조합에 있었다. 리펀은 휴즈와 그리닝Greening 등이 추진한 생산조합장려운동에 참여했으며, 그들이 1884년에 결성한 노동자협동조합연맹 일에 1909년 죽기 전까지 관계했다. 이 연맹은 이전의 실패를 피하기 위해 생산조합의 지도 원칙을 마련했다. 노동자도 주주가 될 수 있는 기회와 권리를 가지며 이익을 배분받을 수 있는 권리뿐만 아니라 경영에 참여할 수 있는 권리를 갖는 것 등이 그 내용이었다. 노동자협동조합연맹의 후원 아래 마흔세 개의 생산조합이 1887년에 운영되고 있었는데 모두 판매의 10퍼센트에 이르는 순이익을 냈으며 이 조합들은 주로 면직, 피혁, 금속 및 농산물 분야였다. 생산고의 가치는 해마다 증가하여 1914년에 이르면 약 150만 파운드에 달했다.[14)]

리펀이 인도 총독에 부임한 후 맨 처음 달성한 개혁이 공장법 Factory Act의 통과였다. 인종과 교조와 계급에 관계 없이 인도 국민의 행복과 복리를 증진시키는 것이 그의 사명이라고 두루 강조한 점에서 보면 당연한 일이기도 했다. 산업혁명의 여파가 인도에도 밀려와서 특히 면직물 공업과 황마(黃麻) 산업이 급속한 발전을 보임에 따라[15)] 자연히 노동조건에 관한 문제가 대두하게 되었다.

리펀 총독 이전에도 인도의 노동자들에 대해 노동 시간과 연령 제

---

14) A. Denholm, "Lord Ripon and the Co-operative Movement", *Historical Studies*, Vol. 17, No. 66(1976), 24쪽.

15) 봄베이에 증기기관을 이용한 면방적(綿紡績) 공장이 처음 설립된 것은 1851년이었다. 리펀이 인도 총독에 부임할 때쯤인 1879~1880년에는 인도에 쉰여덟 개의 면방적 및 면방직 공장이 있었으며 1,470,830개의 방추(紡錘)에 하루 작업하는 노동자가 평균 약 4만 명에 이르렀다. 이때 벵골 지방에서는 황마 산업이 급속히 발전하여 스물두 개의 황마 공장에 평균 27,000여 명이 고용되어 있었다.(J. C. Kydd, *A History of Factory Legislation in India* (Delhi, 1988), 2쪽.)

한 조치가 이루어져야 한다는 논의가 봄베이 주정부에 의해 제기되었으며 노동자실태조사위원회가 구성되기도 했다. 리튼 총독도 노동조건 개선 방안에 호의를 보임으로써 노동 시간과 연령 제한에 관한 규정뿐만 아니라 위험 방지를 위해 기계 주변에 방호물(防護物)을 설치하는 법안이 마련되었으나 주정부들의 반대로 결국 보류되고 말았다. 특히 노동 시간과 연령을 규정해놓은 것은 결국 고용요건을 강화하고 임금을 떨어뜨리는 결과를 가져온다고 하여 원주민 측에서 반발하고 나섰던 것도 사실이다.

리펀은 영국의 산업도시 부근의 요크셔의 웨스트라이딩에서 수년 동안 살았으며, 영국에서 1878년의 공장법이 통과된 후 처음은 아니었지만 그 직후에 인도 총독으로 부임했으므로 그가 인도의 공장법에 관심을 표명하게 된 것은 당연한 일이었다. 리펀 총독은 영국에서의 수차례에 걸친 공장법 통과가 처음의 우려와는 달리 노동자들뿐만 아니라 공장주들에게도 도움이 되고 있음을 입증하고 있다고 강조했다.

그러나 리펀은 총독 자신이 주재하는 참사위원회에서마저도 다수의 지지를 얻을 수 없었다. 영령인도의 정치적 중심지인 캘커타가 자리 잡고 있는 벵골 지방에서 특히 반발이 심했다. 특히 애슐리 이든 Ashley Eden 벵골 지사는 영국과 인도 노동 환경의 차이점을 지적하면서 반대했다. 그는 "유럽에서는 여덟 살 난 아이는 아무것도 할 수 없는 어린애에 지나지 않지만, 인도에서 그 나이의 아이는 거의 성인이나 다름없다."[16]라는 논리를 전개하고 나섰다. 그는 또 인도 노동자들의 주거보다는 공장이 훨씬 깨끗하고 보다 위생적이라고 덧붙였으며, 노동 시간을 단축함으로써 나타날 결과는 임금의 인하를 가져오

---

16) L. P. Mathur, *Lord Ripon's Administration in India*(New Delhi: S. Chand & Co. 1982), 67쪽.

거나 혹은 한정된 시간 내에 가능한 한 많은 양의 일을 하도록 공장 노동자들을 강압할 것이라는 우려를 나타냈다.

애슐리 이든을 비롯한 반대파들은 공장법의 제정이 궁극적으로 인도의 산업 발전을 저해하고 인도인에게 불이익을 안겨준다고 주장했다. 애슐리 지사는 이 법안은 재검토를 위해 특별위원회로 보내져야 하며 만약 거기에서 타당성이 인정되더라도 벵골 주는 이 법의 적용 범위에서 제외시켜 주정부의 재량에 따라 선택하도록 남겨둘 것을 제의했다.

리펀 총독은 채택될 공장법의 적용 범위에서 벵골을 비롯한 특정한 어떤 주를 제외시킬 의도는 전혀 없지만 약간의 수정은 받아들일 수 있다는 자세를 보였다. 고용 연령을 7세 이상으로 규정하고 어린이의 노동 시간을 제한하며, 주정부가 감독관의 임명이 불필요하다고 판단할 경우에는 각 지역의 치안판사가 법 집행을 감독하도록 했다. 또한 쪽 가공 공장과 차, 커피 재배 농장은 이 법의 적용에서 예외로 인정하기로 하고 1881년 봄에 공장법이 통과되었다.

공장법에 적용되는 시설물은 연간 4개월 이상 가동되는 기계와 증기기관 설비를 갖춘 공장들로서 100명 이상의 노동자를 고용하고 있는 사업장에 한했다. 7세부터 12세까지의 어린이의 경우에는 노동 시간을 하루 아홉 시간으로 제한했으며, 위험스러운 기계를 다루는 일을 맡기거나 하루에 두 곳 이상의 공장에 고용될 수 없도록 했다. 매일 적어도 한 시간의 휴식 시간을 두고 한 달에 네 번의 휴일을 지키도록 했다. 감독관을 임명하는 것은 주정부나 치안판사의 권한으로 명시되어 있었고 그들에게는 위험한 기계 주위에 철책을 설치해놓았는가를 점검해야 하는 의무가 주어졌다.

공장법은 여러 미비점을 안고 있었다. 이 법은 기계 주위에 철책을 두르는 것 이외에는 성인 노동자의 보호를 위해 공장주에게 아무런 의무 조항도 부과하지 않았다. 또 이 법은 공장의 환기 장치나 위생 시설에 관해서는 전혀 규정한 바가 없었다. 단지 공장주가 노동조건을 꾸준히 개선해나가고 지방정부가 적절히 감독할 것으로 기대했을 뿐이다.

리펀 총독도 이 법의 미비점을 보완하는 일이 절실하다는 것을 알았고 특히 고용 연령을 최저 7세 이상으로 규정한 것은 어린이를 보호하는 적절한 조치가 되지 못함을 느끼고 있었다. 리펀 총독은 자신의 신념을 굽힘 없이 관철시키는 성격이라기보다는 타협을 통해 정책을 추진하는 인물이었다. 어쩌면 그는 본국의 해링턴Harington 인도상과 총독 참사위원회의 다수가 공장법을 반대하는 마당에, 또 지방정부 가운데 영향력이 가장 큰 애슐리 이든 벵골 주지사가 협조하지 않고 있었으므로 좀 더 나아가지 못하고 타협하는 데 머무를 수밖에 없었을 것이다. 리펀 총독은 공장법이 시행되면서 보완의 필요성을 요구하는 목소리가 지방정부 자체로부터 나오기를 희망했다.

리펀 총독의 예견은 정확했다. 공장법이 시행된 지 1년도 못되어서 봄베이 주정부는 개선되어야 할 병폐에 대해 공장법이 전혀 만족스러운 치유책이 되지 못하고 있다고 지적했다. 봄베이 주정부의 요청으로 영국 왕실에서 파견한 킹 W. O. Meade King 감독관은 특히 공장 내의 위생 시설 불비(不備)를 지적했다. 일출에서 일몰까지 쉬지 않고 일하는 12세 이상의 소년과 여성에 대해서는 아무런 보호 규정이 없는 공장법의 맹점을 문제 삼고, 공장에 고용된 남녀의 건강을 돌보기 위해서 소규모 의사협회가 구성되어야 한다고 강조했다.[17]

리펀 총독은 봄베이 주정부의 건의에 전적으로 동의하면서도 공장법의 보완 작업을 연기하기로 결심했다. 벵골 주정부를 비롯한 다른

---

17) 같은 책, 70쪽.

지방정부의 비협조적인 분위기가 총독의 마음을 붙들어 맨 주요한 원인이었지만, 더 큰 이유는 일버트 법안Ilbert Bill 파동에 휘말려 총독 자신이 개혁 의지를 잃고 좌절감에 빠져 들고 있었기 때문이었다. 1881년의 공장법은 적절하고 만족할 만한 조치는 못 되었지만, 하층민의 복지에 대한 리펀 총독의 평소의 관심을 보여준 건설적인 노력이었다. 여러 미비점과 한계에도 불구하고 노동조건을 개선하려는 선구적인 시도였다는 데에 이 법의 새로운 의미를 부여해야 할 것이다.

4 교육 개혁

리펀 총독이 진보적인 관점에서 관심을 기울였던 또 다른 분야는 국민교육이었다. 리펀은 일찍이 정치에 입문하기 전부터 영국의 교육에 남다른 관심을 보였었다. 영국에서는 산업혁명이 급속히 진전되고 '1832년의 선거법 개정안'의 통과로 중산층의 정치적 참여가 확대됨에 따라 국민교육의 문제가 자연히 당면 과제로 떠오를 수밖에 없었다. 그러나 영국의 초등교육이 의외로 지지부진했던 것은 국교 측과 비국교 측 사이의 상반된 종교적 견해 차이 때문이었으며 그들의 종교적 불화가 교육 개혁에 걸림돌이 되었다. 지나치게 종교적으로 편중되지 않은 세속적 교육 노선을 강조하는 단체들도 나타났는데 리펀은 1848년에 전년도에 설립된 랭커셔 사립학교연합회에 가입했다. 이 단체는 전국적인 지지를 얻게 되자 전국사립학교연합회the National Public School Association로 명칭을 바꾸고 지방세의 지원을 받음으로써 수업료 없는 학교제도를 수립할 것을 계획했다. 또한 여기서는 세속적인 교육만을 실시할 뿐 특정 종교의 독단적인 가르침은 부모나 보호자에게 일임하기로 했다.

리펀은 신앙심이 깊고 복음주의에 입각한 가정교육을 받았음에도 불구하고 세속적(탈종교적)인 교육 방침을 강조함으로써 사람들을 놀라게 했다. 리펀의 이와 같은 견해는 자연히 기독교사회주의당과의 의견 대립을 가져올 수밖에 없었다. 그러나 이후 영국 교육법의 개정은 리펀의 견해와 마찬가지로 세속적 방향으로 진행되었다는 점에 주목할 필요가 있다.

리펀은 추밀원 의장으로서 한심스러운 교육 환경을 개선하고 감독제도를 규정하기 위한 '1869년의 기부제학교법(the Endowed School Act, 1869)'을 제정하는 데 관여했다. 이 법을 마련하는 데 크게 기여한 기초자는 포스터 W. E. Forster였지만, 개인 재산에 정부가 간여하는 것을 반대하는 입장이었던 하원에서 리펀은 사회정의의 관점에서 정부의 조처를 정당화하고 나섰다. 리펀은 "현재 가장 만족스럽지 못한 교육 상태에 있는 사람들이 중하층 계급이라는 것은 잘 알려진 사실이며 그들을 위해 학교가 개혁되어야 하는 것은 너무 당연한 일이다. 또한 노동자계급도 고려되어야 하는데 그것은 이 계급의 머리 좋은 어린이들에게 좋은 교육을 받을 기회를 부여하는 것이 학교 설립자들의 의도이기 때문이다."[18]라고 주장했다.

또한 그는 포스터 등과 함께 영국의 교육 발전에 획기적 조치로 기록되는 '1870년의 교육법'을 통과시키는 데도 공헌했다. 당시 영국의 학령아동은 대략 400만 명이었는데 이 가운데 약 반수는 전혀 학교교육을 받지 못하고 있었다. 취학 중인 아동들 가운데 약 100만 명은 기부금과 정부의 보조금을 받고 있는 국립학교에 출석하고 있었고 나머지 100만 명은 정부의 보조나 감독이 전혀 이루어지지 않고 있는 학교에 다니고 있었다.

---

18) A. Denholm, *Lord Ripon 1827~1907: A Political Biography*(London, 1982), 9쪽.

따라서 1870년의 교육법의 목적은 모든 사람이 가능한 한 빨리 값싼 비용으로 초등교육을 받도록 하기 위함이었다. 임의 기부제 학교 Voluntary Schools는 모두 정부의 재정적 지원과 감독을 받게 되었으며, 신설된 공립학교(Board Schools, 훗날의 Council Schools)는 정부의 지원금과 지방세 및 납입금으로 유지되었는데 지역에서 선출된 교육위원회의 통제를 받았다. 공립학교는 특정 종파의 기부제 학교와는 달리 교리에 얽매임이 없이 성경과 도덕원리 등만을 자유롭게 가르쳤다. 비국교도들은 국교학교에 대한 정부의 지원을 반대했으며, 모든 종파는 특정한 종교교육을 부여할 수 없는 새로운 공립학교의 세속적 성격에 반대하고 나섰다.

1870년의 교육법도 아직 의무교육을 이룩하지는 못했다. 가난한 학생들은 대부분 교육위원회로부터 수업료를 면제받았지만 교육은 결코 무료가 아니었다. 임의 기부제 학교는 아직도 사적으로 운영되는 경향이 짙었으며 국가의 직접적인 통제 아래 들어가지는 않았다. 이 교육법이 완전히 무료로 실시되는 의무교육까지는 마련하지 못했지만 영국 국민의 교육 수준을 향상시키는 데 있어서 커다란 한 걸음이었음에는 분명하며 미래의 지속적인 교육 개혁의 발판을 마련한 것이었다.[19]

영령인도의 교육헌장이라고까지 일컬어지는 찰스 우드Charles Wood의 유명한 '1854년의 공문서'도 인도의 모든 계층에 광범하게 교육을 보급시키려는 계획을 표방하면서도 오히려 영어를 통한 서양식의 고등교육을 더욱 강조했다. 감독국 의장이었던 우드도 20년 전 영어교육을 통해 서양식 사고와 행동을 동경하는 이른바 교육중간계

---

19) 영국에서 초등교육이 의무교육으로 된 것은 10년이 지난 후였으며, 국민교육에 대한 모든 학교 납입금이 철폐된 것은 또다시 10년의 세월이 경과한 후의 일이다.

급을 창조하려고 했던 매콜리의 원대한 제국주의적 교육 이념을 그대로 추종했다. 이러한 교육이 관리들의 지적, 도덕적 수준의 향상에 도움이 된다고 주장하면서도 우드는 '공문서'에서 이에 못지않게 "서구 지식의 보급 및 학습은 인도 원주민에게 노동과 자본이 동원되는 엄청난 결과를 가르치고 인도의 방대한 자원이 개발되도록 자극하여 부(富)와 상업의 건전한 증대를 수반할 온갖 이익을 가져다줄 것이며, 동시에 영국 제조업에 필수적인 물품의 다량 공급을 보장해줄 것"[20]이라고 분명히 언급했다.

농촌 인구가 인도 인구의 압도적인 다수를 점하고 있었고 또 그들이 국세의 상당 부분을 부담했음에도 불구하고, 우드는 '공문서'에서 인도의 상층계급이라고 부를 수 있는 소수에게만 고등교육을 부여하는 데 정부의 노력을 기울이는 방향을 제시하고 있었다. 1854년의 교육 개혁이 가져온 가장 뚜렷한 결과가 캘커타, 봄베이, 마드라스에 유니버시티를 설립하는 것으로 나타났던 데서도 영국 정부의 인도에 대한 교육 정책의 의지를 읽을 수 있다. 따라서 인도 총독 정부의 관리들이 매콜리의 '아래쪽으로의 침투 이론'을 신뢰하면서 우드의 '공문서'에 제시된 고등교육의 전파를 강조하고 나섰던 것은 당연한 일이었다.

리펀 총독은 고급 관리들의 교육관은 잘못된 것이라는 인식을 갖고 있었다. 수년 동안 영국에서의 초등교육 확대에 특별한 관심을 기울였던 것과 마찬가지로 그는 인도에 대해서도 같은 견해를 갖고 있었다. 고등교육만이 계속 확대되어서는 안 되고 장래에는 인도 국민 대중의 교육에 보다 많은 관심을 기울여야 한다는 것이 그의 확고한 생각이었다. 리펀의 견해에 따르면 정부는 교육기관을 설립하는 것보다는 보조금제도를 채택함으로써 지방의 교육기관이 자연히 활기를

---

20) B. B. Misra, *The Indian Middle Classes: Their Growth in Morden Times*(Oxford University Press, 1981), 155쪽.

띠도록 돕는 역할을 하는 것으로 그쳐야 했다. 정부가 그러한 의지를 보이기만 하면 인도의 부유한 사람들이 국민교육과 같은 공공 분야에 열성껏 참여할 것으로 리펀은 확신했다. 예를 들면 1878년에서 1879년 사이 벵골 지방의 경우 교육 부문에 사적으로 유입된 성금이 정부가 보조한 액수를 상회했다.[21]

리펀 총독은 1882년에 교육실태조사위원회 the Education Commission를 조직하고 문관 헌터 W. W. Hunter를 위원장으로 임명했다. 여기에는 다양한 종교 단체와 이익집단을 대표하는 여러 명의 유럽인과 인도인이 포함되어 있었다. 리펀 총독의 주요 관심사는 고등교육보다는 초등교육 쪽이었지만 문제가 워낙 방대하고 복잡했으므로 조사위원회를 설치하기로 결심한 것이다. 당시 영국 정계에서는 교육이 가장 중대한 문제로 부각되고 있었으며 1880년에는 초등교육법이 통과되어 의무교육제도가 실현되는 분위기였다.

헌터 교육위원회는 '1854년의 공문서'의 원칙이 어떻게 운영되고 있는가를 조사하고 전국적인 초등교육의 현황을 파악하는 임무를 띠고 있었다. 교육 부문에 대한 정부의 지원이 충분하지 못한 상황이었으므로 '공문서'가 제시했던 보조금제도는 고등교육 및 중등교육과 관련해 특별히 검토되어야 할 형편이었다. 교육위원회는 장학금 문제, 중등학교 교육의 성격, 여성 교육의 실태, 교사 훈련, 무슬림 교육 실태 및 교육의 관리와 감독 문제 등에 특별히 유의했다.

가난한 후진국으로서 인도의 형편에서 볼 때 산업혁명을 완수한 영국으로부터 과학 기술을 도입하는 문제는 무엇보다도 절실한 사항이었을 것이다. 그러나 과학을 장려해야 한다는 논의가 없었던 것은 아니지만 이는 인문학에 대한 일반적인 선호로 철회되고 말았다. 이

---

21) L. P. Mathur, 앞의 책, 82쪽.

것은 19세기 말 인도 교육을 둘러싸고 있던 전반적인 분위기이기도
했다. 헌터 교육위원회는 193명의 증언을 청취하고 323개의 청원서를
접수했다. 채택한 222개의 사항 가운데 180개는 만장일치로 통과되었
으며 나머지는 다수의 지지로 채택되었다.

헌터 교육위원회는 초등교육에 대해 더 많은 관심을 보인 점에서
리펀 총독과 견해를 같이했다. 1년의 조사 기간을 거쳐 작성한 700쪽
이 넘는 방대한 보고서에서 밝힌 바에 의하면 교육의 어느 분야든지
국가의 장려책을 요구할 수 있지만 일반 대중을 위한 초등교육과 그
확대 개선이 지금까지보다 더 큰 비중으로 국가에 의해 지속적으로
추진되어야 한다고 강조되었다. 위원회는 초등교육의 확대가 각 지역
의 실정에 따라 추진될 수 있도록 법규가 만들어져야 하며, 초등교육
을 지방의 기금(基金)에 의존하는 것은 오히려 교육을 등한시할 우려
가 있으므로 지방세에 의해 더 많은 몫이 충당되어야 한다고 주장했
다. 국민교육 계획에서 인도 고유의 토착 교육이 등한시되고 있는 점
을 개탄하면서 헌터 교육위원회는 비종교적인 교육을 목표로 하는
모든 원주민 학교는 마땅히 인가되어야 하며 특히 교사 및 교과목과
관련해 점진적인 개선책이 마련되어야 한다고 강조했다.[22]

헌터 교육위원회의 보고서는 리펀 총독이 강조해왔던 바와 같이 개
인이 적극적으로 교육 발전에 참여하도록 장려했다. 학교를 설립하는
데 인도인들이 스스로 성금을 내는 방책을 강구하도록 강조하면서, 한
편으로 기부금제도는 학교를 관공서 주도로부터 개인 경영으로 전환
시켜 교육제도의 붕괴를 가져올 우려가 있다는 점을 지적하기도 했다.

헌터 위원장은 1854년에 세운 교육 목표를 완수하려고 노력했으며,
각 지방의 교육 실태와 개선 대상으로 지적된 결점들을 신중히 검토

---

22) Report of The Indian Education Commission, 1883(Para, 166), 122쪽.(Syed
Mahmood, *History of Education in India*(Delhi, 1985), 172~173쪽에서 재인용.)

하여 미래의 교육 발전을 위한 원칙을 세웠다고 밝혔다. "교육위원회의 노력의 결과는 국민교육을 보다 광범하고 보다 대중적인 기반 위에 수립하고, 교육에서 민간사업을 장려하며 토착 학교를 보다 많이 인가하고, 국민교육이 상층계급의 교육과 동등한 보조로 발전할 수 있는 토대를 마련한 것이었다. 또 여성과 무슬림 같은 낙후된 계층의 교육이 특별히 강조되었다."[23]

헌터 교육위원회는 대학 문제는 조사 범위에서 제외시켰지만 여성교육은 각 지방의 지원을 받아야 한다는 점을 지적하고 어느 누구도 카스트 때문에 입학이 거부되어서는 안 된다는 정부의 원칙을 재확인했다. 또한 무슬림 교육의 낙후성을 인정하고는 무슬림 학교를 격려하는 차원에서 장학금을 확대하고 감독 체제의 강화를 위해 무슬림 관리의 채용을 늘릴 것을 권장했다.

리펀 총독은 의견 청취를 위해 헌터 교육조사위원회의 보고서를 지방정부로 발송했으며 또한 영국 인도상에게 서한을 보내 "지난 30여 년 동안의 경험에 비추어 볼 때 1854년에 마련된 교육 정책의 전반적인 윤곽이 심각한 어려움에 처해 있지는 않다."[24]라고 의견을 밝혔다. 보고서의 내용에 대해 지방정부들은 긍정적인 반응을 보였는데 다만 도덕 교과서 채택 문제에 대해서는 많은 지지를 얻지 못했다.

헌터 보고서는 대학을 포함한 교육기관에 자연종교의 기본 원칙에 입각하면서 한 인간과 한 시민으로서의 의무를 강조하는 도덕 교과서를 마련하라고 권유했다. 고등교육으로 올라갈수록 자칫 단순히 시험에 통과하는 데만 열중하게 되는 위험성에 대처하려는 의도에서였다. 교사와 감독관은 수업과 훈련이 어린이들의 성격, 행동 및 예의범절에 모범적인 영향력을 미치도록 주력해야 했으며, 교장 선생님의

---

23) W. W. Hunter, *The Indian Empire*(London, 1963), 562쪽.
24) L. P. Mathur, 앞의 책, 88쪽.

훈육 지침을 위해서는 특수한 책자가 준비되어야만 했다. 이와 같은 헌터 교육위원회의 교육 방침은 영국의 오랜 복음주의와 공리주의에 영향받은 바이기도 했지만 "인도의 2억 생령(生靈)들에 대한 이와 같은 엄숙한 교육 지침은 인도 근대사에서 가장 감상적인 광경의 하나이기도 했다."[25]

사실 도덕 교과서 문제에 관해서는 헌터 교육위원회의 인도인 위원이었던 봄베이 대학교 부총장 텔랑Kashinath Trimbuk Telang도 반대 의견을 표하며 "이는 정부가 추진하는 교육 정책의 탈종교적 방향과 관련지어 볼 때 분명히 그에 역행하는 조치가 될 것"[26]이라고 지적했다. 힌두뿐만 아니라 인도 무슬림과 기독교도들도 도덕 교과서는 받아들일 분위기가 아니었다. 사실 리펀 총독도 도덕 교과서 문제에 관해서는 텔랑과 의견을 같이하고 있었다.

리펀 총독은 1884년 10월 도덕 교과서 문제를 제외한 헌터 교육실태조사위원회의 의견을 받아들여 인도 정부의 결의로 공포했다. 본국의 인도상 킴벌리Lord Kimberley도 교과서 문제는 보류하는 것이 좋겠다는 의견을 보내왔다. 1884년의 결의를 공포한 후 리펀은 본국에서 보수당이 집권함에 따라 인도를 떠나게 되었고, 헌터 교육위원회가 권고했던 사항들을 직접 지휘할 시간들을 갖지 못했다. 특히 무슬림 교육에 관해서는 진지하게 고려할 겨를이 없었지만 그의 재임 기간에 무슬림 밀집 지역인 펀잡 지방에 민간의 노력으로는 최초의 유니버시티가 설립된 것은 주목할 만한 일이다. 펀잡 대학교는 국가의 주도가 아닌 주민이 노력한 결과로 나타난 교육기관으로서 동양 학문을 부활시키면서 동시에 서양 학문과 조화시키는 것을 교육 목표로 삼았다.

---

25) W. W. Hunter, *India of the Queen*(London, 1905), 33~34쪽.
26) Syed Mahmood, 앞의 책, 118쪽.

5 자유주의 정책의 추구

보수당의 집권에 따라 인도 총독으로 부임한 리튼은 디즈레일리 영국 수상의 제국주의 정책을 추종하여 이른바 전진 정책(前進政策)을 추구했다. 토착 언어로 발행되는 신문을 억압하는 조치가 리튼 총독이 보여준 전진 정책의 일례였다. 총독정부의 입장에서 볼 때 영어 신문들은 대체로 정부에 협조적인 반면 지방어 신문들은 매우 비판적이었으므로, "인도에서의 영국 지배 자체가 영어 신문이 아니라 지방어로 발행되는 인도 신문들에 의해 위협을 느낀다."[27]라고 판단하고 지방어 신문을 제재하기로 결심하게 되었다. 리튼 총독은 1876년에 이미 총독 참사위원회의 법률위원인 호브하우스A. Hobhouse로 하여금 지방어 신문에 제재를 가하기 위한 법률 제정 가능성을 검토하도록 지시했다. 호브하우스는 영어 신문도 지방어 신문만큼 공격적일 수 있으며 또한 일반적으로 인식되어온 자유 언론의 유용성에 위배된다고 하여 억압 조치를 반대했다.

벤팅크 총독 이후 약 반세기 동안 지속된 언론 자유화 분위기 속에서 지방어 신문들은 무수한 난립상을 보여왔다. 벵골 지방에만 약 마흔 개에 이르렀던 수많은 지방어 신문들은 독자들의 호기심을 끌고 발행 부수를 늘리기 위해서 특히 정부를 비판하고 지배자와 피지배자 사이의 갈등을 과장 보도하는 경향이 있었다.[28] 지방어 신문들은 "영국 지배의 부정과 학정, 또 인도에 거주하는 영국인들의 오만과 자만심을 과대 보도했으며" 선동의 증거로서 참사위원회가 제시

---

27) L. S. O'Malley ed., *Modern India and the West: A Study of the Internaction of their Civilizations*(Oxford University Press, 1885), 206쪽.

28) 지방어 신문들의 기사 내용, 발행 부수, 윤독(輪讀)의 사례 등에 관해서는 졸저 『인도 민족주의 운동사』(신서원, 1993), 60~61쪽 참조.

한 지방어 신문에서의 발췌문은 159개에 이르렀다.[29]

1878년 3월에 공포된 지방어신문법의 요점은 당국이 지방어 신문으로 하여금 온당치 못한 기사를 보도하지 않겠다는 각서를 제출하도록 하거나 발행 이전에 검열을 위한 교정본의 제출을 요구할 수 있는 권한을 갖는다는 내용이었다. 만약 어느 지방어 신문이 법규를 위반했을 때는 일차 경고를 받고 재범일 경우는 신문 인쇄 장비를 압수당하게 되어 있었다. 검열제도의 수행을 위해 관리가 임명되었으며, 이 법에 따른 결정은 사실상 최종심이었고 오직 3개월 이내에 총독 참사위원회에 상소 청구할 수 있을 뿐이었다.

리턴 총독의 언론 정책은 형평성을 잃은 것이었다. 차별은 인종에 따른 것이 아니라 언어와 관련이 있었다. 많은 영어 신문사를 인도인이 소유하고 있었고 영어 신문이 지방어 신문보다 훨씬 과격한 논조를 보이는 경우가 얼마든지 있었다. 영국인이 소유한 지방어 신문도 이 법의 적용 대상이었지만, 인도인이 경영하는 영어 신문은 규제 대상에서 제외되었다. 영어를 배우고 사용하는 사람들은 모두 영국에 충성적이라는 추론은 너무나 단순한 생각이었다.

리펀 총독은 인도에 부임하자 곧 지방어신문법을 검토하여 폐기할 마음을 가지고 있었지만, 사실은 영국에서 이미 글래드스턴 수상의 지시를 받았던 것으로도 볼 수 있다. 글래드스턴은 지방어신문법이 영국 정부의 언론에 대한 자유주의적인 기본 원칙을 침해하고 있다고 주장했을 뿐만 아니라, 이 법이 제정될 당시에 의회에서 이 법에 따라 취해진 모든 조치들은 반드시 영국 하원에 보고토록 하자고 발의했던 인물이다. 비록 이 제의는 부결되고 말았지만 글래드스턴은 1880년 총선거 때 그의 스코틀랜드 미들로디언 선거구에서 다시 이

---

29) Uma Das Gupta, "The Indian Press 1870~1880: A Small World of Journalism," *Modern Asian Studies*, II. 2(Cambridge University Press, 1977), 213쪽.

문제를 유권자들에게 직접 호소하고 나섰다. 글래드스턴이 총선거에서 지방어신문법을 중대한 이슈로 거론함으로써 이 문제는 보수당과 자유당 정강의 주요한 차이점으로 부각되었다. 선거에서 자유당이 승리함에 따라 지방어신문법의 폐기는 당연한 결과로 나타나게 되었다.

리펀 총독이 지방어신문법이 정부가 추구해온 언론 자유 정책에 직접적으로 위배된다고 주장하면서 폐기를 서두를 때 측근의 반대가 없었던 것은 아니다. 헌터를 비롯한 여러 사람이 예방적 효과를 강조하면서 지방어신문법을 옹호하고 나섰다. 지방어신문법이 발효된 이후 전체 발행 부수가 약 15만에 이르던 230개의 지방어 신문 가운데 오직 두 개만이 일시적으로 발행을 정지당했을 뿐이었다. 이 법을 옹호하는 입장에 있던 사람들은 이를 지방어신문법의 예방적 효과로 해석했으며, 다른 한편 리펀 총독은 이 법이 전혀 필요 없음을 의미하는 것이라고 주장했다.[30]

리펀 총독의 지방어신문법 폐기(1882)는 인도의 일반 대중으로부터 환영받았다. 지방어 신문의 발행인들은 더 이상 정부로부터 의심을 받지 않게 되자 협조적인 태도로 나왔다. 저명한 언론인이며 입법 참사회 의원으로 당선되기도 했던 크리스토다스 팔Kristodas Pal은 "이제 언론이 정부의 신임을 얻게 되었으므로 지금까지 정부의 조치에 대해 보여온 적대적인 논조는 곧 걱정할 필요가 없게 될 것이다."[31]라고 말했다. 인도 언론의 협조적인 태도는 이후 총독정부가 추진한 대내외 정책에 대해 온건한 비판적 자세를 취하는 것으로 나타났다. 지방어 신문들은 얼마 후 인도인 판사와 영국인 판사의 권한을 동등하게 하려는 시도로 일어난 일버트 법안 사건에서도 비교적 조용하고

---

30) S. Gopal, *The Viceroyalty of Lord Ripon 1880~1884*(Oxford University Press, 1983), 70쪽.

31) L. P. Mathur, 앞의 책, 79쪽.

온건하게 대처했다. 리펀 총독의 재임 말기에 러시아가 아프가니스탄으로의 남하를 위해 메르프 Merv로 진출함으로써 야기된 위기 상황에서도 정부에 협조하는 자세를 보였다. 리펀 총독이 취했던 일련의 자유주의 정책에 대한 보답이었다.

지방어신문법 폐기는 리펀 총독이 독창적으로 주도한 새로운 자유주의적 정책은 아니었다. 공장법 제정 등의 경우와는 달랐던 것이다. 공장법은 인도에서 선구적인 개혁 조치였지만 지방어신문법의 폐기는 전임 리튼 총독이 전진 정책의 일환으로 취했던 억압 정책을 다시 지난날의 자유주의 정책으로 환원시켜놓은 것이었다. 리펀 총독은 자유 언론과 법의 지배라는 자유주의적 대의를 다시 확립하려고 노력했을 뿐이었다. 리펀 총독은 인도 국민으로부터 철저하게 불신(不信)당하고 비난받았던 전임 리튼 총독의 제국주의적 정책을 포기하여 두 정권의 정책을 극명하게 대조적으로 부각시킴으로써 인도 국민의 신뢰를 획득했다. 리펀 총독의 성실성은 특히 인도의 신흥 교육 중간계급으로부터 깊은 신뢰를 얻는 밑바탕이 되었다. 당시 인도 국민의 지도자로 부상하고 있던 이들의 협조적인 태도는 인도에서의 영국 제국주의 정책을 추진하는 데에도 도움이 되었다.

리펀 총독은 인도에서 팽창 정책을 추진하지 않고 오히려 마무리하려 노력했으므로 군사 문제에 있어서 뚜렷한 변화는 없었지만, 이 방면의 개혁은 영국 정계에 뛰어들 때부터 그의 주요한 관심사였다. 리펀이 군사 문제에 관심을 갖게 된 계기는 아마도 일찍이 부친이 국방상을 두 번이나 역임한 사실과 연관이 있을지도 모른다. 평소의 관심 때문에 리펀은 1859년 파머스턴 Lord Palmerston 내각에서 국방차관을 거쳐 1863~1866년에는 국방상을 지냈다.

리펀의 경력으로 보아 그가 군사 문제에 관심을 가졌던 것은 당연한 일이지만, 이 방면에 대한 그의 관심은 훨씬 일찍부터 나타났으며 그 결과로 파머스턴 정부에 입각한 것이라고 보아야 할 것이다. 리펀은 크림 전쟁(1853~1856)이 진행되는 동안 전쟁터에서 전해온 군대의 무능과 행정상의 미숙 및 부패 등에 큰 충격을 받았다. 리펀은 당시 영국의 장교와 사병 간의 현저한 격차를 비판하고 나섰다. 그는 격차의 원인이 장교를 부유한 가정 출신 가운데에서 선발하고, 재산이 장교의 자격 요건이 되어버린 데 있다고 지적했다. 리펀은 "정부가 모든 관리와 군인을 선발하는 데 하나의 원칙을 세움으로써 사회적 지위, 가계, 정당과의 관계 혹은 개인적인 영향력을 고려하지 말도록" 촉구했다.

또 승진은 반드시 공훈에 의해 이루어져야 한다는 것이 그의 주장이었다. "용기나 애국심 혹은 군사적 천재는 어느 계급만의 타고난 상속물이라고 말할 수 없으며…… 특혜를 배제하고 모든 계층에 공평한 승진 기회가 열려 있어야 한다."[32] 군 지휘관의 직위가 오직 공훈에 의해 주어질 때 군대의 능률이 향상되고 장병들의 사기를 진작시킬 수 있을 터였다. 리펀은 크림 전쟁을 거치며 얻은 경험을 바탕으로 상층계급의 무능력을 공격하고 전체적 동의를 이끌어 낼 수 있는 군대 개혁을 요구하고 나섰다.

물론 이때는 리펀이 국방 관계 요직에 등용되기 전이지만 군대의 승진제도에 대한 논의는 의회에서 매우 활발하게 진행되었다. 장교의 승진이 '매직(買職)'에 따라 결정되는 종래의 제도를 개혁하려는 움직임이 활발히 일어나 파머스턴 정부를 난처하게 만들었다. 군대의 부패는 매관매직을 서슴지 않는 귀족주의적 고급 장교들의 관행을 눈감아왔기 때문이므로, 앞날의 승진 여부를 판단하는 유일한 기준은 공훈이어야 한다는 주장이 만만찮게 제기되었다. 이러한 움직임은 앞

---

32) A. Denholm, *Lord Ripon 1827~1909*, 59~60쪽.

서 제시되었던 「군인헌장Soldier's Charter」[33]의 내용을 조금 앞서가
는 것이었다.

승진제도에 대한 개혁안에 동의했던 사람이 '미래의 자유당 수상'
이 될 수도 있는 리펀이었으나 보수당의 협조를 얻은 파머스턴은 군
인 승진 결의안을 114대 158로 부결시켰다. 그러나 보수당원마저도
현실적인 어려움 때문에 장교가 될 수 있는 길이 완전히 폐쇄된 것
은 큰 문제였으므로, 파머스턴으로 하여금 단순히 훈장(메리트 훈위
the Order of Merit)을 수여하는 것 이상의 대가를 제시하도록 권유
했다.[34] 이것이 나중에 빅토리아 훈장으로 나아가는 계기를 마련한
공식적인 첫 시도라고 볼 수 있다. 단순한 훈장 수여로 그치는 것이
아니고 급여와 연금에서 종전의 두 배를 지불하는 등의 눈에 보이는
혜택이 뒤따르게 되었다.

리펀은 나이팅게일F. Nightingale과 협조하여 군사 개혁 특히 위생
문제 등을 개선해나갔다. 리펀은 국방상 허버트S. Herbert를 통해 크
림 전쟁의 성녀(聖女) 나이팅게일을 소개받았는데 나이팅게일은 그
명성에 힘입어 영국 사회에서 큰 영향력을 발휘했다. 리펀은 허버트
밑에서 국방 차관을 지냈으며 허버트가 사망하자 리펀과 나이팅게일은
군대 위생 문제의 개혁 활동에서 더욱 긴밀히 협조하게 되었다. 그들
은 군대의 생활상에 보다 급진적이고 영속적인 변화를 가져오려 계획
했는데 가장 절실한 문제는 막사(幕舍) 및 병원의 위생 상태를 개선하

---

33) ≪피플스 페이퍼 *People's Paper*≫ 1855년 1월 13일자에 실린 「군인헌장」에서 요
   구한 내용은 다음과 같다. ① 공훈에 따라 사병도 장애를 받지 않고 승진할 수
   있다. ② 왕자라 할지라도 누구나 병역의무를 이행해야 한다. ③ 구타(태형)를
   철폐한다. ④ 승진을 매수하는 수치스런 제도를 철폐한다. ⑤ 결혼과 관련한
   규정에서 장교와 사병의 평등화를 이룬다. ⑥ 복무 기간이 만료된 후에도 상응
   하는 보상을 제공한다.
34) S. Maccoby, *English Radicalism 1853~1886*(London, 1988), 40쪽.

는 일이었다. 이미 1859년에 허버트와 리펀이 이 문제의 개선 방법을 모색하기 위해 위원회를 구성했으며 허버트 다음으로 루이스G. Lewis가 국방상에 부임하자 1862년에는 영구적인 기구로 '막사 및 병원 개선 위원회'를 조직하여 보고서를 작성하는 등 활동을 계속해나갔다.

나이팅게일은 이 위원회의 설립을 "루이스와 리펀의 국방성이 이룩한 가장 중대한 일"이라고 묘사했으며, 1863년 봄 루이스가 사망하자 파머스턴 수상에게 리펀을 국방상에 임명하도록 권유했다. 또 나이팅게일은 《데일리 뉴스Daily News》의 마티노H. Martineau에게 전보를 보내서 "리펀 경이 루이스 경의 자리를 계승할 수 있도록 선동하고 또 선동하라."라고 촉구했다.[35] 다음날 이 신문에는 리펀이 국방상이 되어야 한다는 마티노의 논설이 실렸다. 리펀이 국방상이 된 후로는 군사 개혁 정책을 추진하는 데 있어서 나이팅게일과 더욱 가까이 협조하게 되었다.

나이팅게일은 리펀이 계획안을 준비하는 데 많은 도움을 주었다. 리펀 국방상은 나이팅게일의 도움으로 군대 의료봉사에 대해 원가계산을 실시했다. 위생 개선 문제에 있어서도 함께 노력한 결과, 군대 측으로 하여금 위생학과 의무장교의 역할을 새로운 시각으로 바라보게 했다. 사실상 리펀이 국방상의 자리에 오래 머물 수 있었던 것은 나이팅게일과 긴밀한 관계를 유지한 덕분이었으며, 인도 총독으로 임명될 때에도 나이팅게일로부터 지원을 받았다.

리펀이 크게 관심을 가졌던 분야는 영국과 인도에서의 위생 문제 개선이었으며, 특히 일반 병사들에 대한 의료봉사와 병원 시설을 개선하는 문제였다. 사실 이 방면에 대한 리펀의 관심과 노력은 나이팅게일을 따를 수 없었다. 나이팅게일은 리펀의 국방상 재임 말기인

---

35) A. Denholm, *Lord Ripon 1827~1909*, 72쪽.

1866년 봄에 인도의 위생 문제를 개선하려는 계획안을 제출했다. 리펀은 이때 신속한 움직임을 보이지 못했다. 이는 존 러셀 정부의 지위가 매우 불안정했기에 리펀이 정치 문제에 매달려 있었기 때문이다.

리펀이 의안을 빈틈없이 완성하도록 나이팅게일에게 부탁했을 때는 이미 시기를 놓친 뒤였다. 나이팅게일이 다시 정확한 보고서를 작성하여 보냈을 때는 이미 러셀 정부가 붕괴된 후였다. 나이팅게일은 불과 하루 차이로 인도의 국민 보건 향상을 위한 노력이 수포로 돌아가고 말았다고 한탄했다.[36)]

리펀 총독은 인종적 차별 조항을 포함하고 있는 무기법을 개정해야겠다는 결심을 굳혔다. 대폭동이 일어난 해인 1857년에 영국 정부는 인도에서 무기가 통제받지 않는 채로 방치되어 있는 것은 공공질서와 안전을 위태롭게 한다는 생각에서 인도인의 무기 소지를 제한할 필요성을 느꼈다. 이 해에 처음으로 제정된 무기법은 지방정부에 무기와 탄약의 수입, 제조 및 소지를 통제할 수 있는 권한을 부여했다. 그렇지만 유럽인은 이 법의 통제 범위에서 제외되었다.

1860년에 만들어진 새로운 무기법은 외국으로부터 무기를 수입하거나 인도의 다른 지역으로 수송하는 데 허가증을 요구했으며 그러한 허가증의 발급은 인도 정부 당국이 관장하기로 했다. 또 장교는 허가받은 무기 판매상들을 감시하고 치안판사는 무기를 수색할 수 있었으며, 필요한 경우 지방정부는 한 지역의 무기를 완전히 수거할 수도 있었다.

리턴 총독정부가 통과시킨 1878년의 무기법은 무기와 탄약을 밀수할 경우 가혹한 벌금을 부과했는데 값싼 화기가 불법적으로 광범위하게 거래되는 것을 막기 위함이었다. 이전의 법에 비하여 리튼 총독

---

36) W. Smith, *Nightingale*(London, 1987), 302쪽.

부는 그 적용 지역를 더욱 확대하고 규제를 훨씬 강화했다. 이번에도 역시 유럽인들은 무기법의 적용 대상에서 제외되었으며, 다만 야수(野獸)로부터 위협을 받는 지역의 거주민들에게는 5년 기한으로 무기 소지를 허가했다.

무기법은 인도 언론의 비난을 받았다. 이와 같은 법의 제정은 지배자가 인도인을 불신하고 있음을 의미하며 또한 정복자와 피정복자 사이의 인종차별적 논리에 근거하고 있었기 때문이다. 또한 대부분의 인도인들은 짐승으로부터 곡식을 지키고 도적의 무리로부터 자신들을 보호할 수 없게 되었다며 무기법을 비판하고 나섰다.

글래드스턴 정부도 무기법에 대해서는 비판적인 시각을 가지고 있었으므로, 리펀은 인도 총독으로 부임한 후 이 법을 폐기하기보다는 수정하는 방향으로 접근했다. 그는 무기가 토후국의 위험한 집단에 넘어가거나 영령인도의 국경을 넘어 반출되는 것을 막아야 한다고 생각했다. 무기 소지를 허가하는 근거가 인종차별적인 것이어서는 안 된다고 생각하면서도 리펀 총독은 인도에 거주하는 유럽인 관리나 관리가 아닌 사람들에게 인정해왔던 예외 조항을 철폐함으로써 새로운 논쟁을 불러일으킬 생각은 없었다.

리펀 총독은 1881년 5월에 새로운 법안을 만들겠다는 의사를 본국의 인도상에게 보내 협조를 요청했으며 이어서 지방정부의 의견을 물었다. 인도상은 분명한 답변을 피했으며 다만 그의 인도위원회 가운데 소수가 부정적인 의견을 표시할 뿐이었다. 지방정부의 반응도 리펀 총독을 크게 실망시켰다. 리펀 총독의 표현대로 그들의 "행동거부 non-possumus"[37]는 무기법의 시행에서 나타나는 불평등과 불합리를 제거하려는 총독의 희망을 여지없이 무산시켜버렸다. 그러나 리

---

37) L. Mathur, 앞의 책, 99쪽.

펀 총독은 1882년 5월 다시 인도상에게 보낸 공문서에서 무기법에 새로운 변화를 시도해 심각한 문제를 일으키고 싶지는 않지만 주변의 상황이 이 문제를 거론하지 않을 수 없도록 만들고 있다고 설명하면서, 무기법의 초안자들이 의도한 바는 인도의 모든 거주자들에 대한 전면적인 무장 해제에 있다고 지적했다.[38] 총독은 인도인들이 겪고 있는 불만과 고통을 인정하고 나섰다.

리펀 총독이 조정하려고 했던 법안이 근본적인 변화를 포함하고 있지는 않았다. 다만 이전의 무기법에서 모든 사람들을 구속했던 법 위반 사례 보고 의무를 공무원이나 장교 등과 같은 계층에 국한하고, 위반자에 대한 처벌 강도도 완화하기로 했다. 공공 평화의 유지를 위해서 무기 소지와 탄약 관리에 관한 정부의 권한을 강화하고 무기의 불법 거래를 방지하는 방향으로 계획되었다.

리펀 총독은 하팅턴S. C. Hartington 인도상에게 신속한 전신 답변을 요구했으나 수차례의 독촉에도 불구하고 회답을 받은 것은 약 1년이 경과한 후였다. 인도상은 그처럼 미묘하고 복잡한 문제를 이 시점에서 새로운 법으로 다스리려는 것은 바람직하지 못하다고 지적하고 총독으로 하여금 무기법 개정을 더 이상 추진하지 말도록 지시했다. 이내 리펀 총독도 일버트 법안 파동에 휩쓸려 추진력을 잃고 말았다.

인도인을 위해 얼마간 자유주의적으로 개혁하려고 했던 리펀 총독의 시도는 실패로 돌아갔다. 본국의 인도상과 그 직속 인도위원회의 소극적이고 부정적인 견해와 인도 지방정부의 비협조적인 태도가 리펀의 계획을 좌절시키고 말았다.

리펀 총독의 일련의 개혁 노력을 살펴볼 때 런던과 인도에서 그의 영향력과 추진력이 급격히 약화되어갔음을 느낄 수 있다. 그러나 그

의 무기법 개혁이 실패했다고 결론짓기보다는 오히려 무기법의 결함을 본국 정부에 알리고 인도 지방정부의 협조를 얻어 개혁하려 했던 자유주의적 노력의 일환으로 평가해야 할 것이다. 오늘날 인도 국민이 리펀 총독의 개혁 운동을 긍정적으로 평가하고 찬사를 보내는 것도 이러한 각도에서 바라볼 때 이해할 수 있다.

맺음말

리펀 총독은 글래드스턴 수상의 '대리인'으로 인도에 파견되어 자유주의적 개혁을 단행했다. 인도 총독으로 부임하기 전에 영국 정계에서 보여준 리펀의 성향은 반드시 글래드스턴의 그것과 일치하지는 않았다. 두 사람 모두 독실한 기독교인으로 살았지만 리펀은 갑자기 가톨릭으로 개종하여 글래드스턴에게 충격을 안겨주기도 했다. 리펀에게는 어쩌면 영국 국교도냐 가톨릭교도냐는 문제가 되지 않았는지도 모른다. 오직 기독교와 민주주의를 조화시키는 것만이 그의 목표였다. 그리스도의 품 안에서 같은 형제로 태어난 인류는 자유롭고 평등한 시민으로서 하나된 생활을 누려야 했다. 이러한 목표를 추구했던 리펀에게 가톨릭의 세계시민 사상과 통일 이념이 더욱 마음 깊이 다가왔는지도 모를 일이다.

리펀의 이상주의는 공리주의와 기독교사회주의의 혼합이었다. 국민의 복리 증진을 강조하는 공리주의의 정치적 목표는 결국 참정권의 확대를 추구하는 것으로 볼 수 있는데, 리펀에게는 국가권력의 강화야말로 이교적 통치 수단으로 보였다. 제국주의는 결국 이교적 통치술이며 기독교의 사랑에 입각한 자유주의에 위배되는 것이었다. 리펀은 기독교사회주의당의 일원으로서 또 하원의원으로서 협동조합운동에 참여했다. 그의 열의에 비하면 가시적인 효과는 크지 않았지만 협동조합에 대한 법적인 보호책을 마련하기 위해 산업공제조합법을 통과시키는 데 리펀은 주도적 역할을 했다. 그는 생산조합을 장려하는 데 주력했으며 협동조합운동을 국제적 유대가 강한 조직으로 만들기 위하여 열의를 보이기도 했다.

하층민의 이익을 증진시키려는 리펀 총독의 노력은 공장법의 통과를 통해 노동자를 보호하려는 마음에서도 엿볼 수 있다. 공장법은 영국에서도 수차례에 걸쳐 보완하는 과정을 거쳐 노동조건을 개선해 나갔으므로 단 한 차례의 입법으로 인도에서 노동자의 권익을 보장할 수는 없었다. 영국 정부의 인도상과 인도 관리들의 비협조적인 분위기 속에서 통과된 공장법은 미비점을 안고 있었음에도 불구하고 인도에서 노동조건을 개선하려는 선구적인 조치였다는 데에 특별한 의미를 부여해야 할 것이다.

리펀의 세속적 국민교육에 대한 관심은 그의 독실한 신앙심에 비추어 볼 때 의외라고 생각될 수 있으며 이러한 그의 태도는 기독교 사회주의당과 마찰을 빚기도 했다. 영국 국민교육에 일대 전환점을 마련한 조치로 평가되는 '1870년의 교육법'을 통과시키는 데 일조를 했던 리펀 총독은 인도의 초등교육 확대에도 특별한 관심을 보였다. 영국 정부와 총독정부의 인도에서의 교육 정책은 매콜리의 제국주의적 교육 정책이 의도했던 대로 국민교육보다는 교육받은 중간계급의 형성에 초점을 맞추어왔다. 따라서 리펀 총독의 인도 국민 교육에 대한 관심은 총독정부가 지금까지 추진해온 교육 정책과는 상당한 거리가 있었다.

고등교육보다는 국민 대중 교육에 더 많은 관심을 보였던 리펀 총독은 교육실태조사위원회를 조직하고 이 문제를 개선하려고 했다. 이른바 헌터 위원회의 보고서도 리펀 총독의 국민교육에 대한 관심과 뜻을 같이했다. 그는 인도의 국민교육을 강조하면서 영어보다는 오히려 토착 언어와 학문의 교육에 큰 비중을 두었다. 또한 영국에서의 그의 교육 이념에 따라 종교에 편중된 교육보다는 세속적인 교육을 강조했으며, 지방 교육기관의 설립을 위해 보조금제도를 채택함으로써 활기를 불어넣으려고 노력했다. 인도에서는 외면해온 여성 교육과 소수민족 및 무슬림 교육에 특별한 관심을 보인 것은 새로운 교육 정책의 출발이기도 했다. 리펀 총독의 퇴임으로 헌터 위원회의 제안이 구체적으로 시행될 여유가 없었지만, 리펀의 교육 정책은 인도 국민에 대한 동정적인 자유주의적 개혁의 일면을 보여준 것이었다.

리펀 총독의 지방어신문법 폐기는 그가 새로이 시작한 자유주의 정책은 아니었다. 총독은 언론 억압 정책이 법의 지배를 강조한 대영제국의 통치 이념에 위배된다고 하여 이를 과감하게 포기하고 교육받은 중간계급의 신뢰를 얻으려고 했다. 리펀 총독의 이러한 정책 방향은 지방자치제의 도입을 통하여 교육중간계급의 활동 무대를 마련해주고 그들의 협조를 구하려고 했던 시도와 상통하는 면이 있었다. 이는 또한 앨런 옥타비안 흄 Allen Octavian Hume이 인도 국민의 불만이 폭발하는 것을 막기 위해 안전판(安全瓣)으로서 국민회의를 창립했던 것과 같은 맥락에 있는 것이다. 교육받은 중간계급에게 활동할 수 있는 광장을 마련해주려고 했던 이러한 정책은 본국의 자유주의 정책을 과시하면서 동시에 인도에서 영국 통치의 안전한 보장책을 마련하려는 원대한 제국주의 이상이 밑바닥에 깔려 있음을 엿볼 수 있게 한다.

리펀 총독의 대인도정책은 지방자치제 도입의 공적을 제외하면 눈에 띠는 성공적인 결과를 가져오지 못했다. 지방자치제의 도입이 인도의 민주정치 발전사에서 획기적인 업적으로 평가되는 상황에서 그의 다른 자유주의 정책은 자연히 빛을 잃을 수밖에 없었다. 또 다른 한편으로 일버트 법안의 파동이 리펀 총독의 개혁 작업을 후퇴시킨 것도 사실이었다. 무기법의 제정을 통해 인도인들에게 불평등한 조항을 시정하려는 노력이 실패로 돌아간 것에서 뚜렷한 실례를 찾아볼 수 있다. 일버트 법안의 파동과 지방자치제의 도입에 관해서는 다음 6장과 7장에서 각각 상세하게 고찰해보고자 한다.

6

리펀 총독과 일버트 법안 파동

　리펀 총독이 인도를 통치할 무렵은 영국 제국주의가 절정에 이른 시기였다. 영국에서는 디즈레일리의 보수당과 글래드스턴의 자유당이 번갈아 집권하면서 양당정치의 모범을 보였다. 보수당은 제국주의 정책을 적극 추진하고 자유당은 국내의 자유주의적 개혁을 도모하는 정당으로 인식되었지만, 당시 영국의 전반적 분위기는 완전히 제국주의 이념의 물결에 휩싸여 있었다. 영국 국민 사이에서 제국주의는 애국심의 표현으로 인식되었으며 대내외적으로 자유주의 정책을 추진했던 글래드스턴 수상마저도 '자유주의적 제국주의자'로 평가해야 할 상황이었다.

　리펀 총독은 영국이 인도를 지배한 약 200년 동안 자유주의 정책을 도입했던 대표적 인물로 평가받고 있다. 글래드스턴 수상의 '대리인'으로서 인도에 부임한 리펀 총독은 제국주의적 대외 팽창의 '전진 정책'을 지양하고 그 대신에 자유주의 정책을 꾸준히 추진했다. 지방자치제의 도입은 말할 것도 없이 오늘날 인도의 모범적인 민주정치 발전과 관련지어 볼 때 리펀 총독이 이룩한 최대의 통치 업적이었다. 리펀 총독은 공장법과 교육 문제 등에 있어서도 인도 국민의 복리를 증진시키기 위한 개혁 의지를 보여주었으며, 인도어 신문에 대해서만 차별적으로 적용해왔던 지방어신문법을 폐기하여 언론 자유의 분위기를 만들었다. 그는 또한 사법 개혁을 통해 인도인 판사가 받아온 차별대우를 불식시키려고 노력했는데 이는 일버트 법안 파동으로 나타났다. 이 장에서는 리펀 총독이 일버트 법안에서 의도했던 바는 무엇이며, 또 이 법안에 대한 반응은 어떻게 나타났고, 그 결과 인도 민족주의 운동에 어떤 영향을 미쳤는가를 살펴보려고 한다.

1 일버트 법안과 리펀 총독의 의도

리펀 총독의 자유주의적 개혁을 위한 일관된 노력은 일버트 법안을 통과시키려는 시도에서도 나타났다. 리펀 총독이 인도를 다스리면서 품었던 변함없는 신념은 영국이 인도의 교육받은 계층과 긴밀하게 제휴해야 한다는 것이었다. 영어교육이 도입된 후 반세기 동안에 성장한 이른바 교육받은 중간계급에게 정치적으로 활동할 수 있는 무대를 마련해주는 것은 인도에서 영국의 제국주의 정책이 순조롭게 추진되기 위한 길이기도 했다. 리펀 총독이 지방자치제를 인도에 도입한 의도도 여기에 있었다. 서구의 학문과 정치제도에 관해 충분한 지식을 습득하고 있으며 영어교육을 받은 인도인들에게 영국 정부가 적절한 활동 기회를 부여하지 않았을 때 나타날 우려할 만한 결과를 총독은 예견했다.

교육중간계급은 수효도 적었고 그들의 생각과 행동은 선진 서구의 관점에서 보면 아직 미숙했지만, 그들 스스로는 조국을 민주적으로 발전시키고 국민을 인습에서 탈피시킬 선구자로 자임하고 있었다. 그들은 제국주의 지배 아래에서도 야심 찬 희망을 안고 인도 국민의 새로운 지도자 집단으로 부상하고 있었다. 영어교육을 받은 이들 중간계급이 공익을 위해 활동하겠다는 정당한 열망을 펼 수 없을 때 그들은 오히려 습득한 지식과 재능을 가지고 인도 국민 대중을 선동하여 영국인 정부에 대한 불만 세력으로 결집할 수도 있었다.

리펀 총독이 자유주의적 개혁을 추진하면서 야기된 영국인 관료들과의 의견 대립도 결국은 총독의 정책이 너무 빨리 나아가고 있다고 관료들이 생각했던 데에서 비롯되었다. 관료들의 눈에 총독의 정책은 대영제국의 원대한 제국주의적 이상을 실현하는 데 도움이 되지 않는 것으로 비쳤다. 그렇지만 리펀 총독의 확고한 신념에 의하면 영국과 인도의 앞날을 위해서는 인도의 신흥 교육계급의 실체를 인정하고 그들을 끌어안을 것이 절실히 요구되었다. 리펀 총독은 본국의 감사원장 포스터M. H. Forster에게 보낸 서한에서 지배자의 신뢰 회복이 무엇보다 중요하다는 견해를 분명히 밝히고 있다.

만약 우리가 교육받은 중간계급에게 그들의 정치적 열망을 펼 수 있는 출구를 마련해주지 않는다면 그들은 극히 자연스럽게 우리에게 원한을 품은 매우 위험스러운 적이 되고 말 것이다. 우리 영국인 자신들의 행동에 의해 창조된 이들 계층이 성장하는 과정에서 나의 지방자치 정책의 진정한 정치적 정당성이 발견될 것이다. 주전론자(主戰論者)들이 감상적 동기라고 비난하고 있는 부분에만 나의 정책이 근거하고 있다고 상상하는 것은 큰 오류이다. 정책을 채택하는 데 있어서 의심할 바 없이 나는 강렬한 신념의 영향을 받고 있다. 그 신념이란 인도 국민을 정치적, 사회적으로 일으켜 세우는 것이 우리들의 의무이며, 자비로운 전제정치의 선정(善政)을 그들에게 베푸는 것만으로는 부족하다는 믿음이다. 그러나 가장 무겁게 나를 압박해오는 것은 교육받은 원주민을 우리의 적이 아니라 친구로 만드는 것이 통치에 시시각각으로 중요해지고 있다는, 아니 불가피한 현실로 다가오고 있다는 느낌이 든다는 점이다.[1]

리펀 총독은 교육받은 중간계급에 대한 억압 정책이 초래할 결과보다는 그들을 점진적으로 행정 및 사법 부문에 받아들이는 것이 인도 통치의 효과 면에서 이득이 된다고 판단했다. 자비로운 전제정치라는 것이 그에게는 한낱 이상적인 정치 구호만은 아니었다. 영국 통치의 기반을 확대하는 부단한 노력이 필요하지만 이는 공허한 이론적인 근거에 입각한 것이 아니라 정치적인 기반 위에서 이루어져야 했다. 그는 신흥 교육계급은 온건하고 충성적이며 지난 반세기 동안 그들이 받아온 민주정치 교육과정에 비추어 볼 때 결코 지나치지 않은 지극히 건전하고 합법적인 야망을 갖고 있다고 믿었다.

리펀 총독은 이 계급의 역할과 관련해 영국 내각의 인도상에게 보낸 서한에서 협조를 요망하면서 인도 총독 정부가 해결해야 할 가장 중요한 당면 과제로 "우리 자신들에 의해서 서구의 지식과 이념을 교육받은 신흥 원주민 집단을 우리가 어떻게 다루느냐 하는 방법의 문제와 관련된 것보다 더 중요한 인도 문제는 현재로서는 없다."[2]라고 지적했다. 리펀 총독은 영령인도 사회에서 영어교육을 받은 새로운 계급의 실체를 중시하면서 지금까지 인도 총독 정부가 그들의 재능과 영향력을 정부 조직 내에서 인정하지 않아온 점을 비판했다. 리

---

1) *Ripon Papers, Ripon to Forster*, 19 May 1883(A. Denholm, *Lord Ripon 1827~1909: A Political Biography*(London, 1982), 161쪽.

2) Briton Martin Jr., "Lord Dufferin and the Indian National Congress 1885~1888", *The Journal of British Studies*, Vol. VII, No. 2(1968), 68쪽.

편 총독이 제시한 문제에 대한 해결책은 결국 전임 총독 리튼의 정책을 새롭게 전환시키는 것이었다. 디즈레일리 보수당 정권의 철저한 제국주의 정책의 이념에 충실했던 리튼 총독의 인도 정부가 남긴 총체적인 영향은, 후임자인 자유당 정권의 리펀 총독이 판단하건대 "모든 면에서, 즉 외교 정책, 재정, 지방어신문법, 무기법 등의 문제에 있어서 인도 원주민의 이익이 영국인들을 위해 희생되어왔다."[3]라는 것이었다.

리펀 총독이 의도한 근본 목표의 하나는 인도 국민의 마음에서 이러한 불만스러운 인상을 제거하고 영국의 통치에 대한 그들의 신뢰를 회복하는 것이었다. 리펀 총독이 희망했던 바는 영국 통치에 대한 인도 국민의 충성과 지지를 얻는 것이었으며 불만과 적대감을 척결하는 것이었다. 그가 끊임없이 강조해온 정책의 요점은 "교육받은 인도인들을 우리 통치의 적이 아니라 친구로 만들어 인도와 영국을 위해 좋은 방향으로 이용하는 것이었다."[4] 만약 교육중간계급이 영국의 지배에 대한 불만 세력으로 돌아설 경우 이는 일찍이 영어교육을 통해 인도 지식층을 영국 통치에 대한 협조자, 즉 일반 대중의 압력에 대한 안전판으로 삼으려 계획했던 영어교육의 원대한 제국주의적 이상이 실패로 돌아가는 것을 의미했다. 교육받은 인도인들이 내 고장의 공익을 위해 능동적으로 참여하고 더 나아가 영국 정부에 대한 충성심을 보이게끔 하기 위한 조치가 리펀 총독의 지방자치제 도입이었으며, 일버트 법안에서 의도했던 바 또한 인도 국민, 특히 원주민 법률가들을 적극적인 협조자로 끌어들이고자 함이었다.

인도인과 긴밀하게 제휴해야 한다는 리펀의 확고한 신념은 피지배

---

3) 같은 책, 71쪽.

4) S. Gopal, *The Viceroyalty of Lord Ripon 1880～1884*(Oxford University Press, 1983), 84쪽.

자인 원주민에 대한 인종차별 정책을 불식하려는 노력으로 나타났다. 본국 정부의 냉담한 반응에 부딪혔을 때도 그는 지방자치의 활성화를 통해 인종의 차별 없는 정의의 실현에 노력했다. 그는 이러한 의도에서 무기법을 제정하여 무기의 거래 및 소지에 대한 규제에서 정부의 권한을 강화하면서도 정복민인 영국인과 피정복민인 인도인 사이의 차별 조항을 제거하려고 시도했으며, 또한 인도의 토속어 신문에 대해서만 유독 검열을 강화해왔던 지방어신문법을 폐지했다. 지방자치제의 도입은 말할 것도 없거니와 일버트 법안 또한 결국은 원주민에 대한 차별 없는 정책을 추진함으로써 인도인을 영국인 지배 정부의 협조자로 끌어들이기 위한 치밀한 계획의 일환으로 볼 수 있다.

리펀 총독은 널리 알려진 바와 같이 인도에서 글래드스턴 영국 수상의 자유주의적 개혁의 사도로서 활약했다. 글래드스턴은 하나의 제국이 유지되고 또 다른 제국을 다스리기 위해서는 도덕적 정당성을 갖추어야 한다고 주장했다. 글래드스턴은 야당을 이끌 무렵인 1877년에 "우리는 인도의 복지 이외에는 관심이 없으며, 인도에서 영국의 지배가 계속되느냐는 인도 국민의 의지에 따라 결정될 것이다."[5]라고 말했다. 또 그는 영국이 인도에 남아 있을 권리는 그렇게 하는 쪽이 인도 국민에게 이익이라고 인정될 때에만 정당성을 가질 터이므로 도덕적 고려가 맨 처음 중요하게 논의되어야 한다고 주장했다.[6] 글래드스턴은 두 번째 집권을 앞둔 1880년 선거 유세에서도 인도에 대한 도덕적 통치 정책을 강조했으며 이를 의욕적으로 추진하기 위해 영

---

5) W. E. Gladstone, "Aggression on Egypt and Freedom in the East", *Nineteenth Century*, II(Aug 1877), 153쪽.(Edwin Hirschmann, *White Mutiny: The Ilbert Bill Crisis in India and Genesis of the Indian National Congress*(Delhi, 1993), 15쪽에서 재인용.)
6) 같은 책, 154쪽.

국 내각의 인도상에 영향력 있는 하팅턴 후작을, 그리고 인도 총독에
는 리펀 후작을 임명했던 것이다.

리펀 총독의 자유주의적 개혁 정신은 지방자치제의 실시 등에서
보여준 바와 같이 영국 정계에서 예측한 것보다 훨씬 진보적이고 급
진적이었다. 그의 통치 정책은 정치적 능률이나 책략의 관점에서보다
는 통치 원칙과 원주민에 대한 정치적 교육 문제의 각도에서 계획,
추진되었다. 리펀 총독의 자유주의에 대한 신념의 밑바닥에는 열렬한
기독교 신앙이 깊이 자리 잡고 있었는데, 이 신념이 그로 하여금 인
도 국민의 자유주의적 열망에 부응해 통치하도록 이끌었던 것이다.
그는 분명히 인도에 보다 많은 자치를 부여하기 위한 방책으로서 신
흥 중간계급을 염두에 두고 있었지만 사회 개혁과 교육 개혁 문제에
있어서는 소외되고 가난하며 고통 받는 일반 대중에게 깊은 관심을
보였다.(이에 대해서는 5장에서 자세히 살펴보았다.) 그가 일버트 법안
에서 의도했던 바도 공평한 법의 지배에 따른 인도 국민의 신뢰와
협조를 획득하는 것이었다.

리펀 총독은 똑같이 영국의 지배 아래 놓인 인도와 아일랜드의 상
황을 항상 비교해서 생각했다. 영국인, 특히 인도에서 활동하고 있는
관리나 차(茶) 재배인 및 상공인들이 인도인들에게 아무런 동정심도
느끼지 않고 마치 아일랜드에서의 영국인 부재지주와 같은 특권 지
배계급의 지위를 유지하려고 든다면 인도는 분명코 제2의 아일랜드
가 될 수도 있다고 우려했다.

리펀 총독이 일버트 법안을 통해 제시했던 것은 특정한 법안을 하
나 통과시키느냐 마느냐 하는 단순한 문제가 아니라 인도를 어떻게
다스려야 하느냐 하는 통치 원칙의 문제와 관련된 것이었다. 결국 인
도의 모든 인종, 계급, 교의를 불문한 전 국민의 이익을 위해 다스려
야 하느냐, 그렇지 않으면 인도에 머물고 있는 소수 유럽인 집단의

이익을 위해 통치해야 하느냐 하는 문제였다. 말할 것도 없이 인도 국민의 사회적 지위를 향상시키고 그들을 정치적으로 훈련시키며 또 물질적 번영, 교육 및 도덕에 있어서 발전을 도모하는 것이 영국의 진정한 의무가 되어야 한다고 리펀 총독은 주장했다.[7]

아일랜드 문제에 관심을 갖고 있던 리펀 총독의 입장에서는 아일랜드의 독립운동이 인도에 강한 영향을 미치고 있고 더욱이 인도의 급진적 민족주의자들이 이에 심취해 있는 상황에서[8] 일버트 법안의 제출은 지방자치제의 도입과 함께 원만한 인도 통치를 위한 시의 적절한 조치였다고 볼 수 있을 것이다.

2 인도문관과 인도인 문관의 권한

인도에서 근무하는 영국 동인도회사의 서기는 계약문관 the Covenanted Civil Service이라고 불렸다. 이는 콘월리스 총독 때 영국인 주재관이 동인도회사와 계약을 맺은 데서 유래했다. 인도문관은 인도에서의 영국 제국주의 통치의 근간이었으며 "세계에서 지금까지 보아온 가장 유능한 관료 집단"[9]이었다. 이 관료 집단은 신중하고 치밀하게 선발되어 훈련받았다.

인도문관 Indian Civil Service을 선발하는 시험은 한 번에 수백 명의 관리를 배출했지만 거의가 영국인 일색이었다. 19세기 전반에는 인도문관이라는 명칭이 문관 양성을 목적으로 설립되었던 영국 헤일

---

7) A. Denholm, 앞의 책, 180~181쪽.
8) 아일랜드의 독립운동이 인도 민족주의자들에게 미친 영향에 관해서는 『인도 민족주의 운동사』 52~58쪽을 참조.
9) R. J. Moore, *Liberalism and Indian Politics 1872~1922*(London, 1986), 12쪽.

리버리 대학의 졸업생에게만 주어졌으나, 1855년 이후에는 경쟁시험
에서 합격한 사람으로 대체되었다.

인도문관시험의 응시 자격자에서 인도인이 제외된 것은 아니었지
만 매우 불리한 조건을 안고 있었던 것 또한 사실이다. 인도문관시험
은 런던에서만 시행되었고 인도인에게는 모국어가 아닌 영어로 시험
을 치러야 하는 어려움이 있었다. 특히 응시 제한 연령을 자주 낮추
는[10] 영국 정부의 조치는 인도인 젊은이들이 그들이 희망하는 최고의
관직에 진출할 수 있는 꿈을 무산시켰다.

경쟁시험제도가 도입된 지 몇 십 년이 지났지만 문관시험에 합격
한 인도인은 불과 몇 명에 불과했다. 어려운 여건 아래에서 1863년
처음으로 인도문관이 된 인도인은 벵골 지방의 부유한 가문 출신인
사티엔드라나드 타고르였다. 그는 아메다바드의 세무관보(稅務官補)
로 임명되었다. 그러나 그 후 한동안 인도인 합격자를 배출하지 못하
다가 1871년에 가서야 역시 벵골 지방의 명문 출신인 로메쉬 찬드라
더트, 베하리 랄 굽타, 슈렌드라나드 바너지가 합격하여 세무관보에
임명되었다.

인도의 행정구역으로는 프라데시라고 불리는 주(州) 밑에 구(區)에
해당하는 질라를 두었다. 질라는 영령인도 전체에 235개가 있었는데
이것들이 총독정부가 다스리는 행정단위의 핵심이었다. 이러한 구행
정(區行政)의 근거는 무굴제국이 세금 징수를 목적으로 구분했던 행
정단위에서 유래했다. 질라는 다시 세 개에서 여덟 개까지의 타실로
세분되었다. 각 질라에는 총독정부의 대리인 자격으로서 관리가 주재
했는데 가장 높은 직위의 문관은 행정관 Magistrate,[11] 세무관 또는 부

---

10) 인도문관시험에 응시할 수 있는 연령의 상한선을 1854년에 25세, 1859년에
　　23세, 1865년에 21세, 그리고 1876년에는 19세로 낮추어 제한했다.
11) 행정관은 원래 일반 민정의 기능만 담당했다. 그러나 용병과 감옥 등을 관리

감독관(副監督官, Deputy Commissioner) 등으로 불렸다. 주(州)에 배정된 감독관은 모두 마흔한 명인데 각 감독관이 세 개 이상의 질라에 대한 감독권을 행사했다. 사법의 측면에서는 주재문관이 모두 111개인 질라 지법 판사 및 민사재판관Sessions Judge[12]의 대부분과 주(州)고등법원 판사 직의 일부를 차지했다.

경쟁시험이 도입된 초기에 합격했던 인도인 젊은이 네 사람이 모두 세무관보(稅務官補)로 임명된 것은 원주민을 차별 대우한 것이 아니라 매우 정상적인 관례였다. 처음에 임명된 인도문관이 세무 분야에서 일하도록 한 것은 민사재판관으로 배치되기 전에 세무에 대한 실무를 익혀가는 과정에서 지역 주민을 알 수 있는 기회를 갖도록 하기 위한 조처였다. 초임 문관은 사실상 형사재판관인 치안판사 밑에서 일하게 되는데, 다른 부처에서 지식과 경험을 광범하게 쌓으면 쌓을수록 의무를 수행하는 능력이 발달하고 정부에 대한 그의 봉사 또한 보다 값질 것이기 때문이었다.[13]

따라서 처음 임명된 인도문관이 적어도 3년 동안 세무관이나 치안판사를 돕는 역할을 유능하게 수행할 경우 판사보(判事補)로 임명되었는데 이러한 관례는 봄베이와 마드라스 주에서부터 실시되다가 나

하다 보니 경찰, 군사 기능까지 담당하게 되었다. 무굴 시대의 파우즈다르 Faujdar에 해당하는 직위를 맡게 된 셈이다.

12) 총독 정치 초기부터 캘커타 등 여섯 개 지역에 설치되었던 순회재판소의 기능을 경제적이고 효율적인 행정을 기대하는 관점에서 세무국에 넘김으로써 세무국은 반년에 한 번씩 개정하여 죄수를 석방하는 순회재판소의 모든 권한을 행사하게 되었다. 그러나 세무와 사법의 두 기능을 합해놓자 행정적 능률에 커다란 장애가 된다는 사실이 밝혀졌다. 정부는 질라 판사에게 그의 사법권이 미치는 지역, 즉 한 개 혹은 두세 개의 구(區)에서 한 달 주기로 개정하여 죄수를 석방할 수 있는 권한을 부여하고, 이 권한이 주어진 판사를 Civil and Sessions Judge라고 명명했다.

13) B. B. Misra, *The Administrative History of India 1834~1947: General Administration* (Oxford Universcss, 1990), 191~192쪽.

중에 벵골 지방으로 확대되었다. 1862년부터는 어느 문관도 사법 분야에 임명되려면 인도에서 5년 동안 복무해야 했다. 처음에 문관은 세무관보와 행정관보로서 시작해 5년간의 복무 후에 세무 직으로 갈 것인지 사법 직으로 갈 것인지를 선택했다. 만약 후자를 선택할 경우 그는 판사보가 되고 다음으로 상급 판사보가 되며 또다시 7~8년 동안 재판 업무에 종사해야만 판사가 될 수 있었다.

인도인이 동인도회사에 고용되는 경우는 계약 근무자와 비계약 근무자로 구분되었다. 동인도회사가 원래 계획했던 바는 인도 총독정부의 고위 직 관리 모두를 영국에서 파견된 문관으로 충당하는 것이었다. 젊은 영국인 문관들은 동인도회사에서 성실히 또 정직하게 근무하겠다고 서약했으므로 그들을 서약문관(誓約文官) 혹은 계약문관(契約文官)이라고 불리게 되었다.

한편 원래는 계획에 없던 비계약문관이 출현했다. 여기에는 영국인과 인도인뿐만 아니라 포르투갈인 등 다른 유럽인과 조로아스터교도들이 다수 포함되어 있었다. 비계약문관들은 '월정 서기(月定書記)'라고 불렸는데 그것은 전시(戰時)나 행정 업무가 폭주할 때 월 단위로 임시 고용했기 때문이다. 비계약문관을 고용하는 관례에 대해 동인도회사 이사회는 그들의 문관 추천권과 이들에 대한 통제력이 약화될 것을 우려하여 반기지 않았다.

예외적인 일이긴 하지만 비계약문관을 편의에 따라 행정 및 사법 부문에 임명하는 경우가 있었다. 인도문관의 보조원이었던 이들은 인도인이 대부분이었지만 유럽인도 있었다. 그들의 보수는 매우 낮았지만 사무 능력이나 지역 사정에 대한 지식은 영국에서 갓 도착한 젊은 문관보다 오히려 앞서 있었다. 영국이 인도를 통치하는 데는 인도인 보조원들이 반드시 필요했던 것이다.

인도 지배의 핵심 요원은 구세무관(區稅務官)이었다. 그들은 원래

징세 업무를 지휘했으나 사법행정의 업무 또한 추가로 맡아보고 있
었다. 과도한 업무 부담 때문에 비계약문관인 보조원을 고용해야 했
다. 구세무관에게는 행정관보나 민사재판관을 임명할 권한이 부여되
었으며, 총독 입법참사회는 각 구(區)의 부행정관(副行政官)을 비계
약문관 가운데서 선발할 수 있었다.[14]

인도인들이 점차적으로 동인도회사의 비계약문관 직에 고용되기
시작한 것은 세무와 사법 부문에서였으며, 1828년에는 1,197명이었던
것이 1849년경에는 2,813명으로 증가했다.[15] 비계약문관은 1881년에
가면 유럽인이 1,107명, 인도인이 2,012명에 이르렀다.[16] 총독정부와
동인도회사 이사회는 비계약문관이 민사재판관으로 활동하는 것은
인가하지 않았다.

신중한 선발과 훈련 과정을 거친 계약문관에 비해 비계약문관의
자격 문제가 거론되기도 했지만 오랜 실무 경험을 갖고 있다는 점이
강조되었다. 제임스 밀도 1852년의 영국 의회 특별위원회에서 "인도
원주민을 적임(適任)인 모든 자리에 임명하는 것이 가장 중요하며,
적합하다면 점차 고위 직에까지 임명을 확대하는 것이 좋다."[17]라고
주장했다. 그러나 비계약문관은 승진과 보수에 있어서 계약문관과 비
교될 수가 없었다. 비계약문관의 경우 정기적으로 승진이 이루어지지
않았으며 특수한 상황의 업무에 종사하도록 고용되었기 때문이다. 두
문관의 차별은 오히려 보이지 않는 곳에서 뚜렷하게 나타났다. 영국
에서 선발되어 온 계약문관은 영국식의 자유주의적 교육과 훈련을

---

14) B. B. Misra, *The Central Administration of the East India Company 1773~1834*
   (Oxford University Press, 1989), 356쪽.
15) B. B. Misra, *The Indian Middle Classes : their Growth in Modern Times*(Oxford
   University Press, 1981), 178, 194쪽.
16) E. Hirschmann, 앞의 책, 6쪽.
17) B. B. Misra, *The Indian Middle Classes*, 180쪽.

240

받았으며 지적으로 우월한 반면, 인도에서 임명된 비계약문관은 열등한 지적 수준으로 인해 거칠고 비굴한 태도를 보이며 인습적인 행동을 넘어서지 못하는 것으로 인식되었다.

일버트 법안의 목적은 농촌 지역 Mofussil에 거주하고 있는 유럽인 대상의 형사재판권을 인도인 행정관과 판사에게 부여하는 것이었다. 이미 총독의 법률고문이었던 매콜리의 노력으로 총독 입법참사회를 통과한 이른바 '흑인법 Black Act'에 따라 인도인 판사와 행정관이 유럽인이 연루된 민사소송을 심리할 수 있는 권한을 갖게 되었다.

그렇지만 총독정부는 유럽인을 보호하는 데 많은 관심을 기울였을 뿐 유럽인으로부터 인도인을 보호하는 데는 별로 주의하지 않았다. 1861년에 가면 치안판사[18]만이 형사사건에서 유럽인을 주도(州都)의 재판에 회부할 수 있었고 혹은 사소한 범죄에 대해서는 지방에서 심리할 수도 있게 되었다. 치안판사는 주정부가 각 지역에 임명한 저명 인사들이었는데 농촌 지역의 경우에는 모두가 유럽인이었다. 어떤 행정관은 치안판사의 임무를 겸하고 있었다. 모든 행정관이 유럽인을 체포할 수 있는 영장을 발급할 수는 있었지만 치안판사를 겸하고 있지 않은 경우에는 피의자를 곧 다른 곳으로 넘기거나 보석금을 받고 석방해야만 했다. 그러나 중죄를 범했을 경우 유럽인은 지방(질라)에서 재판받지 않는다는 특혜를 받았다.

1869년의 법은 인도문관이 된 인도인에게는 치안판사가 될 수 있

---

18) 이미 1793년의 특허법에 따라 총독 참사위원회가 캘커타와 봄베이 및 마드라스의 세 개 주에 치안판사를 임명했다. 원래는 가로를 깨끗이 하고, 보수하고, 순시할 뿐만 아니라 그 예산의 지출을 감독하기 위해 '청소부 scavengers'로서 일하도록 치안판사가 임명되었다. 그 후 봄베이와 마드라스의 경우 주지사 참사위원회가 치안판사를 임명했다. 또 치안판사는 사법, 행정, 시정(市政)의 기능을 맡게 되었는데 치안판사가 점차 위생, 등화설비, 청소 등의 시정의 기능에 무관심해짐에 따라 이 부문의 권한은 행정관이 행사하게 되었다.

는 권리를 부여했다. 자격상으로 볼 때 인도인 판사는 유럽인 형사사건 피의자를 심리할 수 있는 권한을 갖게 되었다. 그러나 사실상 인도인 판사는 원주민에게는 사형까지도 선고할 수 있었지만 유럽인을 심리할 수는 없었다. 유럽인과 관련된 형사사건의 경우 인도인 판사는 조사하여 고등법원으로 넘길 수 있는 권한만 가졌다. 왜냐하면 당시는 유럽인에 대한 모든 혐의는 고등법원에서만 심리되었기 때문이다. 영국인 판사와 행정관은 유럽인이 피의자인 사건을 심리하고 가벼운 형량을 부과할 수 있는 권한을 가졌다. 1877년에 이르면 캘커타, 봄베이, 마드라스 등의 주도에서는 유럽인이건 인도인이건 간에 행정관에게 유럽인 대상 사법권이 부여되었다. 그러나 지방재판소의 경우에는 그렇지 못했다.

따라서 3년 후에 리펀이 인도 총독으로 부임했을 때는 농촌 지역의 인도인 판사와 행정관은 주도에서와는 달리 유럽인의 범법 행위를 심리할 수 없었다. 주도에서 농촌 지역으로 옮겨간 인도인 판사는 지금까지 행사해왔던 유럽인에 대한 재판권을 상실했다. 이는 매우 불합리하고 불공평한 제도였다. 지방의 인도인 판사는 인종주의적 편견으로 수모를 겪어야 했다. 이러한 제도는 반세기 전의 특허법(1833)이 규정했던, 사법 분야에서 출생이나 인종에 따라 불평등한 대우를 받지 않는다는 원칙과, 또 25년 전에 빅토리아 여왕이 "대영제국의 모든 신민은 인종이나 종교의 구별 없이 교육, 능력, 성실도에 따라 불편부당하게 공직에 채용될 것"[19]이라고 선언하면서 강조했던 인종 평등 원칙을 정면으로 위반하고 있는 것이었다. 리펀 총독의 일버트 법안은 이와 같은 인도 원주민 판사에 대한 인종차별을 척결하려는 진지한 시도였다.

---

19) A. C. Banerjea, *Indian Constitutional Documents*, Vol. II(Calcutta, 1981), 26쪽.

3 일버트 법안의 제출

리펀 총독이 일버트 법안에서 의도했던 바는 인도 국민, 특히 인도인 판사에게 가해지고 있는 인종적 불평등주의에 입각한 불합리를 시정하려는 것이었다. 리펀 총독은 이 개혁을 통해 유럽인에게 불이익을 안겨주려는 것이 아니라 원주민에게 적용되고 있는 편파적인 법의 운용을 시정하려는 것뿐이었다. 일버트 법안의 통과는 사법행정상의 능률 향상을 위해서도 필요했다. 현행 제도는 사법행정의 비능률뿐만 아니라 제소인과 증인에게도 커다란 불편을 주고 있다고 그는 판단했다. 인도인 판사는 무능하고 공정치 못하다는 것이 현행 제도를 실시하게 된 표면적 이유였지만,[20] 불공정한 인도인 판사에 대해서는 고등법원이 안전장치의 역할을 충분히 할 수 있다는 것이 리펀 총독의 생각이었다.

유럽인에 대한 형사 사법권 문제는 원래 리펀 총독이 처리하려고 계획했던 것이 아니었다. 다만 총독은 이 문제를 피해갈 수 없게끔 되어 있었다. 일버트 법안은 리펀 총독이나 참모들이 갑자기 고안해 낸 것이 아니라 그 시대가 요구한 산물이었다. 인도인 판사의 사법권을 확대하는 문제는 이때 새롭게 나타난 것이 아니고 오래전부터 지적되어온 현안이었으며, 리펀 총독은 다만 신중한 자세로 측근 문관들의 권고에 따랐을 뿐이라고 보아야 할 것이다.

승진의 적체로 인해 계약문관으로 임명되는 숫자는 해마다 감소하고 있었다. 리펀이 인도 총독으로 부임한 해인 1880년에 벵골 부지사 애슐리 이든은 농촌 지역을 포함하여 벵골 주에는 적어도 90명의 유능한 유럽인 문관이 필요하지만 현재 있는 인원은 66명뿐이라고 말

---

20) S. Gopal, *The Viceroyalty of Lord Ripon 1880 ~1884*(Oxford University Press, 1983), 134쪽.

했다.[21] 이든은 부족한 24명의 자리는 경험 많은 유럽인 비계약문관 중에서 충원되어야 한다고 주장했다. 유럽인에 한정한 것은 유럽인만이 치안판사가 될 수 있었기 때문이었다.

일버트 법안의 진정한 작성자는 코트니 일버트Courtenay Ilbert가 아니라 인도문관 베하리 랄 굽타였다. 굽타는 벵골 부지사 애슐리 이든과 협의한 후에 1882년 1월 30일 법안의 초고를 벵골 주정부에 제출했다. 사실 굽타는 유럽인에 대한 사법권을 행사하는 데 있어서 굴욕적인 인종적 차별 대우를 경험했던 첫 번째 인도인 문관이었다. 굽타는 벵골 주의 중심지인 캘커타의 주행정관 직무를 맡고 있다가 농촌 지역인 타실의 법률관으로 전임해 갔다. 따라서 굽타는 주도인 캘커타에서는 유럽인에 대한 사법권을 행사했으나 농촌 지역으로 옮겨 감으로써 그 사법권을 상실하고 만 것이다. 굽타의 법적 권한을 둘러싼 미묘한 문제가 자연히 거론되기에 이르렀다.

벵골 주정부에 제출한 굽타의 초안은 총독정부로 보내졌는데, 거기에는 인도인 계약문관의 사법권에 대한 주정부의 수장인 이든 부지사[22]의 의견서가 첨부되어 있었다. 즉 이든은 "모든 원주민 계약문관을 제한된 권한으로부터 구제할 때가 되었다. 적어도 구행정관이나 민사재판관의 지위에 오른 인도인 문관에게는 모든 계급에 대한 완전한 사법권이 부여되어야 한다."[23]라고 말했다. 총독 중앙정부의 내무상 매켄지 A. Mackenzie는 이 법안을 리펀 총독에게 올리면서 "사실상 유럽인 보좌역은 행사할 수 있고, 또 주도에서라면 어느 판사도 처리할 수 있는 사건을 인도인이라는 이유로 구행정관과 민사재판관

---

21) E. Hirschmann, 앞의 책, 23쪽.

22) 인도 총독정부는 가장 중요한 예하 기관인 벵골, 봄베이, 마드라스 주에 주지사를 임명하게 되어 있었으나 벵골의 경우는 중심지인 캘커타에 총독정부가 위치하고 있었으므로 지사가 아닌 부지사를 최고 책임자로 임명했다.

23) E. Hirschmann, 앞의 책, 25~26쪽.

이 심리할 수 없게 한 것은 매우 불합리한 일이다. 만약 다른 지방정부들도 벵골과 같은 견해를 가지고 있다면 절실한 부분에서의 약간의 변혁은 이루어질 수 있을 것이며, 고집불통인 유럽인들로부터는 일시적으로 약간의 반대만이 있을 것으로 믿는다."[24]라고 덧붙였다. 리펀 총독은 각 지방정부에 의견을 묻는 법률 초안을 발송하면서 "모든 계약문관은 유럽인이건 원주민이건 가릴 것 없이 동일한 지위에 앉아야 하며 현재의 차별은 옹호될 수 없는 것이다."[25]라는 견해가 담긴 총독 자신의 서한을 첨부했다.

회신은 대개 긍정적인 반응을 보였다. 쿠르그 지방만 강하게 반발했을 뿐 봄베이, 마드라스, 편잡을 비롯한 거의 대부분이 개혁을 지지하고 나섰다. 지역에 따라 급진적인 개혁을 주장하는가 하면, 원주민 구행정관과 민사재판관에만 국한해야 한다는 등 개혁의 범위와 세칙에 관한 의견이 달랐을 뿐 개혁에 대한 전체적인 합의는 이루어져 있었다. 한편 이 법안은 본국의 인도상에게 송부되었으며 인도상이 주재하는 인도위원회의 전체 회의에서 동의가 이루어졌다. 또한 총독 참사위원회의 위원 가운데 전년도에 인도인 판사의 사법권 확대에 대한 반대 의사를 표명했던 톰슨 A. Thompson과 스톡스 W. Stokes는 베일리 S. Bayley와 일버트로 교체되어 있었다.

리펀 총독의 법률고문 일버트가 1883년 1월 30일 법안을 중앙정부에 제출하여 3일 후에 총독이 주재하는 입법참사회에서 이 문제가 본격적으로 논의되었다. '1882년의 형사소송법'이 통과된 후 주도 이외에 거주하는 유럽인에 대한 사법권이 같은 영국 신민인 인도인 판사에게는 제한되어 있는 조항은 수정되어야 하는 것 아니냐는 의문이 제기된 것이다. 인도 원주민에게도 계약문관이 되어 사법적 권한

---

24) 같은 책, 26쪽.
25) 같은 책, 26쪽.

을 행사할 기회를 주고 있는 시점에, 원주민은 치안판사가 될 자질이 없고 유럽인에 대해서는 사법권을 행사할 수 없다는 생각은 극히 불합리한 논리라는 주장이었다. 일버트는 지방정부의 의견을 청취한 결과 인종차별의 논리에 입각해 인도인 판사에 대해 사법적 권한을 제한해온 조항은 형사소송법에서 삭제해야 한다는 소견을 밝혔다.

일버트는 인도인 판사가 유럽인을 심리할 수 있는 사법권을 확대하는 방안을 제시했다. 첫째는 모든 구행정관과 민사재판관을 인종의 차별 없이 치안판사로 임명해 그들에게 유럽인에 대한 사법권을 갖도록 하는 것이었다. 둘째는 각 지방정부가 필요한 만큼의 치안판사를 고위 행정관 가운데에서 임명하는 것이었다. 몇 명의 치안판사가 필요하고 또 그들을 어디에 배치할 것이냐 하는 문제는 지방정부 독자적으로 결정할 수 있도록 했다.

일버트 법안은 인도문관에게도 치안판사가 될 수 있는 자격을 부여하려는 시도였지만, 좀 더 넓게 보면 유럽인만이 누리고 있는 인신보호의 특권과 또 유럽인은 어떤 혐의를 받고 있다 해도 고등법원에서 재판을 받는 특권을 철폐함으로써 인종차별적 요소를 제거하려는 것이었다. 리펀 총독도 인도인 판사들을 모두 치안판사로 임명할 마음을 갖고 있지는 않았다. 유럽인에 대해 소송이 제기되는 일은 매우 드물고 복잡 미묘하여 다루기 힘든 경우가 대부분이었으므로 인도인 판사 모두에게 유럽인을 심리할 수 있는 권한을 부여할 필요는 없었기 때문이다. 리펀 총독이 일버트 법안에서 의도했던 바는 무엇보다도 불편부당하고 효율적인 사법행정의 실현에 있었다.

4 일버트 법안에 대한 반대 움직임

인도에서 일버트 법안에 대해 즉각적으로 광범한 반응이 나타났던 것은 아니다. 캘커타와 봄베이의 몇 개 신문들은 긍정적인 반응을 보였고, 영국인과 인도인이 발행하는 대부분의 신문들은 침묵을 지키면서 논평을 유보하는 태도를 보였다. 오히려 불길은 영국에서 솟았다. 권위와 영향력을 자랑하는 ≪더 타임스≫가 "정부는 경고도 없이 인도의 유럽인 공동체에 갑자기 지뢰를 터뜨렸다."라면서, "동양인에 의해 유럽인의 생명과 자유가 혹독한 시련을 겪게 되었다."라고 공격했다.[26] ≪더 타임스≫는 일버트 법안이 영국인의 지배가 인도를 무질서와 유혈로부터 보호하고 있는 현실을 망각한 채 정의와 평등이라는 추상적 이상만을 강조하고 있을 뿐이라고 비난했다.

인도인에게 영국의 법규와 기준을 적용하는 현재의 영국 정부의 과대망상적 정책이 단연코 인도에서의 영국의 지배력을 이완시키고 있음이 틀림없다. 일버트는 이 법안에 의해 사법행정상의 모든 변칙적인 요소들이 일소될 것이라고 주장하지만 법안이 통과되더라도 현존하는 변칙은 그대로 존속할 것이다. 그러한 변칙은 정복민에 의해 다스려지는 피정복 국가에서는 항상 존재해왔고 또 존재할 필요가 있다. …… 극도로 현명하지 못한 이 조치가 시행될 경우, 인도에서 일해보겠다고 꿈을 키워온 모든 영국의 젊은이들은 그들의 개성과 자유와 생명이 덜 위험에 처할 다른 나라로 야망을 돌리는 편이 현명할 것이다.[27]

---

26) *The Times*, 5 Feb. 1883.(Edwin Hirschmann, "The Ilbert Bill Agitation: A Struggle for Public Opinion," *The Quarterly Review of Historical Studies*, Vol. XVIII, No. 1 (1978), 8쪽에서 재인용.)

27) 같은 책, 8쪽.

≪더 타임스≫는 캘커타에 정규 특파원을 상주시키고 있는 유일한 영국 신문이었다. 특파원은 홍해의 해저전신을 통해 런던으로 송고함으로써 "하루도 지나지 않아" 영국민의 관심을 끌어 모을 수 있었다. 간결하고 함축성 있는 '로이터 통신*Reuter*'보다도 ≪더 타임스≫가 영국민의 여론을 불러일으키는 데에는 훨씬 위력적이었다. 캘커타의 최고재판소 재판장 리처드 가스Richard Garth는 리펀 총독의 자유주의 정책에 매우 비판적이었으며, 그의 영향력 아래에 있는 일단의 변호사들 가운데 한 사람인 맥그리거J. C. Macgregor는 ≪더 타임스≫의 특파원으로 활동하고 있었다. 리펀 총독도 "영국 내의 여론이 편협한 변호사 사회 안에서만 생활하고 있는 대수롭지 않은 변호사 맥그리거라는 사람 하나에 의해서 좌지우지된다."[28]라고 불평했다. 멕그리거는 총독정부가 제공하는 공식적인 정보보다는 캘커타의 변호사회와 유럽인 사교 단체에서 얻은 정보를 취합해 본국으로 송고했다.

영국의 다른 신문들도 비판적인 반응을 나타냈다. 그들의 보도는 ≪더 타임스≫와 별로 다를 바가 없었다. 대부분이 인도에 독자적인 보도원을 두지 못했으므로 오직 ≪더 타임스≫와 '로이터 통신'에만 의존하고 있었기 때문이다. 보수적인 신문 ≪세인트제임스 가제트 *St. James Gazette*≫는 "인도는 피정복 국가로서 오직 영국인에 의해서 다스려질 수밖에 없으며 따라서 인도에 거주하는 영국인의 법률적 특권은 전혀 변칙이 아니라 체제의 자연스러운 부산물이다."라는 논리를 전개했으며, 중간계급의 광범한 독자층을 가지고 있는 ≪데일리 텔레그래프*Daily Telegraph*≫는 "무례한 인도인을 심판할 수 있는 권한을 지배 인종에게 부여하는 것은 납득할 수 있으며 더할 나위 없는 지배 체제이다. 원주민에게 그러한 권한을 주는 것은 국민 대중의 존

---

28) E. Hirschmann, *White Mutiny*, 51쪽.

경심을 허물어뜨리는 일이 되고 말 것이다."라고 강조했다.[29]

인도에서도 영국인이 소유하고 있는 신문들은 거의 한결같이 일버트 법안을 비난하고 나섰다. 캘커타의 ≪잉글리시먼 *The Englishman*≫은 "전혀 예측할 수도 없고 필요성도 분명치 않은 일편(一片)의 입법을 시작한" 굽타를 비난하고 정부의 입법 의도를 일거에 무시하면서 "일버트의 언사는 유럽인들에게 벼락을 내리친 것"이라고 공격했다.[30] 유럽인과 관련된 혐의 사건들은 일버트의 표현처럼 "매우 까다롭고 복잡하기 때문에" 인도인 판사에게 맡기는 것은 현명하지 못하다는 주장이었다.

영국인이 경영하는 인도 신문들은 대체로 영국에 통신원을 두고 있었으므로 처음에는 법안을 비난하는 ≪더 타임스≫의 기사를 받아서 게재했다. 봄베이의 대표적 신문인 ≪타임스 오브 인디아 *The Times of India*≫는 런던 주재 특파원의 송고를 받아 보도하거나 하는 등의 민감한 반응을 보이지는 않았는데 그것은 봄베이 지방에 벵골 주만큼 영국인 재배업자들이 많이 거주하지 않았기 때문이기도 했다. 그러나 유럽인의 항의 집회 등이 잇따른 후로는 일버트 법안에 강한 반대 의사를 표시하면서 "봄베이는 리펀으로 하여금 과오를 인정하고 이 법안을 철회하도록 요구해야 한다. 왜냐하면 법안을 계속 고집할 경우 '백인 폭동 White Mutiny'과 같은 결말이 뒤따를 것이기 때문이다."[31]라고 보도했다. ≪시빌 앤드 밀리터리 가제트 *The Civil and Military Gazette*≫는 한층 더 신속한 반응을 보이면서 '추상적 정의'를 논할 때가 아니라고 비판하고 나섰다. "일버트 법안은 인종차별 감정을 박멸하는 것이 아니라 원주민의 자존심을 부풀리고 유럽인의 분

---

29) 같은 책, 43쪽.
30) 같은 책, 44쪽.
31) 같은 책, 76쪽.

노를 자극함으로써 인종 감정을 강화시킬 것이다."[32]라고 경고했으며, 리펀 총독에 대해서는 변화를 도모하는 정책을 통해 인도인들의 병적인 감정을 만족시키는 데 부응하고 있다고 비난했다.

≪마드라스 메일 *The Madras Mail*≫은 주필이 마드라스 상업회의소 명예 간사였기 때문인지 인도의 개발 사업과 관련하여 일버트 법안의 제출은 결국 얻을 것보다는 잃을 것이 훨씬 더 많은 계획이라고 규정하면서 "만약 유럽인 자본가들이 이곳에 정착하는 편이 인도에 이익을 가져온다면 그들 자본가들에게 현재 이 나라의 법으로 보호하고 있는 모든 조치를 보장해주는 것이 인도의 이익이 되리라는 점은 명약관화하다.[33]라고 주장했다. 알라하바드의 ≪파이오니어 *The Pioneer*≫도 총독정부가 지킬 수 없는 입장은 하루 빨리 철회해야 한다면서 "분별력 있는 정부라면 유럽인 공동체의 전체적 감정을 결코 무시할 수 없으며, 리펀도 전체 유럽인 비관리 계급과 그 자신의 휘하에 있는 상당수의 관리들과 화해할 수 없는 지속적 적대 관계에 자신을 내맡길 수는 없는 일이다."[34]라고 경고했다.

영국인이 경영하는 인도 신문들의 대부분은 통치 이념으로 강조해왔던 피정복민에 대한 정의니 평등이니 하는 이론은 팽개치고 정복민의 특권과 이익만을 고집하는 주장으로 일관했다. 가장 강력한 반대 세력은 말할 것도 없이 인도에서 활동하고 있는 영국인 관리와 재배업자들이었다. 관리들은 그들의 신분 때문에 반대의 목소리를 자제하는 느낌이 있었지만, 사업가들의 저항은 훨씬 강경했다. 이들 사업가들은 벵골과 아삼에 차(茶)와 쪽을 재배하는 대규모 농장을 소유하고 있었다. 인도의 민주주의적 개혁을 주장했던 작가 블런트

---

32) 같은 책, 47쪽.
33) 같은 책, 76~77쪽.
34) 같은 책, 76~77쪽.

W. Blunt가 당시 이 지역을 방문했을 때 쪽 재배업자들은 "만약 일
버트 법안이 통과되면 인도를 떠날 것"이라고 말했으며, 서북주의 부
지사 앨프레드 라이얼Alfred Lyall은 "아삼의 재배업자들은 일버트
법안을 그들이 부리는 검둥이 하인들을 때릴 수 있는 권리를 빼앗아
가려는 시도로 보고 있다."라는 말을 들었다고 기록했다.[35] 일버트 법
안이 결과적으로 인도 경제의 위축을 초래하고 말 것이라는 영국인
재배업자들의 주장은 설득력 있는 구실로 받아들여졌다.

인도에 거주하는 유럽인들은 신문 지상에서 리펀 총독정부를 공격
하는 데 그치지 않고 집회를 통해 압력을 가중시켰다. 2월 하순에 접
어들면서 캘커타의 벵골 상업회의소와 아삼 지방의 유럽인 차 재배
업자들이 연합하여 처음으로 일버트 법안에 대한 반대 집회를 가졌
으며 봄베이 및 마드라스 상업회의소와 보조를 같이하여 행동할 것
을 다짐했다. 곧 마드라스 상업회의소의 항의 집회가 뒤따랐다. 거의
동시적으로 농촌 지역에서는 북(北)아삼의 디브루가르 지방 차 재배
업자들이 첫 항의 집회를 가졌으며, 히말라야 산록의 다르질링에서의
집회가 뒤따랐다. 이어서 수크나, 가리두라, 디나푸르, 잘파이구리, 마
두푸르, 라니간지 등 차 재배 지역에서 일버트 법안에 대한 반대 집
회가 열렸고 투쟁 활동을 위한 모금이 이루어지기도 했다.

유럽인들이 표출한 항의의 절정은 2월 28일의 캘커타 집회였다.
3,000에서 5,000명가량의 사람들이 총독 관저 건너편의 시공회당에
모였다. 유럽인들의 상점은 철시했고 "하나의 교의와 하나의 민족만
을 부르짖는 백인들"이 이 건물을 가득 메웠으며 현장에서 1,300루피
의 모금이 이루어졌다.[36] 영향력 있는 기업인 케스위크J. Keswick 등
의 요청에 따라 벵골 상업회의소 의장 로버트 밀러Robert Miller가

---

35) W. Blunt, *India under Ripon: A Private Diary*(London, 1939), 17, 143쪽.
36) L. P. Mathur, *Lord Ripon's Administration in India*(Delhi, 1982), 217쪽.

소집한 항의 집회였다. 그들은 결의문에서 형사소송법을 수정하려는 일버트 법안은 불필요하며 건전한 원칙에 근거하지도 않았고 경험에 입각한 것도 아니라고 비판했다.

대영제국의 유럽인 신민(臣民)이 오래전부터 누려온 매우 값지고 존중받아야 할 특권을 몰수하면서 일버트 법안은 원주민에게 어떤 추가적인 보호 조치를 부여한 것도 아니다. 이 법안은 농촌에서 일하는 대영제국의 유럽인 신민들과 그 처자들의 자유와 안전에 대해 불안감을 불러일으킴으로써 영국 자본의 인도 투자를 방해할 것이다. 이 법안은 1857년의 대폭동 이후 한번도 일어나지 않았던 인종적 반목과 질시의 감정을 영국인과 인도인 사이에 불러일으켰다.[37]

연사들이 잇따라 등단하여 일버트 법안의 부당성을 지적하고 청중을 선동했다. 캘커타에서 활동하던 저명한 변호사 그리피스 에번스 Griffith H. Evans가 그 대표적인 인물이었다. 그의 장광설의 요점은 첫째, 인도인 판사의 사법권 확대는 인도 국민이 요구해온 바가 아니며, 둘째, 일버트 법안은 인도에 거주하는 유럽인 및 영국인 신민으로부터 자신들의 보호에 필수적인 특권을 빼앗아버리는 것이며, 셋째, 이 조치는 영국인 여성들에게 일부다처주의를 따르며 여성을 경멸하는 원주민에게 심리를 받는 치욕을 안겨주게 될 것이며, 넷째, 어떠한 행정적 편의나 효율도 기대할 수 없다는 내용이었다.[38] 케스위크는 인도인에게 유럽인의 자유를 제한하는 권한을 부여할 수 없다고 말하면서 "영국에서 몇 년 동안 훈련받는 것만으로 벵골인의 천성과 인격을 고칠 수 있다고 주장하는 것과 별로 다를 바가 없다."[39]라고

---

37) *The Statesman*, March 1, 1883.(E. Hirshmann, 앞의 책, 63쪽에서 재인용.)
38) L. P. Mathur, 앞의 책, 217쪽.

조소했다.

캘커타에서 20년 동안 변호사로 일해온 브랜슨J. H. Branson은 인도인은 피정복민으로서 정복민에 대한 증오의 눈으로 영국인을 바라보고 있다고 지적하면서 인도인은 영국인을 심판할 능력이 없다고 주장했다. 자유를 타고난 영국민은 당연하게도 개인적 자유와 명성을 향유하고 있는데 그 가치관을 인도인들은 이해할 수 없기 때문이라는 것이 그의 설명이었다. 그는 소수의 주제 넘는 '벵골 신사들Baboos'이 그들의 정복자를 심판하는 영광된 자리를 탐하는 것은 "정말이지 나귀가 사자를 발로 차는 격"[40]이라고 조롱했다.

인도에 거주하는 관료 아닌 영국인을 비롯한 유럽인들은 총독에게 일버트 법안을 철회하도록 압력을 가했을 뿐만 아니라 유럽인방어협회를 결성했다. 방어협회는 유럽인 공동체의 권리와 이익을 침해하고 파괴하는 것을 방어하기 위해 상시 감시하는 단체로 출발함으로써 한층 적극적이고 공격적인 자세를 취하고 나섰다. 리펀 총독정부와 비관료 유럽인들 사이의 반목이 노골화되었으며 대부분의 관료들도 반대 투쟁을 벌이고 있는 영국인 동족에게 오히려 동정심을 보였다. 비관료 유럽인들은 정부에 협조하기를 거부했으며, 아삼의 일부 재배업자들은 지역위원회에서 탈퇴하기도 했다.

군대에서도 장교를 중심으로 이 법안에 대한 불만의 기운이 일었으며, 신문들은 지원병으로 하여금 탈퇴하도록 종용하기도 했다. 영국인이 소유하고 있는 신문들은 처음에는 자제하는 듯했지만 곧 영국인들의 저항 활동을 적극적으로 지지했으며, 인도인은 한마디로 가난한 청소부이거나 영국인을 위해 천장에 큰 부채를 매달아놓고 하루 종일 흔들어대는 하인의 집단이라고 매도했다.[41]

---

39) *The Statesman*, March 1, 1883.(E. Hirshmann, 앞의 책, 63~64쪽에서 재인용.)
40) 같은 책, 64쪽.

유럽인들이 일버트 법안에 본능적인 저항감을 보인 것은 말할 것
도 없이 인종적 편견이 그들의 마음속에 깊숙이 자리 잡고 있었기
때문이지만, 표면적으로 내세운 가장 두드러진 이유는 인도인 판사의
자질 부족과 이 법안이 영국 자본이 인도에 투자되는 길을 가로막는
다는 것이었다. 인도인들은 설령 고귀한 덕성이나 의도를 지니고 있
다 하더라도 직업인으로서 갖추어야 할 논리적 사고나 이해력을 결
여하고 있다고 영국인들은 주장했다. 서북주 고등법원의 수석 판사
로버트 스튜어트Robert Stuart는 "원주민이 갖고 있는 마음의 특이성
은 어떤 고려의 대상에 상관없이 진실을 순수하고 단순하게 볼 뿐
사건을 조사할 수 있는 능력은 갖추지 못했다. 인도인 판사는 증거를
중요시할 줄도 모른다. 사실 그들은 증거가 무엇인지 이해할 능력조
차 전혀 없는 것처럼 보인다. 사건에 대한 증인의 인식이 논리적으로
전개되는 양상은, 만약 그들이 둔감한 것이 아니라면, 인도인의 머릿
속에는 전혀 알려지지 않은 것들이다."[42]라고 묘사했다.

인도인 판사의 언어 문제도 자주 거론되었다. 농촌 지방 법정에 서
게 되는 영국인들은 대개가 기관사나 기술자, 군인들로서 영국에서
자란 사람들마저도 그 의미를 이해하기 힘든 방언, 전문 용어, 약어
(略語) 등을 사용했다. 실제로 철도 근로자들이 자신들과 관련된 소
송사건을 다루기 위해서는 기본적인 과학 기술 지식과 전문 용어에
대한 지식을 갖춘 법관이 필요하다고 건의한 일도 있었다.[43]

---

41) S. Gopal, 앞의 책, 147쪽.
42) E. Hirschmann, *White Mutiny*, 128쪽.
43) 일찍이 인도문관시험에 합격하여 세무관으로 출발했으나 당국에 의해 파면당
    함으로써 민족주의 운동에 앞장섰던 수렌드라나드 바너지도 사법권은 인도문관
    (계약문관)에만 국한해야 하며 다른 인도인 관리에게 부여되어서는 안 된다고
    주장했다. 그는 "농촌 지역 대부분의 원주민 행정관은 영어를 모르므로 사고와
    행동 방식, 예의범절과 관습에서 완전한 이방인인 유럽인을 인도인 행정관이

일버트 법안이 통과되면 영국의 인도에 대한 투자가 심대한 타격을 받을 것이라는 주장은 처음부터 계속 제기되어왔다. 이 주장을 맨 처음 내세웠던 측은 물론 ≪더 타임스≫였다. 일버트 법안이 총독 입법참사회에 상정된 직후에 이 신문은 법안이 통과될 경우 유럽인들은 인도 내륙에서 살아가는 데 큰 불안을 느끼게 될 것이라고 예견하면서 "번영하고 있는 차, 커피, 쪽 재배업에 치명타를 입을 것이며, 광산 개발과 철도 부설 등의 새로운 모든 개발 사업이 당장 싹부터 잘려나갈 것이다."[44]라고 경고했다.

이 주장은 한 달 후 총독 입법참사회에서 로버트 밀러가 다시 거론했으며 더 나아가 영국 의회로까지 비화(飛火)했다. 디즈레일리의 뒤를 이어 보수당의 대표가 된 솔즈베리 3rd Marquis of Salisbury는 상원에서 밀러를 인용하여 "첫 번째로 고려해야 할 바는 원주민 판사의 적격성 문제가 아니라 이 법안이 유럽인의 이익과 인도의 번영에 미칠 영향"이라고 강조했다.

오늘날 인구는 국가의 자원이 증가하는 것에 비해 섬뜩하리만치 빠른 비율로 증가하고 있다. 만약 자원이 현재보다 더 빠른 속도로 증가하기를 희망한다면, 당신들이 호소하여 성공을 거둘 수 있는 대상은 영국과 영국 자본뿐이다. …… 유럽인들의 이익이 무시되는 것은 결코 허용할 수 없다. 소수 원주민 관리들의 감정 —— 정당한 야망이라고 해도 좋을 테지만 —— 을 만족시켜주기 위해서 정부는 수백만 인도인 유색 인구의 적대감보다 훨씬 위험스러운 반항심을 불러일으키고 있으며,

---

심판한다는 것은 어리석은 짓의 절정이 될 것이다."라고 말했다.(S. Banerjea, *A Nation in Making: Being the Reminiscenes of Fifty Years of Public Life*(Oxford University Press, 1925), 50쪽.)

44) *The Times*, 5 Feb. 1883.(E. Hirschmann, "The Ilbert Bill Agitation", 9쪽에서 재인용.)

또한 수백만 인도인들이 의지해 살아갈 수 있는 유일한 자본과 산업을
인도 해안으로부터 격리시키고 있다.[45]

영국 하원은 자유당이 다수 의석을 차지하고 있었고 글래드스턴
수상은 변함없는 리펀 총독의 지지자였지만, 총독의 자유주의적 정책
에 대한 비판은 계속 이어졌다. 특히 디즈레일리 보수당 정권 아래서
제국주의적 이념에 따라 인도를 통치했던 전임 리튼 총독은 "일버트
법안에서 드러난 정책의 방향은 점차적으로 인도의 정치적 권력을
유럽인에게서 원주민의 수중으로 이양시키고 있다."[46]라고 공격했다.
일버트 법안에 대한 반대 진영의 대표적인 인물은 리튼 전총독의
법률고문이었던 제임스 스티븐James F. Stephen이었다. 그는 벤담의
제자로서 공리주의자로 자처하고 있었지만 토머스 홉스의 절대주의
옹호론으로 무장하고 있었다. 사실 공리주의자들은 '최대 다수의 최
대 행복'을 주장했지만, 그들의 통치 이념은 오늘날 우리가 생각하는
민주주의라기보다는 계몽적 전제정치에 가까웠다는 점을 고려하면
제임스 스티븐의 경우도 특별히 이상할 것은 없다. 스티븐은 제국주
의적 관점에서 일버트 법안을 바라보았으며 ≪더 타임스≫를 통해
반대 이론을 개진했다.

후진적 인도는 특별히 권력의 강력한 손을 필요로 하는데 일버트 법
안은 해이해진 손과 분점(分點)된 권력을 의미한다. 실패할 경우 185
7~1858년의 대폭동은 한낱 어린애 장난에 불과할 정도로 훨씬 위험한
결과를 초래할지도 모르는 정책을 상상한다는 것은 있을 수 없는 일이
며, 인도에서의 영국 정부가 의지하고 있는 근거를 무너뜨리는 정책

---

45) E. Hirschmann, *White Mutiny*, 136쪽.
46) 같은 책, 188쪽.

이상의 것이다. 인도에서의 영국 정부는 본질적으로 동의(同意)가 아니라 정복에 근거한 절대정부인 것이다. 영국 정부는 원주민들의 생활이나 원주민 정부의 원칙을 대표하지 않으며, 인도가 이교(異敎)와 야만주의를 표방하고 있는 한 결코 그렇게 될 수 없다.[47)]

제국주의적 이론이 영국 국민에게 설득력을 주었던 것도 사실이지만 인도에서의 투자 위기를 강조하는 주장이 당장 영국 지배층의 마음을 사로잡았다. 일버트 법안이 통과되면 영국 자본이 인도에서 빠져나간다는 주장은 논리적 취약성을 갖고 있었지만, 그럼에도 불구하고 이 주장을 표면에 내세웠던 것은 영국 여론에 호소하는 힘이 있었기 때문이다. 영국인들은 개인적, 인종적 신분의 저하(低下)가 특권의 상실로 이어질 것을 두려워했으며, 인도의 영국인 재배업자들뿐만 아니라 본국의 주식 소유자들도 손해를 입게 될까봐 극도의 불안감에 빠져 있었다. 또 당시 영국의 정치인들은 자유당원과 보수당원을 막론하고 이들 사업체들로부터 재정적 지원을 간절히 바라던 형편이었다.

글래드스턴 수상은 분명한 자유주의자로 기록되며 그가 이끄는 자유당 정권은 당명(黨名)이 나타내고 있는 바와 같이 자유주의적 개혁을 추진한 정부로 묘사되곤 했다. 그러나 19세기 말의 영국은 완전히 제국주의의 열기에 휩싸여 있었다. 대영제국의 제국주의적 팽창 정책에 따른 식민지 건설은 영국민의 자존심 및 애국심과 결부되어 있었다.

아시아, 아프리카에서 광범하게 추진된 식민지 건설 사업은 원주민의 고통을 전혀 고려하지 않았으며 다만 영국민의 인종적 우월성의 표현이었다. 그들의 제국주의는 결코 비난의 대상이 아니라, 오직 영

---

47) S. Gopal, 앞의 책, 153쪽.

국민을 하나로 묶는 애국심을 바탕으로 한 민족적 표어로 강조되었을 뿐이다. 영국과 식민지에서 자유주의적 개혁을 주장하면서 나아갔던 진보 세력들도 진정한 자유주의자라고 부를 수 있을지는 의문이다. 앞선 생각을 가진 세력들을 이끌어갔던 글래드스턴 수상도 진정한 자유주의자라기보다는 어쩌면 자유주의적 제국주의자라고 묘사하는 것이 보다 정확한 표현이라고 할법한, 그러한 분위기가 당시 영국의 정치적 현실을 지배하고 있었다.

인도에 거주하던 영국인들은 본국의 정치적 분위기와 여론을 일버트 법안에 반대하는 투쟁에 이용했다. 자유당이 집권하고 있었으므로 영국 의회에서는 자유당원이 다수를 점하고 있었지만 그들을 진정한 의미에서의 자유주의자라고 말할 수는 없었고, 더구나 그들이 영국의 국민감정을 압도하기는 어려운 형편이었다. 따라서 인도에서 사업 활동을 하고 있던 유럽인들은 선전 활동의 초점을 영국 여론, 특히 주식 투자가들에게 맞추었다. 인도에서 일버트 법안 반대에 앞장선 사람들은 런던에서 대리인을 고용하여 반대 세력을 조직하기도 했다. 그들은 또한 영국 노동자계급의 지원을 얻기 위해서 런던에 노동조합 직원을 파견하기도 했다.[48] 인도에 거주하던 유럽인들은 일버트 법안 때문에 정말로 생명과 재산의 위협을 느꼈다기보다는 지배 인종으로서의 특권이 상실될지도 모른다는 우려에서 자신들의 특권을 지키기 위해 인도와 영국에서 집요하고 조직적인 반대 운동을 전개하고 나섰던 것이다.

유럽인들의 반대 집회는 인도 각지로 확대되어 나갔다. 반대의 물결은 3월에 가장 거세게 일어났는데 나가파티남, 코카나다, 암발라, 카라치 등지에서 상업회의소를 중심으로 항의 집회가 있었다. 펀잡의

---

48) E. Hirschmann, "The Ilbert Bill Agitation", 9쪽.

라호르와 미얀마의 양곤에서는 각각 500명과 1,000명의 유럽인이 모임을 갖고 일버트 법안을 비난하고 나섰다. 또 남(南)쿠르그에서는 재배업자들이 가연성 물질로 만든 총독 고문 일버트의 허수아비를 근엄한 자세로 재판정에 앉혀놓기도 했다.[49]

인도에 거주하는 영국인들은 리펀 총독에게 더욱 공격적으로 맞섰으며 유럽인 사회에서 총독의 권위는 여지없이 추락했다. 영령인도 역사상 처음으로 영국 정부의 대표이며 빅토리아 여왕의 대리인인 총독이 바로 영국인들에 의해 공개적으로 멸시를 당하고, 야유를 받고, 놀림감이 되어버렸다. 유럽인 철도원과 기사 및 보초 등은 '백인 폭동'을 일으키기 직전에 이르렀으며, 리펀 총독을 납치하려는 음모까지 계획되었던 것으로 알려졌다. 입법참사회의 위원인 세무국의 버클런드C. T. Buckland에 의하면 "제안된 법률 제정에 반대하는 일단의 사람들이 관저(官邸)의 초소를 습격하고, 총독을 캘커타 찬드파르 강변의 기선으로 끌어내어 영국으로 보내려는 음모"가 있었으며, 이 음모에 관해서는 나중에 총독정부의 내무상과 인도국민회의 의장의 자리에 오르게 된 헨리 코튼Henry Cotton과 후일 캘커타 고등법원 판사와 영국 추밀원 법사위원으로 임명된 아미르 알리 Amir Ali도 인정했다.[50]

유럽인들은 일버트 법안에 반대하는 결의서를 인도 총독, 영국 내각의 인도상 및 영국 의회에 보냈다. 청원서가 캘커타, 마드라스, 미얀마, 비하르 등 각지에서 작성되어 서명을 받았다. 서명에 참여한 총인원은 19,841명이었다. 1881년 당시 인도 내의 영국 태생 성인은 모두 81,680명이었다. 그 가운데 59,775명은 군인, 경찰, 문관 등이었

---

49) E. Hirschmann, *White Mutiny*, 85~86쪽.

50) H. Cotton, *Indian and Home Memories*(London, 1911), 179쪽.(H. Hirschmann, 앞의 책, 239~240쪽에서 재인용.)

다는 점을 감안하면 21,905명만이 실질적으로 서명에 가담할 수 있는
숫자였다. 물론 여기에는 소수의 유럽 대륙인이 포함되어 있었지만
그래도 약 2만 명의 사람들이 반대 서명에 참여했다는 것은 당시 인
도에 거주하던 영국인들이 일체가 되어 일버트 법안에 적극적으로
반발하고 나섰음을 보여준다. 일버트 자신도 7월에 가면 "소수의 예
외는 있지만 영령인도의 유럽인 전체가 법안에 반대하고 있는 것이
사실"[51]이라고 리펀 총독에게 시인하기에 이르렀다.

5 일버트 법안에 대한 지지 움직임

인도의 많은 신문들, 특히 인도인이 경영하는 지방어 신문들은 유
럽인의 신문들과는 대조적으로 일버트 법안을 옹호하고 나섰다. 유럽
인들이 즉각적이고 민감한 반대 운동을 벌일 때 인도인 신문들은 이
에 대응을 자제하는 태도를 보였다. 자칫 인종 분규로 발전할 수도
있으므로 오히려 인도인들로 하여금 유럽인을 자극하지 말고 침묵을
지키도록 종용하기도 했다.

유럽인들의 격렬한 시공회당 집회를 계기로 인도인 신문들의 반응
도 훨씬 적극적으로 나타났다. 어떤 신문들은 유럽인들의 태도에 유
감을 표시했고, 또 어떤 신문들은 경고했고, 또 다른 신문들은 조소
하면서 공격적인 자세를 취하기도 했다. 리펀 총독과 일버트 법안을
찬양하는가 하면, 그 법의 적용을 받게 될 국민들이 법을 제정하는
데 아무런 발언권을 갖지 못한 것은 커다란 모순이라고 지적하기도
했다.

---

51) E. Hirschmann, *White Mutiny*, 109쪽.

매우 신중한 태도를 보이면서 인도인들의 자제를 종용해왔던 ≪힌두 패트리어트 *The Hindoo Patriot*≫는 "분별력을 갖추고 있다는 유럽인들이 그들의 이성과 판단력과 인간다움을 악의에 가득 찬 인종적 편견의 함성에 묻어버린 것"을 개탄하면서 "일버트 법안이야말로 너무나도 필요하고 오랫동안 갈구해왔던 1차분의 개혁 조치일 뿐"이라고 평가했다.[52] 캘커타의 진보적 신문인 ≪인디언 미러 *Indian Mirror*≫는 유럽인의 어떠한 반대도 "전적으로 인종적 편견에서 비롯된 것"이라고 천명했으며, 서북주의 우르두어 신문은 일버트 법안에 대한 반대의 밑바탕에 내재하는 인종적 편견을 무슬림 왕조인 무굴제국에서 힌두인에게 고위 관직을 주어 대제국을 건설했던 아크바르 대제와 그 반대로 힌두를 유리시킴으로써 반란을 초래했던 아우랑제브의 예를 들어 설명하며 유럽인의 행동을 공격했다.[53] 진보적 조로아스터교 주간지인 ≪라스트 고프타르 *Rast Goftar*≫는 일버트 법안의 중요성은 "불공평한 인종차별의 철폐에 있으므로, 정부는 원주민을 비방하고 모욕하는 데 대한 제재 규정을 설정하지 않는 한 일버트 법안을 결코 철회할 수 없다."[54]라고 주장했다.

보다 과격하고 도전적인 표현을 서슴지 않은 원주민 신문들도 얼마든지 있었다. 봄베이 지방의 사회 개혁가이며 시인인 말라바리가 경영하는 ≪인디언 스펙테이터 *The Indian Spectator*≫는 "유럽인 난동자들이 말하는 내용을 반만 접어주고 생각하더라도 그들의 기독교와 문명은 한낱 공허한 구호에 불과하며, 그들의 생활은 공중도덕의 원칙에서 보면 맨 밑바닥에 놓여 있다."라고 비난했으며, 벵골의 ≪암리타 바자르 파트리카 *Amrita Bazar Patrika*≫는 "영국인의 겸손과 웃

---

52) E. Hirschmann, "The Ilbert Bill Agitation", 10쪽.
53) E. Hirschmann, *White Mutiny*, 61쪽.
54) E. Hirschmann, "The Ilbert Bill Agitation", 10쪽.

는 얼굴, 고상한 도덕적 대화, 지성, 기독교적 포용성, 영국식의 관대함, 세계시민적 견해에도 불구하고 결국 인도 국민을 기만하는 존재라는 사실이 증명되고 만 것은 인도인에게 서글픈 실망과 조잡스러운 충격을 안겨주었다."라고 개탄했다.[55] 벵골 지방의 보수적인 브라만 출신 무커지가 발행하던 영자 주간지 ≪레이스 앤드 라이예트 *Reis and Rayyet*≫는 시공회당의 집회를 비겁하고 악의에 찬 모임으로 규정하고 더욱 격렬하게 비난했다.

원주민과 유럽인 사이의 상호 이해 가능성과 희망은 이제 끝장이 났다. 시공회당 집회는 개전(開戰)의 충분조건 이상이다. 그것은 공식적인 선전포고다. 최후통첩도 도발도 없는 전쟁 선언이다. 우리는 우리에게 강요된 싸움을 받아들여야 한다. 그러나 아쉬움이 없는 것은 아니다. 지난 백 년 동안의 노력이 땅바닥으로 곤두박질치고 있다. 난동 속에서 수포로 돌아가고 만 것이다.[56]

리펀 총독에 대한 지지는 자제하는 분위기 속에서도 가히 열광적이었다. 특히 벵골 지방의 신문들은 리펀 총독을 찬양하여 "모든 가슴은 기쁨으로 고동치고 있다.", "라마 신이 다시 인도의 왕이 되었다.", "우리의 친구이며 구원자인 리펀 경에게 신의 축복을." 등등의 기사를 실었다. 리펀 총독이 휴가에서 돌아와 캘커타 교외의 하우라 역에 내렸을 때 철도역은 환호하는 인도인들로 꽉 메워졌으며, 총독이 하우라 다리를 건너 캘커타 시내로 들어오자 수천 명의 인도인들이 연도에서 열광하면서 꽃다발을 총독의 마차에 던졌다. 여기에 모여든 시민의 일부는 인도국민회의의 전신이라고 말할 수 있는 인도협회

---

55) E. Hirschmann, *White Mutiny*, 67쪽.
56) 같은 책, 68쪽.

Indian Association가 돌린 전단(傳單)을 보고 참여한 사람들이었다.[57]

영국의 정치인들과 일반 국민들은 거의 한결같이 일버트 법안을 반대하고 나섰지만 영국인 가운데서도 이 법안을 지지한 이들의 경우는 주목할 만하다. 글래드스턴 수상은 말할 것도 없이 리펀 총독에게 전폭적인 지지를 보냈다. 수상은 대부분의 영국인이 말하는 바와 같이 이 법안이 실책이라고는 생각지 않았으며 반드시 정당성이 증명될 것이라고 믿었다. 특히 그는 "예속되어 있는 외국인에 대해 영국인의 마음속에 일어나기 쉬운 건방진 자만심을 누그러뜨리는 데 크게 도움을 줄 것이다."[58]라고 확신했다.

독일 태생으로서 유명한 인도 고전학자였던 막스 뮐러 Max Müller도 일버트 법안에 호의적인 견해를 표시했다. 옥스퍼드 대학교에서 비교언어학 교수로 활동하고 있던 그는 ≪더 타임스≫에 글을 보내서 이웃 스리랑카에서는 이미 민간인 관리에게 인정된 권한을 영국인들이 반대하고 나선 데 놀라움을 표했다.[59]

또 봄베이 소재 엘핀스톤 Elphinstone 대학의 역사학 교수 워즈워스 W. Wordsworth는 "짜증 나는 열등감을 강요하는 체제 아래서 어떻게 양심적이고 능률적인 관리를 양성할 수 있겠는가." 하고 개탄했다. 시인 윌리엄 워즈워스 Willam Wordsworth의 조카인 그는 "인도 국민의 원망(願望)이나 감수성을 전혀 고려하지 않고 우리가 정복의 권리만을 내세워 인도를 장악하고 우리들의 견해와 이익에 따라 다스리려고 하는 것은 잘못된 처사"라고 비난했다.[60]

일버트 법안을 지지하는 영국인들의 집회도 열렸다. 1883년 8월 1일

---

57) 같은 책, 232~233쪽.

58) R. J. Moore, *Liberalism and Indian Politics 1872~1922*(London, 1986), 39쪽.

59) L. P. Mathur, *Lord Ripon's Administration in India*(New Delhi, 1982), 223쪽.

60) E. Hirschmann, *White Mutiny*, 72쪽.

에 런던 세인트제임스 궁 윌리스 룸Willis's Rooms에서 열렸던 이 모임에는 포스터, 블런트, 벅스턴S. Buxton 및 홀리오크G. T. Holyoake 등이 참석했다.

의장 존 브라이트John Bright는 인종과 교의에 무관하게 대영제국의 신민이면 누구나 교육, 능력, 성실성에 따라 자유롭게 또 불편부당하게 공직에 채용될 것이라고 공포했던 빅토리아 여왕의 선언(1858)을 상기시켰다. 인도에 거주하는 영국인들은 리펀 총독의 지방어 신문, 지방자치 및 초등교육에 대한 자유주의적 정책마저도 비난하고 있다고 지적하면서 브라이트는 "인도를 영국인의 야망과 탐욕을 위한 장으로 삼으라고 우리의 지배권이 주어진 것이 아니기 때문에"[61] 리펀 총독의 정책은 반드시 성공적인 결실을 맺어야 한다고 주장했다. 또한 브라이트는 만약 리펀 총독이 이 법안을 철회하게 된다면 인도 국민의 희망은 단번에 분쇄되고 말 것이라고 경고했다. 전(前) 벵골 주 부지사 조지 캠벨Geroge Campbell도 리펀 총독의 청렴과 용기, 치밀함, 그리고 인도 국민에 대한 헌신에 깊은 감동을 받았음을 밝히면서 "리펀이야말로 하나의 정당으로서가 아니라 가장 진실되고 고귀한 의미에서의 타고난 자유당원이다."[62]라고 격찬했다.

블런트는 영국인 관료 집단이 비관료 세력과 연합하여 인도의 최고 정부와 인도인의 희망에 반대하고 나섰는데 이러한 현상은 전례 없는 일이며, 인도에 거주하는 유럽인들은 "일버트 법안을 리펀 총독이 보여온 자유주의적 정책에 맞서기 위한 전쟁터"[63]로 규정하고 있는 것 같다고 말했다.

---

61) A. Denholm, *Lord Ripon 1827~1909: A Political Biography*(London, 1982), 156쪽.

62) 같은 책, 156쪽.

63) C. Dobbin, "The Ilbert Bill: A Study of Anglo-Indian Opinion in India 1883", *Historical Studies Australia and New Zealand*, Vol. 12, No. 45(University of Melbourne, 1965), 92쪽.

그들 영국인들은 사실상 영국의 대인정책(對印政策)의 전체적인 방향에 불만을 느끼고는 여기에 도전하고 있는 것이었다. 그들의 불만과 저항의 근저에는 인도인을 문관으로 채용하는 제도에 대한 거부감이 자리 잡고 있었다. 인도문관시험에 합격하는 원주민은 극소수에 불과했지만 1860년대 이후 비계약문관의 하위 직에는 인도인들의 진출이 크게 증가하고 있었다. 1879년에는 측량, 경찰 등 몇 개 부문을 제외하고는 유럽인을 비계약문관에 임명하는 것을 금지하는 결의안이 통과되었다는 점도 그들의 일버트 법안에 대한 반대 행동과 관련시켜 생각해볼 수 있다.

앨런 옥타비안 흄이 일버트 법안의 파동에서 보인 견해는 후일 그가 '인도국민회의의 아버지'라고 평가받는다는 점과 관련지어 볼 때 특히 주목된다. 35년 동안의 인도문관 생활에서 물러나 히말라야 산록의 심라에 머물고 있던 흄은 시공회당 집회 소식을 듣고 캘커타 대학교 동문회에 서한을 보내 "인도 국민의 갱생을 도모하기 위한 작업을 추진할 수 있는 조직체를 창립하도록" 종용했다.

인도 국민 가운데 최고의 교육을 받은 정선(精選)된 당신들이 개인적인 안이함과 이기적인 목적을 경멸하고 당신들 자신과 조국을 위한 보다 큰 자유와 자치를 위해 결연한 투쟁을 전개하지 못한다면, 당신들의 선(善, 이익)을 위한 리펀 경의 고귀한 열망은 결실을 맺지 못하고 환상으로 끝나버리고 말 것이다.[64]

흄의 서한은 캘커타 대학교의 재학생과 졸업생뿐만 아니라 인도의 지식층을 자극하여 불과 2년 후에 그의 주도로 인도 민족주의 운동

---

64) W. Wedderburn, *Allan Octavian Hume: Father of the Indian National Congress* (New Delhi, 1988), 52쪽.

내지 독립운동을 선도하는 국민회의가 탄생하게 되었다.

한편 무슬림의 반응은 어떠했는가? 인도에서 무슬림은 항상 힌두와 종교적 이념뿐만 아니라 이해관계에서도 대립된 평행 사회를 이루고 있었기 때문에 그들의 태도는 관심의 대상이 아닐 수 없다. 인도 무슬림을 대표할 수 있는 인물인 사이이드 아메드 칸Syed Ahmed Khan은 일버트 법안을 지지하고 나섰다. 그는 19세기 말 인도 무슬림의 유일한 지도자나 다름없는 위치에 있었으며 총독 입법참사회 위원이기도 했다. 그는 인도 관리들이 민사사건의 경우에는 "성실성과 정의감을 가지고 또 인종적 편견 없이"[65] 심판하고 있으며 주도(州都)에서는 그들의 재판 주재가 문제가 되지 않는 점을 지적했다. 또 스리랑카에서는 원주민 판사가 유럽인 커피 재배업자들을 재판하고 있는 실례를 제시하면서 "법이 공정하고 불편부당하고 인정미 있는 한, 또 그 법에 의한 순수한 통치가 확보되는 한 그 법을 집행하는 사람의 국적은 일부 감상적인 사람들에게까지도 대수로울 것이 없다. 존엄과 순종과 복종을 요구하는 것은 법의 권위이지 개인의 권위는 아니다."[66]라고 주장했다.

또 저명한 변호사이며 봄베이 주 입법참사회 위원이기도 했던 바드루딘 티야브지는 인도인들이 일버트 법안에 대해 관심도 없다는 주장을 일축했다. 그는 "이 나라에서 숨 쉬고 살아가는 교육받은 원주민 가운데 이 대답에 대해 긴박할 정도로 관심 갖지 않을 사람이 누가 있겠는가?"라고 반문하면서[67] 중요한 문제는 영국인들이 인도를 리펀 총독의 자유주의적 통치 원칙에 따라 다스릴 마음이 있느냐 하는 것이라고 말했다.

---

65) E. Hirschmann, *White Mutiny*, 78쪽.

66) 같은 책, 78쪽.

67) E. Hirschmann, "The Ilbert Bill Agitation", 73쪽.

6 조정된 새로운 법

총독 입법참사회는 제출된 일버트 법안을 1883년 3월 9일에 공식적으로 논의했다. 시공회당의 유럽인 항의 집회가 열린 지 열흘쯤 지난 후였다. 일버트 법안에 대한 반대의 목소리가 거세게 일어나고 리펀 총독 측이나 반대하는 측이나 관망하는 자세를 취하고 있을 무렵 입법참사회가 열렸다. 양측은 이 회의에서 막연히 자파(自派)에게 유리한 성과를 기대했지만 그 결과는 모두에게 실망스러웠다.

첫 토론자로 등장한 인도인 위원 크리스토 다스 팔은 일버트 법안을 "영국 통치의 특징이기도 한 진보적 정책의 합법적이고 논리적인 발전이며, 이 법안의 원칙은 건전하고 공정하며 당연한 것"이라고 옹호했으며, 두르가 차란 라하도 "이 정의가 실패한다는 것은 전적으로 있을 수 없는 일이며, 이는 우리의 형제인 영국인 문관과 마찬가지로 동일한 시험에 합격하여 동일한 의무를 수행하고 있는 인도인 신사들에 대한 모독"이라고 주장했다.[68] 인도 무슬림의 탁월한 지도자인 사이이드 아메드 칸은 기술한 바와 같이 힌두와 종교적으로 대립했으면서도 일버트 법안에 대해서는 대부분의 힌두인 위원과 마찬가지로 적극적인 지지를 표명했다.

그러나 충격적인 발언은 오히려 엉뚱하게 인도인 위원으로부터 나왔다. 토후 시바 프라사드는 인도에 거주하는 영국인들의 특권은 높이 존중되어왔고 누구에게도 해를 끼치지 않았으며 다만 이 특권을 중단시키겠다는 것이야말로 무분별하고 부적절한 처사라고 말했다. 그는 일버트 법안을 "인도에 대한 최대한의 양보"라고 단정하고, 비록 사람들은 자신을 조국에 대한 배신자라고 부르겠지만 그러나 "내

---

68) E. Hirschmann, *White Mutiny*, 78쪽.

마음, 아니 영국 국민이 나의 사랑하는 조국을 위해 선을 베풀어주고
있는 데 대해 거짓 없는 존경심과 깊은 의무감 속에서 일해온 한 사
람의 원주민의 진실된 마음은 이 법안에 반대한다."[69]라고 당당하게
주장했다.

또 다른 입법참사회의 영국인 위원인 벵골 상업회의소 의장인 로버
트 밀러나 변호사 그리피스 에번스는 유럽인들이 처음부터 강조해온
바인, 이 법안이 영국인의 인도에 대한 투자 위축을 불러올 것이라는
주장을 되풀이했다. 또 그들은 일버트 위원이 이 법안이 의도하는 바
가 불편부당하고 효과적인 사법행정에 있다고 말하지만, 그의 말에
설득력이 없다는 점은 어느 지방정부도 사법행정에 대해 불평한 일이
없다는 데서 증명된다고 주장했다.[70] 군사위원인 윌슨T. Wilson 장군
과 마드라스에 거주하고 있는 민간인 헨리 토머스Henry S. Thomas
위원 등도 밀러와 에번스에 동조하여 격렬하게 일버트 법안을 비판
했다.

서북주에서 활동하고 있는 퀸튼J. W. Quinton과 벵골 세무서의 레
이놀즈H. J. Reynolds는 일버트 법안을 지지하고 나섰다. 그러나 퀸
튼의 지지 발언은 개혁의 이념에 막연히 동조한다는 지방정부의 말
을 일버트 법안을 지지하는 것으로 성급하게 잘못 해석한 데서 비롯
된 오해였으며, 레이놀즈는 사람은 인격에 의해 평가받아야지 피부색
에 의해 차별 대우를 받아서는 안 된다는 원칙에는 동조했지만 엄청
난 유럽인들의 반발 속에서 이 법안을 추진하는 데는 회의를 품고
있었다. 윌리엄 헌터도 인도의 젊은이들이 공개 경쟁시험을 통해 문
관에 임명되고 또 영국에서 공부함으로써 "사고와 감정에 있어서 영
국인 자신들보다 더욱 영국적인 인도인들"에게 깊은 신뢰감을 보였

---

69) 같은 책, 79쪽.
70) 같은 책, 79쪽.

다. 오랜 경력의 인도문관이기 이전에 언어학자이자 통계학자로서 명성을 날렸으며 『인도제국관보 *Imperial Gazetteer of India*』(전 20권)의 편집장이었던 헌터는 그러나 경쟁시험을 통과한 인도문관 이외의 원주민에게까지 사법권을 확대하는 데는 유보적인 태도를 보였다.[71]

리펀 총독이 가장 믿었던 재정위원 베어링 E. Baring은 아무 말도 하지 않고 침묵을 지켰다. 공공토목공사위원 호프 T. C. Hope도 어떤 행동도 취하지 않았으며, 유일하게 내무위원 제임스 깁스 James Gibbes만이 전적으로 또 분명하게 총독을 지지했을 뿐이다. 결국 총독이 주관하는 입법참사회 논의에서 리펀 총독과 일버트를 비롯해 일곱 명이 공식적으로 법안에 지지를 보냈고, 여섯 명은 반대했으며, 두 명은 수정을 제의했고, 네 명은 침묵을 지키거나 불분명한 태도를 보였다. 분명한 태도를 보이지 않은 네 명 가운데 두 명은 반대 의사를 가지고 있는 사람들이었다. 총독 참사위원회의 여덟 명 가운데 세 명만이 일버트 법안에 분명한 지지를 보냈다.

리펀 총독은 실망할 수밖에 없었다. 인도에서는 총독 참사위원회와 입법참사회의 지지를 얻지 못한 상황에서 아무것도 기대할 수 없었다. 리펀 총독은 이 문제를 영국 하원에 호소하는 방법을 생각했지만 사실 이것은 일찍부터 일버트 법안의 반대파들이 써온 방법이었다. 일버트 법안을 본국의 하원에 상정하는 것은 다수의 지지를 기대할 수 없을 뿐만 아니라 자칫 총독 자신의 무능을 드러내고 의무를 회피하는 행동으로 비칠 가능성도 있었다.

리펀 총독에게는 본국의 지지가 부족했다. 인도 총독이 직접적으로 지휘를 받게 되어 있는 영국 내각의 인도상은 그에게 비협조적인 태도를 보였다. 킴벌리 인도상은 인도위원회의 압력을 받고 있었는데

---

71) 같은 책, 80쪽.

이 위원회는 인도에 거주하는 영국인들의 열망과 이익을 대변했다. 킴벌리 인도상은 리펀 인도 총독에게 보낸 서한에서 "당신은 인도위원회가 자유당 정부의 정책에 동조적인 하나의 집단이 아니라는 것을 기억해야만 한다. 인도상에게는 그들을 다스릴 법적인 권한만 있을 뿐 위원회는 실제적으로 우리의 통제 아래 있지 않다. 그들은 문관들이 전통적으로 집권당에 보여온 충성심조차도 가지고 있지 않다."[72]라고 술회했다.

인도위원회는 영국 정부가 인도를 직접 통치하기 시작한 1858년에 조직되었으며, 인도상이 이 위원회의 의장 직을 맡았다. 한마디로 동인도회사 시절의 감독국에 해당하는 역할을 떠맡은 것이 인도위원회였다. 인도위원회의 설치 목적은 "도덕적 영향력과 통제력을 행사하기 위함"[73]이었지만 또한 인도상에 대한 감시자의 의무를 수행하기 위함이기도 했다. 이 위원회는 어떤 문제를 발의하지는 않고 인도상이 제의한 문제에 의견을 제시하는 역할을 했다. 인도위원회는 대개 인도문관을 지낸 사람들로 구성되었으므로 그들은 자신들이 인도 문제에 대해 가장 풍부한 경험적 지식을 갖고 있다고 항상 주장했다.

인도에서의 실무 경험이 없는 인도상의 경우 위원회의 다수 의견에 끌려가기 마련이었다. 리펀 총독 시절의 인도상이었던 하팅턴과 킴벌리는 리펀에게 협조적이었으나 많은 경우에 있어서 앞으로 나아가지는 못했다. 킴벌리의 우유부단한 성격이 리펀 총독을 난처하게 만들었다. 인도위원회의 다수가 리펀 총독을 "'백인'의 이익을 감상주의자들 앞에 무릎 꿇린 '배신자'라고 비난하는"[74] 분위기였다. 그들의

---

72) Denholm, 앞의 책, 160쪽.
73) L. P. Mathur, "Lord Ripon and the India Council", *The Quarterly Review of Historical Studies*, Vol. XIII, No. 3(1974), 128쪽.
74) 같은 책, 129쪽.

결의에 찬 끈질긴 반대에 부딪혀 리펀 총독 말기에는 킴벌리 인도상이 총독이 상정한 안건들을 재가하지 못하고 계속 미루기만 하는 형편이었다.

리펀 총독은 일버트 법안의 파동으로 열기가 고조되고 있을 즈음인 1883년 3월부터 12월까지 히말라야 산록의 심라에 머물렀다. 1860년대부터 심라는 영령인도의 수도 캘커타의 혹서와 습한 기후를 피해 하계 수도(夏季首都)로서 역할을 해왔지만 중대한 결정은 캘커타 총독부의 전체 회의에서 이루어지고 있었다. 부인의 정양을 위한 것이라고는 하지만 리펀 총독이 중요한 시기에 오랫동안 캘커타가 아닌 여름 휴양지 심라에 체류하고 있었던 것이 일버트 법안 통과에는 다소 불리하게 작용했을 수도 있다. 리펀 총독은 이 법안에 대해서는 관청 및 민간의 공식적, 비공식적 견해에 따르겠다고 약속해놓고 심라에 머물면서 주정부로부터의 반응을 기다리고 있었다.

여름 동안 주정부로부터 드문드문 들어온 보고들 가운데 일버트 법안에 대한 적극적인 지지나 총독이 우려했던 바의 완전 철회를 주장하는 경우는 거의 없었다. 봄베이 주정부의 제임스 퍼거슨James Fergusson 지사와 참사위원들은 인도인 판사의 법률적 권한에 있어서 변화는 필요하지만 유럽인들이 우려하는 바도 일리가 있다고 인정했다. 봄베이 주정부는 복잡하게 얽힌 타협책을 제시했다. 즉 모든 구행정관과 민사재판관에게 형사재판권을 부여하되, 다른 한편 유럽인에 대한 보호 장치로 모든 민사재판소에서는 유럽인 다수의 배심원을 구성하며, 행정관의 경우에는 인도인과 유럽인 행정관을 혼합하여 구성한 법정을 인정한다는 내용이었다.[75]

당시 인도에서 배심원제도는 주정부의 재량에 따라 선택할 수 있도

---

75) E. Hirschmann, *White Mutiny*, 169쪽.

록 했는데 영령인도의 3대 중심지역인 봄베이, 벵골 및 마드라스 주에서는 인구가 많고 보다 개발된 구(區)에 한하여 이미 배심원제도를 도입하고 있었다. 영령인도에서는 이해당사자 배심제를 채택하고 있었다. 피고인이 유럽인일 경우 유럽인 다수의 배심원을, 피고인이 인도인일 경우 인도인 다수의 배심원을 구성했으므로 봄베이 주정부의 건의가 전혀 새로운 제도를 말하고 있는 것은 아니었다.

벵골 부지사 톰슨A. R. Thompson은 예상했던 대로 법안의 철회를 주장했다. 그는 일버트 법안은 피임명자의 능력에 대한 보장책을 포함하고 있지 않다면서 "우리의 사고와 그들의 생각이 다르고 그들의 생활양식과 우리의 것이 다르며, 영국인과 인도인 사이에 도덕적 규범, 사회적 관습, 정치적 지위 등에 있어서 광범한 차이가 존재하는 한, 사법적 무자격을 제거하려는 어떠한 시도도 위험천만하며 시기상조임에 틀림없다."[76]라고 주장했다.

마드라스 주지사 그랜트 더프Grant Duff는 전폭적인 지지를 보내주리라고 총독이 기대했던 인물로서 사신에서는 "베르길리우스의 목가(牧歌)만큼이나 무해(無害)한 일버트 법안에 관해 논의한다는 것은 가증스러운 허튼소리"[77]라고 일소에 부쳤으면서도, 공식적으로는 사법권은 인도인 계약문관에게만 제한적으로 부여되어야 할 뿐 임명된 자에게는 불가하다고 말하여 이 법안을 지지하지 않았다.

중부주의 수석 행정관 직을 퇴임하는 모리스J. H. Morris는 1년 전에는 이 법안의 원칙을 지지했으나 현재로서는 반대한다는 태도를 보였다. 그러나 신임 존스W. B. Jonnes는 유럽인 판사들이 의무를 태만히 하는 경우가 있으므로 재판권은 모든 구행정관과 민사재판관 모두에게 확대되어야 한다는 입장을 밝혔다. 편잡 주의 부지사 찰스

---

76) 같은 책, 171쪽.
77) 같은 책, 169쪽.

애치슨Charles U. Aitchison은 유럽인 공동체의 공포와 우려에 깊은 동정심을 보이면서 사법권은 5년 이상의 경력을 지닌 제1급 행정관에게만 주어져야 한다고 주장했다. 서북주 부지사 앨프레드 라이얼은 제1급 행정관이나 지방정부가 임의로 임명한 사람에게게서는 임무 수행 능력을 기대할 수 없으므로 구행정관 가운데 한 사람이 반드시 치안판사가 되어야 한다고 주장했다. 왜냐하면 그는 질서를 유지하고 정부의 권위를 이행할 책임을 맡게 되므로 유럽인을 다룰 수 있는 권력을 갖게 될 것이기 때문이었다. 앨프레드 라이얼은 인종에 따른 불평등을 시정하려는 의미에서가 아니라 법과 질서 유지의 차원에서 일버트 법안 문제를 바라보았다.

리펀 총독은 난감한 심경에 빠졌다. 총독은 인도에서 활동하고 있는 변호사들과 재배업자들의 거센 반발에 실망했다가 이제는 관리들의 태도에 더욱 큰 충격을 받았다. 영국인 인도문관들도 일버트 법안에 적극적으로 반대하거나 혹은 관료가 아닌 유럽인들이 부르짖는 항거의 목소리에 심정적으로 동조하고 있었다. 일버트 법안의 지지자들도 의외로 미온적이고 냉담한 태도를 보일 뿐이었다. 원칙을 고수하는 철저한 합리주의자들마저도 돌연히 후퇴 자세를 취하거나 기껏해야 타협책을 모색하도록 종용하는 정도였다. 누구보다도 적극적으로 일버트 법안을 지지해줄 것으로 확신했던 총독 참사위원회 재정위원 베어링이나 높은 지성과 교양을 갖춘 마드라스 주의 더프 지사 등이 편협한 인종적 편견에 침묵하거나 굴복하고 만 것은 리펀 총독을 크게 실망시켰다.

일버트 법안의 타당성 주장과 이에 대한 공박, 그리고 타협안의 모색 등으로 이어지는 지루한 나날이 계속되었다. 매켄지와 에번스 등은 혐의를 받고 있는 유럽인들은 자신들의 사건을 유럽인 판사에게 넘길 수 있는 권리를 가져야 한다고 주장했으나, 리펀 총독이 일버트,

호프, 오클런드 콜빈 Auckland Colvin 등의 협조를 얻어 부결시켰다. 콜빈이 제시했던 대안(代案)은 영국 신민인 유럽인이 인도인 민사재판관 앞에 서게 될 때는 유럽인이 다수를 차지하는 배심원 재판을 신청할 수 있고, 인도인 구행정관 앞에서 심리받을 때는 유럽인 치안판사와 인도인 치안판사가 배석한 혼성 법정을 요구할 수 있도록 하는 것이었다. 에번스도 배심원제도에는 찬성하고 있었으므로 12월 16일에 열린 집행위원회에서 콜빈의 제안은 다수인 다섯 명의 지지를 얻었으며 다만 일버트와 호프만이 반대했다. 마지막 절충을 모색하기 위해 20일에 열린 집행위원회에서 다수의 지지를 얻고 있던 콜빈은 혼성 법정 대신에 유럽인에게는 인도인 민사재판관뿐만 아니라 구행정관 앞에서도 배심원 재판을 요구할 수 있는 권리를 부여하자고 제의했다.

그러나 이는 유럽인 관리와 인도인 관리 사이의 법적인 차별을 유지하는 것으로, 인종차별적 조항을 제거하는 것이 원래 일버트 법안의 의도였다는 점을 고려할 때 받아들일 수 없는 제안이었다. 일버트는 "정부의 목표는 인종을 차별하여 자격을 인정하지 않는 모순을 제거하고 개인의 능력에 근거하여 자격을 부여하는 것"[78]이라고 주장하면서 이 법안을 특별위원회에 넘기자고 제의했다. 일버트는 차별 조항을 없애기 위해 유럽인들에게는 인도인만이 아닌 모든 구행정관과 민사재판관 앞에서 배심제를 요구할 수 있는 권리를 부여하는 타협안을 제시했다. 이는 논리적으로 볼 때 인도인뿐만 아니라 영국인 판사 앞에서도 배심재판을 요구할 수 있다는 평등 이론을 적용한 것일 뿐 유럽인들이 인도인 판사를 피해 갈 수 있는 길을 열어준 셈이었다. 집행위원회의 다수가 일버트의 제의를 받아들이는 분위기였다.

---

78) L. Mathur, 앞의 책, 226쪽.

리펀 총독은 일버트 법안의 처리 문제를 놓고 진퇴양난에 빠졌다. 1883년이 거의 저물고 있었으므로 어떤 형태로든지 결정을 내려야 할 처지였다. 당시 리펀 총독이 선택할 수 있는 방안은 네 가지였다. 첫째, 입법참사회에서 터너의 수정법안[79]을 받아들이는 방안. 둘째, 국가의 안전과 평화와 이익을 위해 절실하다고 주장하면서 일버트 법안을 행정명령으로 공포하는 방안. 셋째, 일버트 법안을 완전히 철회하고 패배를 인정하는 방안. 넷째, 배심재판 제의를 받아들이는 방안 등이었다. 처음의 두 방안은 총독 참사위원회와 입법참사회의 다수 의견을 무시하는 조치였다. 리펀 총독은 다수의 의견을 따르겠다고 여러 번 공언해온 터이므로 택할 수 없는 선택이었으며, 모든 여건들이 그로 하여금 마지막 방안을 취하도록 이끌어가고 있었다.

배심원제도를 받아들이는 것도 아주 순조롭지는 않았다. 새로운 법안의 통과를 본국에서 거부할 것이라는 인도 신문들의 보도가 여러 차례 있었고, 킴벌리 인도상도 1884년 1월 총독에게 보낸 서한에서 인도위원회가 거부할 가능성이 있음을 밝혔다. 리펀 총독은 회신에서 "만약 당신들이 거부한다면 이는 곧 인도에 거주하는 영국인들에게 일방적이고도 완전한 승리를 안겨주는 셈이 될 것이며, 그 결과 인도 원주민의 즉각적인 저항을 불러일으켜 인도를 또다시 첨예한 논전(論戰)으로 몰아넣고 말 것이다."[80]라고 경고했다. 결국 영국에서의 일버트 법안 문제는 당면한 이집트, 수단 문제와 제3차 선거법 개정이라는 긴박한 국내 문제 때문에 더 이상 관심의 영역에 머물지 않게 되었다.

---

79) 터너가 제출한 수정안은 재판권을 갖는 사람을 유럽인 관리, 문관 경쟁시험을 통과한 사람, 고등법원이 인정한 사람 등으로 규정했다. 고등법원은 재판의 목적상 편리하다고 인정될 때는 어느 사건이든지 다른 판사에게 넘길 수 있도록 했다.

80) E. Hirschmann, *White Mutiny*, 268~269쪽.

‘1882년의 형사소송법’의 수정을 위해 제시되었던 일버트 법안은 1884년 1월 25일 리펀 총독의 동의를 얻어 ‘1884년의 제3법’으로 확정되었다. 새로운 법에 의하면 인종의 구별 없이 모든 구행정관과 민사재판관은 그들이 속해 있는 지역의 치안판사 직무를 수행하며 영국인 신민을 심리할 권한을 갖게 되었다. 구행정관은 유럽인에게 6개월의 구금이나 2,000루피의 벌금형을 선고할 수 있지만, 유럽인은 유럽인이나 미국인이 반수 이상을 차지하는 배심재판을 요구할 수 있게 되었으며 민사재판소에서 재판을 받는 유럽인에게도 똑같은 권리가 부여되었다.

타협안이 낳은 새로운 법의 확정에 대하여 대체로 영국인들은 만족했고 인도인들은 불만과 실망감을 드러냈다. 인도의 많은 신문들이 리펀 총독을 어리석고 겁 많은 사람으로 비판했고 일버트 법안을 철회해버리라고까지 주장했다. ≪힌두 패트리어트≫는 타협안은 “정부의 굴욕일 뿐”이라고 비난했으며, ≪암리타 바자르 파트리카≫는 “인도의 모든 사람들을 애통하고 눈물짓게 만들었다.”라며 슬퍼했다. ≪힌두 Hindu≫는 “이 한 편의 불의(不義)는 우리가 충분히 비난할 말을 찾을 수 없을 만큼 크다.”라고 묘사했다. ≪레이스 엔드 라이예트≫는 “우리의 가장 가까운 친구로부터 일격이 날아왔다. 아버지 스스로 그의 귀여운 자식을 버린 것이다. 우리가 기댔던 갈대는 그렇게도 연약했단 말인가? 약한 자여, 그대의 이름은 리펀!”이라고 한탄했다.[81]

리펀 총독은 협정 조건이 영국인이나 인도인에게 똑같이 구속력을 갖는다고 천명했지만 방어협회를 주축으로 한 유럽인들의 끈질긴 저항에 양보하고 말았다. 그는 인도인들의 거센 반발을 우려했다. 인도인들은 총독의 양보를 비난하면서도 그의 입장을 이해하려는 태도를

---

81) E. Hirschmann, “The IlbcBill Agitation”, 15쪽.

보였다. "타협안은 일버트 법안을 철회하는 것보다 열 배는 나쁘다."라는 반응을 보였던 입법참사회 위원이자 전국무슬림협회의 창설자이기도 한 아미르 알리는 "만약 우리가 계속해서 반대하고 나온다면 리펀 총독은 물러날 수밖에 없을 것이다. 우리는 그의 퇴임이 인도의 이익에 도움이 되는지 어떤지를 고려해야 한다."라고 주장했다.[82] 벵골 지방의 저명한 변호사인 만모한 고슈Manmohan Ghose도 "우리가 호전적인 태도를 고수한다면 총독은 틀림없이 물러나게 될 테고 자유주의자들은 타격을 받을 것이다."라고 우려했다. 동인도협회의 봄베이 지부장 만드리크V. N. Mandlik는 "우리의 권리와 이익을 위탁했던 리펀 경을 따라야 한다. 우리가 느끼고 있는 감정으로 그를 더 이상의 곤경에 빠트려서는 안 된다."라며 "우리에게 진정한 봉사를 해온 유일한 총독을 우리 자신의 손으로 몰아낼 수는 없지 않느냐."라고 호소했다.[83] 새로이 조정된 법을 공격할 것이냐 혹은 지방자치제의 도입 등 인도에 자유주의 정책을 펼쳐온 리펀 총독을 지지하며 따를 것이냐는 이 당시 인도 정치인들이 처한 고민이기도 했다.

맺음말

일버트 법안의 파동은 조정된 법안이 통과됨으로써 막을 내렸지만 유럽인들은 승리의 함성을 올렸고, 인도인들은 패자(敗者)의 비애를 느꼈다. 영국에는 철저한 자유주의자인 글래드스턴 수상이 있고 인도에는 그의 '대리인'인 리펀 총독이 자리 잡고 있는데도 너무나 당연한 것처럼 보이는 사법 개혁이 영국인들의 반대로 기대했던 바의 성

---

82) E. Hirschmann, *White Mutiny*, 254~255쪽.
83) 같은 책, 254~255쪽.

과를 거두지 못한 데서 인도인들은 실망감과 좌절감을 맛보았다. 인도인들은 리펀 총독이 지나치게 온유한 성격에다 과단성이 없는 인물이라고 비난했으며, 글래드스턴 정부가 리펀에게 단지 신임(信任) 이상은 보여주지 않고 일버트 법안에 대해 결정적인 태도를 취하지 않은 데 비판을 가하기도 했다. 인도인들은 유럽인의 특권과 관련된 문제에서는 어떤 권리도 보장받을 수 없다는 것을 깨닫고 실의에 빠졌다.

그렇지만 일버트 법안 파동은 인도인으로 하여금 패배감과 굴욕감이 지배적이던 의기소침한 분위기 속에서 과감히 일어나는 계기를 만들어주었다. 인도인들은 단호하게 뭉친 영국인들의 공동 투쟁의 힘이 얼마나 위력적인가를 뚜렷이 목격했고, 명분이 뚜렷한 대의보다도 조직적인 저항 활동만이 결국 승리의 길로 이끌어간다는 것을 깨닫게 되었다. 일버트 법안의 파동은 지배자와 피지배자 사이의 인종차별 감정을 첨예하게 만들었을 뿐만 아니라 인도인들이 지금까지 신뢰해왔던 온건한 정치적 이념과 행동을 수정하도록 만들었다.

리펀 총독은 지방자치제를 도입하여 정치교육을 실현했으나, 인도에 거주하는 유럽인들은 인도인들에게 투쟁의 방법을 가르쳐준 셈이다. 유럽인들의 단합된 투쟁 활동이야말로 사실상 인도인들에게 어떤 하나의 합리적인 법이 기대할 수 있는 효과보다 훨씬 강력한 교훈을 남겨주었다. 인도 국민이 단결해 민족주의 운동으로 나아갈 길을 열어 보였던 것이다. 민족주의 운동에는 합법적인 개혁과 혁명적이고 과격한 투쟁 활동이 있기 마련인데, 인도에서는 전자의 방법은 리펀 총독의 자유주의적 개혁 정책의 산물로 나타났고, 후자의 방법은 일버트 법안 파동에서 인도 거주 유럽인들이 보여준 조직적인 활동으로부터 인도인들이 배운 것이다. 1883년 말 캘커타의 유럽인들이 그들의 승리를 자축하고 있을 때 캘커타의 교육받은 지식인들이 국민회합National Conference의 첫 모임을 가졌던 것은 우연한 일이 아니었다. 이는 곧 인도 민족주의 운동을 주도해나갈 인도국민회의의 출현을 예고하는 것이었다.

일버트 법안은 그 자체로서 기대했던 바의 성과를 거두지는 못했지만 리펀 총독에 대한 인도인들의 신뢰와 충성심은 결코 식지 않았다. 리펀 총독은 그의 자유주의적 신념을 인도에서 실현하려는 꾸준한 노력으로 인도 국민의 전반적인 지지를 받았다. 그는 가는 곳마다 힌두뿐만 아니라 무슬림으로부터 동시에 환영받았다. 일버트 법안 파동이 한창일 무렵 무슬림 근거지인 알리가르를 방문했을 때 무슬림들은 총독을 어깨에 무등 태워 열렬하게 환영했는데 이는 그때까지 어느 총독에게도 보이지 않았던 호의였다.[84] 강한 민족의식 때문에 인도문관 직에서 추방당했던 민족지도자 슈렌드라나드 바너지는 리펀 총독을 '신의 화신(化身)'[85]으로까지 칭송했다. 리펀 총독이 퇴임하여 귀국할 때 캘커타에서 봄베이에 이르는 연도에 수많은 사람들이 몰려나와 보여준 열광적인 환송에서도 우리는 인도인들이 리펀 총독을 수많은 역대 총독 가운데 가장 인기 있는 총독으로 기억하고 있음을 알 수 있다.

---

84) L. Mathur, 앞의 책, 230쪽.

85) S. Banerjea, *A Nation in Making: Being the Reminiscences of Fifty Years of Public Life* (Oxford University Press, 1925), 86쪽.

7

지방자치제의 도입과 인도국민회의의 성립

　대표적인 제국주의 국가인 영국의 대인도정책은 곧 모든 제국주의 정책의 표본으로 인식될 만했다. 약 200년에 걸친 영국의 인도 통치의 공과(功過)를 논함에 있어서 지배자와 피지배자는 서로 정반대의 평가를 내리고 있다. 양자의 이와 같은 태도로부터 초연한 입장을 보이는 사람들은 영국의 인도에 대한 경제적 제국주의 내지 재화의 수탈 정책에 대해서는 비판적이고 부정적인 견해를 보이면서도, 인도의 정치적 발전과 관련해서는 영국의 인도 통치를 긍정적으로 평가하고 있는 것을 흔히 볼 수 있다. 그것은 인도가 독립을 이룩한 후에도 착실히 민주정치를 발전시켜나가고 있는 모습을 보여주고 있는 점과 관련이 있다. 경제적인 빈곤 속에서 허덕이면서도 인도가 훌륭한 민주정치의 모범을 보여주고 있는 것은 영국의 지배 아래서 오랜 기간 민주정치 교육을 받아왔기 때문이라는 것이다. 이 점과 관련해 많은 사람들은 특히 인도의 지방자치제가 오랫동안 실시되어온 사실을 강조한다.

　지방자치제는 풀뿌리 민주주의grass-roots democracy의 한 형태로서 실시 그 자체가 민주정치의 훈련 과정으로 묘사되곤 한다. 오늘의 현실에서 볼 때 모범적인 민주정치 국가들은 한결같이 지방자치제를 적극 실시하고 있으며, 다른 한편 지방자치를 도외시한 나라치고 민주정치를 훌륭하게 운영하는 경우를 거의 볼 수 없는 데서 지방자치제의 중요성을 더욱 뚜렷이 느낄 수 있다.

인도 민주정치의 발전과 관련하여 영국의 장기간에 걸친 제국주의 정책을 평가하는 데 있어서 지방자치제의 도입은 대단히 중대한 문제로 대두될 수밖에 없다. 영국 측의 주장대로 정말 그들의 대인정책은 다양한 집단들로 분열된 인도에 근대적 민주정치를 심어주고 또 법치에 입각하여 입헌주의 국가로 이끌어 가는 점진적인 교육과정의 일환으로 실시되었는지, 그렇지 않으면 자국의 이익을 도모하려는 영국의 거대한 제국주의적 목표의 구도 속에서 추진되었는지 깊이 구명하는 작업이 필요하다.

억압 정책 일변도로 돌진하는 것이 제국주의 통치의 일반적인 경향이지만 영국은 본국보다 스무 배나 크고 수억의 주민이 살고 있는 인도아대륙을 다스리면서 때로는 자유주의적 개혁을 도모했다. 이 장에서는 여러 개혁 가운데서도 지방자치제의 도입과 인도국민회의의 창설만을 고찰하려고 한다. 이것들은 영국이 가장 자랑스럽게 강조하는 민주주의적 개혁이고, 또한 원주민에게 커다란 혜택을 베풀었을 뿐만 아니라 오늘날 인도 민주주의 발전에 크게 공헌하고 있는 원인(遠因)을 제공했다. 이들 두 개혁을 추진했던 총독과 개혁가들은 모두 영국 관리였음에도 불구하고 당시는 말할 것도 없거니와 오늘날까지도 인도 국민으로부터 거의 예외 없이 긍정적으로 평가받고 있거나 높이 추앙받고 있는 사람들이다. 여기서는 이들 개혁들이 추진된 배경과 특히 개혁을 추진했던 당사자들이 의도했던 바가 진정으로 무엇이었는가를 평가해보고자 한다.

지방자치제가 인도에 본격적으로 도입된 것은 영국 자유당의 글래
드스턴 정부가 자유주의적 개혁을 추진하기 시작한 것과 보조를 같이
한다. 글래드스턴 수상에 의해 그의 '대리인' 자격으로 인도에 파견된
리펀 총독은 괄목할 만한 일련의 자유주의적 정책을 추진했는데 그 가
운데 하나가 지방자치제의 도입이었다. 여기에서는 리펀 총독 이전의
인도 지방자치제와 관련한 실상을 살펴본 후, 그가 인도에 지방자치제
를 도입하게 된 진정한 의도는 어디에 있었는가를 그 실시 과정과 함
께 비판적으로 검토할 것이다. 인도국민회의의 성격과 그 발전에 관해
서는 다른 기회에 이미 고찰했으므로 여기서는 국민회의가 어떤 의도
로 계획되고 추진되었는지 그 과정만을 간략하게 살펴보려고 한다.

1 영국 공리주의자들의 인도 통치관

19세기 영국 공리주의자들이 강조했던 '최대 다수의 행복'은 결국
정치적인 면에서 본다면 투표권의 확대를 의미하는 것이었다. 주권을
소수가 장악하면 할수록 그 정부는 억압적인 경향을 띠고 부패하기
마련이므로 주권은 행정부를 효과적으로 통제할 수 있는 국민대표의
수중에 놓여야 했다.

밀 부자는 공리주의의 영향을 받아 앞장서 정치 개혁을 부르짖은
사람들이었다. 제임스 밀은 "대의민주정치야말로 근세의 위대한 발명
품"[1]이라고 강조하면서 이를 통해 정치적 불합리를 개혁하려고 했다.
그는 전제정치야말로 정치적 악폐를 만연시키는 매우 수준 낮은 정
치 체제라고 규정하고, 통치하는 소수자가 피지배 다수의 통제 아래

---

1) Eric Stokes, *The English Utilitarians and India*(Oxford University Press, 1989), 67쪽.

들어갈 때에만 국민의 부(富)와 행복을 극대화할 수 있는 법률적 보장책이 가능하다고 생각했다. 대의정치에서 모든 해결책을 찾아야 한다고 보았던 그는 정치교육이야말로 개인에게 작용하는 도덕력까지 직접 결정하는 중요한 사항이라고 주장했다.

보다 큰 명성을 얻었던 그의 아들 존 스튜어트 밀도 대의정치의 중요성을 강조했다. 대의정치는 사람들로 하여금 당장의 이해관계를 초월하여 바라보고 다른 사람의 정당한 주장을 인정하도록 가르치는 하나의 큰 정치적인 힘이었다. 존 스튜어트 밀은 단순히 의회 정치에 만족하지 않고 지방자치제가 결여된 의회의 독주를 비판했다. "현존하는 영국 의회제도는 가장 귀족적인 성격의 것으로서 그 위험성은 상원보다 훨씬 더 심각하다. 그것은 인민의 모임과는 무관하게 단독으로 공금을 승인하고 중대한 공익을 처분한다."[2] 그는 이러한 제도는 진정한 대의정치와는 분명히 거리가 멀다고 주장하면서 영국에 지방자치제의 필요성을 역설했다. 지방관을 임명하고 감시하는 등의 기능 또한 모두 의회나 중앙정부가 아니라 지방 대표회의의 몫이어야 한다. 그는 중앙정부의 재량권을 제한했다. 중앙정부의 권한은 지방의회를 해산하거나 지방행정관을 해직시키는 데까지 나아가야 하지만 그러나 지방 대표기관을 정지시키거나 새로이 관리를 자의적으로 임명하는 데까지 미쳐서는 안 된다는 것이 그의 주장이었다.[3]

밀 부자는 런던의 동인도회사에 다년간 근무했으므로 인도 문제에 관해서는 누구보다도 정통했으며 동정심을 느끼고 있었음에도 불구하고 그들이 주장해왔던 지방자치의 원리를 인도에 그대로 적용하는

---

2) J. T. Dubabin, "British Local Government Reform: the Nineteenth Century and After", *The English Historical Review*, No. 365, Oct 1977, 777쪽.

3) J. Redrich, F. Hirst, *The History of Local Government in England*(London, 1958), 189쪽.

데는 주저했다. 특히 인도 사회에 대한 철학적 분석을 시도하여 방대한 『영령인도사』 전 6권을 저술했던 제임스 밀은 인도 문제의 해결책은 결국 정부 형태, 법의 성격 및 세제(稅制) 등에 달려 있다며, 이 세 가지 문제를 개혁하면 인도 사회에는 광범한 개혁이 일어나 급속히 문명 단계로 진입하게 되리라고 내다보았다. 그에 의하면 다른 모든 조치들은 다만 부차적이고 덜 중요한 것들이었다.

제임스 밀의 생각으로는 적절한 분량의 먹을거리와 여가 없이는 모든 교육이 무력한 것이었다. 공리주의와 인도주의가 팽배했던 시대에 살았던 경제학자답게 그는 인간의 악덕은 학교의 부족에서가 아니라 빈곤으로부터 일어난다고 보고 이 이론을 인도 문제에 적용하려고 했다. 그의 관점에서 가난과 무지는 필연적인 연관성을 가지게 마련이며 이는 곧 다스리는 정부와 다스림의 근본을 제시한 법적 제도의 책임이었다. 무지는 가난의 자연적인 부산물이고 가난에 찌든 국민은 언제나 무지할 수밖에 없는 것이다. 그러나 가난은 잘 다스려지고 있는 국가에서는 나타나지 않으므로 결국 이는 법률과 정부가 가져온 결과일 뿐이다. 교육을 무엇보다도 중요시해야 하지만 교육이 커다란 성과를 가져오기 전에 우선 국민의 빈곤이 구제되어야 하며, 따라서 이를 위해 법률과 정부는 모름지기 인정스럽게 그 역할을 수행해야 한다.[4]

제임스 밀은 인도에 선정(善政)이 부재하는 실정이라는 점을 지적하면서도 대의민주정을 실시할 가능성은 사실상 배제했다. 그는 인도인 자신들에 의한 통치를 인정하지 않고 인도 정부가 영국 의회의 통제 아래 예속되어야 한다고 주장했다. 인도의 경우 영국의 지배는 학정으로 귀결될 수 없다고 보았다. 그는 법이라는 무기만을 통해 수

---

4) James Mill, *History of British India*, V(London, 1958). 543쪽.

행 가능한 인도 사회의 혁명을 제시했다. "그 혁명의 목적은 모든 정부의 목표와 다름없는 것이었다. 그것은 개인의 노력을 보호함으로써 개별적 힘을 방출할 수 있도록 관습과 종파적 아집의 압제로부터 또 사제와 귀족의 학정으로부터 개인을 해방시키는 일이었다.[5]

19세기 자유주의의 고전인 『대의정부에 관한 고찰』(1861)에서 존 스튜어트 밀은 부친이 1832년 인도에서의 대의제도를 거부하며 내세웠던 주장을 되풀이했다. 그는 인도가 캐나다, 호주 등과 같이 대의정에 적합할 만큼 충분히 선진한 국가가 아닌 속령의 하나일 뿐이라고 자연스럽게 생각하고 있었다.

따라서 "영국은 인도가 하나의 국가로 발전할 수 있도록 최대한의 도덕적 위임 의무를 수행하고, 인도인에게 어느 한 원주민의 전제정치로부터 얻을 수 있는 것보다 더욱 안정되고 개화된 통치를 부여하기 위해 최선을 다해야 한다."[6]라고 그는 주장했다. 어떤 국가가 외국인에 의해 통치된다는 것은 어려움이 많고 불완전하기 마련이지만 영국은 인도에서 이 일을 충분히 해낼 수 있을 것이라고 예견했다. 그것은 "단순히 영국 혹은 유럽의 관습이 제공할 수 있는 것보다 훨씬 광범한 정치적 착상을 통해, 또 영국 정치가들이 지금까지 추진하고자 했던 것보다 인도인의 경험과 인도의 정치적 상황에 관한 한층 깊은 연구를 통해"[7] 충분히 가능하다고 낙관했다.

결국 당대에 대의정치 특히 지방자치제를 강조하고 나섰던 밀 부자도 영국의 경우와는 달리 인도에서는 다만 대영제국이 이끌어가는 계몽전제정치가 적절하다고 역설했던 것이다. 그러나 이른바 계몽전제정치라는 것은 원래 절대주의 시대에 다분히 위장된 통치술의 용

---

5) E. Stokes, 앞의 책, 69쪽.

6) J. S. Mill, *Considerations on Parliamentary Government*(London, 1861), 315쪽.

7) 같은 책, 320쪽.

어로 사용되었던 것이다. 정부 형태와 법의 성격이 결국 국민 생활수준의 향상을 결정짓는다고 보았던 제임스 밀은 "가벼운 세금과 훌륭한 법이 인도와 같은 처지의 나라에서는 만병통치약이 될 수 있다."[8]라고 주장했다. 그러나 지극히 순수하게 들리는 이 평이한 표현 속에는 계몽정치라는 이름 아래 거대한 영령인도에서 독단적인 입법권을 소유한 강력한 제국주의적 중앙정부의 역할이 강조되고 있다.

당시 벤담의 영향을 받았던 이른바 공리주의자들의 일반적인 생각이 이러했다. 상인, 제조업자 및 선교사 등의 연합으로 출현한 개혁운동의 전위(前衛)가 공리주의자들이었고 이들이 인도 문제와 밀접한 관련을 맺고 있었으며 대표적인 인물이 밀 부자였던 것이다.

당대의 탁월한 정치가요 역사가였던 매콜리는 유려한 문장으로 공리주의에 입각한 대영제국의 정치적 이상을 가장 감동적으로 표현한 인물이었다. 대영제국의 팽창은 단순히 영토적 야심에서 비롯된 것이 아니라 전 세계 인류의 요구에서 비롯된 것이었으며, 원주민에 대한 정복보다는 개화가 보다 중요한 과업이었다. 대의정치로 나아가는 어떠한 조치도 고려할 수 없다는 제임스 밀의 의회 증언을 인용하면서 매콜리는 역시 하원에서 "인도를 통치하는 데는 개화된 가부장적 전제정치 이외의 대안을 찾아볼 수 없다."[9]라는 점을 강조했다.

인도 총독의 법률고문을 역임한 매콜리는 역사가의 혜안으로 영국과 인도의 지배 관계가 영속하리라고 보지는 않았으며 인도에 대한 계몽정치를 강조했다. 칼은 결실을 맺지 못하는 불확실한 패권을 쟁취할 수 있을 뿐이지만, 문명사회로 이끄는 것이야말로 영속적인 위업을 달성하는 길이었다. 영속적이고 가장 값진 정복 형태는 인간의

---

8) E. Stokes, 앞의 책, 78쪽.

9) R. Coupland, *The Indian Problem 1833 ~1935: Report on the Constitutional Problem in India*, Part I(Oxford, 1963). 20쪽.

마음을 정복하는 것이다. 매콜리는, 이미 그의 영어교육의 도입 의도를 통해 살펴본 바와 같이, 인도인을 개화시켜 인도인으로 하여금 영국의 모든 제도뿐만 아니라 생각하고 행동하는 것까지 영국인을 본받도록 개조시키려는 원대한 계획을 가지고 있었다. 그렇게 함으로써 대영제국의 인도에 대한 지배는 더욱 확고하게 보장될 것이라는 원대한 제국주의적 야망이 바로 그가 인도에 도입시킨 영어교육 정책의 이상이기도 했다.

2 재정 지방 분담책의 시도

영국이 서양식 지방자치제를 도입하기 오래전부터 인도에는 독자적인 자치제도가 존재했다. 판차야트[村民會]가 그것으로서 원래 위원회를 구성하는 숫자인 '다섯'이라는 뜻의 산스크리트어 판차 Pañca에서 유래한 명칭인 듯하며,[10] 마을 주민들의 전체 회의 혹은 주민 가운데 선출된 특별위원회의 역할을 수행했다. 촌장이 소집하는 판차야트는 마을 주민과 관련된 종교, 혼인, 관습, 재산, 상해(傷害) 등 모든 민사 문제들을 다루었다. 지주의 대표인 촌장은 마을 질서를 유지하는 일뿐만 아니라 연례적으로 세금을 할당하여 징수하는 책임을 지고 있었다. 위원은 존경받는 연장자들을 중심으로 지역에 따라 다르지만 다섯 명 이상 열한 명까지 혹은 쉰 명까지의 숫자로 구성되었다.[11]

한 마을 혹은 몇 개 마을을 관할 범위로 삼았던 판차야트의 목표는 무엇보다도 중재(仲裁)에 있었지만, 당사자가 결정이 불공평하다

---

10) S. H. Fremantle "Local Self-government in Northern India", *Public Administration*, Vol. V(1927), 59쪽.

11) John Matthai, *Village Government in British India*(Delhi, 1983), 172쪽.

고 생각할 때는 지방판사에게 재심을 요구할 수 있었으며 다른 판차
야트에 판정을 의뢰할 수도 있었다.

사실상 부락 문제 전반을 다스렸던 기구인 판차야트의 권위는 연
장자와 관습에 대한 존중으로 인해 거의 도전을 받지 않았다. 관습은
종교의 재가를 받았으며 종교가 일상생활을 지배하는 인도의 전통
사회에서 관습은 신성한 뜻을 지녔다. 연장자의 결정은 곧 전통적 관
습의 구체적인 표현이었으므로 판차야트의 권위는 보편적으로 받아
들여지는 힘을 지니고 있었다.

모범적인 정치 발전을 보여온 영국에서는 지방자치가 민주정치에
활력을 불어넣는 불가결한 요소로 강조되어왔다. 지방자치에 높은 가
치를 부여하는 것은 이 제도가 주민의 권리를 보호하고 신장시키는
것뿐만 아니라 정치적 교육의 장(場)으로서 훌륭한 역할을 하기 때문
이다. 대의정치는 자유로운 선거, 다수결의 지배 원리, 소수의 보호
등을 주요 내용으로 담고 있으며, 지방자치제야말로 국민 대다수로
하여금 민주정치에 적극 참여할 수 있는 길을 열어주고 있는 것이다.

19세기 중엽부터 인도의 전통 사회에 거센 변화의 물결이 몰아쳤
다. 산업뿐만 아니라 교통, 통신 분야에도 혁명을 가져와 폐쇄된 농
촌 사회가 동요해 많은 사람들이 도시로 집중되는 현상을 낳았다. 이
러한 변화에서 파생된 도시의 위생, 도로, 급수 시설, 청소 문제 등을
다루기 위해서 새로운 법규의 제정이 필요하게 되었다.

영령인도의 일부 지역에서는 이미 새로운 지방자치의 형태가 나타
나고 있지만 19세기 전반까지는 강제 원리가 도입되기 이전의 것으
로서 역시 자발적인 기구에 불과했다. 18세기 중엽 이후 영령인도의
중심지가 된 캘커타에서는 1840년의 법규에 따라 캘커타 개선위원회
로 불리는 7인 위원회가 구성되었다. 총독정부가 캘커타의 위생, 도
로의 보수, 청소, 하수도, 등화 설비 등을 개선할 수 있는 권한을 이

위원회에 부여했다. 일곱 명의 유급 위원 가운데 세 명은 벵골 지사가 임명하고 나머지 네 명은 지방세 납부자들에 의해 선출되었다. 캘커타를 네 구역으로 분리하여 각각 한 명씩 선출하도록 했는데 북인도에서는 처음으로 시의회에 선거 원리가 도입된 것이었다. 위원들은 지방 세입 가운데 월 250루피 이하의 금액을 지급받도록 되었다.[12]

지방자치제를 발전시킨 자극제는 대폭동(세포이 항쟁) 이후 야기된 재정적 어려움이었다. 인도 북부 지방에서 광범하게 확대된 대폭동으로 인해 인도의 재정은 큰 압박을 받게 되었다.[13] 튼튼한 재정은 국가 산업을 지원하기 위해서뿐만 아니라 민심을 수습한다는 관점에서도 매우 절실했다.

총독 참사위원 레잉 S. Laing은 1861년 예산 연설에서 "인도가 안고 있는 두 개의 가장 절박한 요구 사항으로 관개 사업과 교통, 통신 시설의 확충이 있다."[14]라고 말함으로써 식량 부족 현상을 개선하고 원격지에 이르는 신속한 수송 연결망의 건설을 강조했다. 영국과 인도의 많은 학자들이 주장해온 것과 같이 레잉도 인도는 유사 이래 하나의 국가를 이룩하지 못했으며, 인도가 의미하는 바는 수많은 종족과 별개의 공동체가 전제정치 아래서 함께 어울려 살아온 것뿐이라고 보았다. 그러한 인도에 서구의 과학, 학교교육, 교역, 철도를 보급하고 원주민 자신들 스스로 지역 문제를 관리하는 능력을 점차적으로 훈련시킴으로써, 인도는 지금까지 갖지 못했던 하나의 국가와 새로운 정치 생활을 향유하게 될 것이라고 그는 예견했다.[15]

---

12) B. B. Misra, *The Administrative History of India 1834~1947, General Administration* (Oxford University Press, 1987), 571쪽.

13) 세포이 항쟁이 진압되던 1858년에 인도 정부의 부채는 9,800만 파운드에 이르렀다.(Hugh Tinker, *The Foundations of Local Self-Government in India, Pakistan and Burma*(Bombay, 1978), 35쪽.)

14) M. Shiviah, *Panchayati Raj: An Analytical Survey*(Hyderabad, 1976), 29쪽.

레잉은 지역적인 봉사 사업은 지방세로 충당되어야 한다는 논리를 전개했다. 지방의 절실한 문제를 논의하고 이를 계획적으로 추진하기 위해서는 지방정부의 기능을 보다 활성화할 필요가 있었다. 지방정부는 재정 염출의 근원이 될 뿐만 아니라 주민들의 진취적인 봉사 정신이 표현될 기회를 마련해줄 것이기 때문이었다.

영국 정부는 인도의 재정적 어려움을 타개하기 위하여 윌슨J. Wilson을 총독 재정고문으로 임명했는데 그가 모색했던 해결 방도는 재정의 분산책이었다. 그는 도로 및 토목 공사에 대한 책임을 지방에 이양할 것을 제의했으며, 같은 해 예산 연설에서 "모든 것을 캘커타(영령인도의 중앙정부)에 의존하는 습성을 버리고 국민으로 하여금 스스로 잘 할 수 있는 것에 대해서는 정부에 기대지 않도록 가르치는 일이 가장 중요하다."[16]라고 말했다. 따라서 중앙정부의 무거운 재정적 부담을 지방에 분산시키려는 의도에서 인도의 지방자치제 논의가 시작되었다.

사실 '1833년의 특허법'에 따라 영령인도의 모든 재정권은 총독에게 집중되었다. 런던의 본국 정부가 캘커타의 총독정부에 미치는 통제력과 총독정부가 인도 각 지방에 미치는 통제력이 더욱 강화되었으며, 세금의 증액은 인도 사회에 대한 더 깊고 더 넓은 행정적 간섭을 의미했다. 지방정부는 총독의 재가 없이는 징세나 지출의 권한도 갖지 못했다. 따라서 중앙정부는 지방 당국이 절실히 필요로 하는 것이 무엇인지도 알 수 없었고 지방 재원의 개발과 관련된 정보를 거의 얻을 수가 없었다.

지방에서 징수되는 세금이 그 지방을 위해 유용하게 쓰이지 못할 때 지방민이 갖게 되는 불만은 매우 심각한 문제를 야기할 수도 있다. 1866년에 일어난 오리사 지방의 기근은 정부의 재정을 매우 어려

---

15) B. Misra, 앞의 책, 40쪽.
16) 같은 책, 596쪽.

운 상태로 몰고 갔으며 이를 계기로 도시 경찰의 유지비는 그 지역 주민에게 직접 부담시키기로 결정했다. 이러한 부담을 지게 되는 도시는 어느 정도 시자치제(市自治制)를 누릴 수 있게 되었다.

인도의 도시뿐만 아니라 농촌의 지방자치에 있어서 중대한 첫 조치는 메요 총독(Earl of Mayo, 재직 1869~1872)의 재정 분산책에서 엿볼 수 있다. 메요는 인도의 경제적 형편이 매우 어려워 부유한 사람에게서 거두어들일 수 있는 세금 액수도 많지 않고 가난한 사람들은 소액의 징세금조차 납부할 능력이 거의 없음을 인식했다. 그는 염세(鹽稅)를 인상하고 면허세 및 소득세를 도입했으며 아울러 재정적 부담을 지방에 넘김으로써 재정난의 타개를 모색했다.

메요 총독의 공로는 대폭동 이후 누적되어온 만성적인 재정 적자를 건실한 흑자 재정으로 바꾸어놓은 데 있다. 지방정부는 중앙정부로부터 필요한 자금을 확보할 수 있을 것이라는 안이한 생각에서 방만한 소비를 일삼는 경향이 있었다. 그 대응책으로 총독은 재정고문 템플R. Temple과 협의하여 지방에서 소요되는 액수의 대부분은 그 지방에서 충당하도록 했다.

메요 총독의 노력은 지방자치의 발전에 중대한 활력소를 불어넣었던 '1870년의 결의(the Resolution of 1870)'로 나타났다. 이 결의는 몇몇 부문의 세입과 세출을 지방정부에 이양하는 결과를 가져왔다. 고정된 액수가 5년마다 지방에 전가되며 기간이 만료될 즈음에는 중앙정부와 지방정부 사이의 협약이 다시 검토되었다. 그럼에도 불구하고 중앙정부는 지방정부의 예산에 간여할 수 있는 권한을 보유하고 있었다.[17] 이 결의의 목표는 공금 지출에 있어서 지방정부의 권한과 책임을 확대한 것이었으며, 재정 분산 계획에 따라 형무소, 등기, 경

---

17) R. J. Moor, *Liberalism and Indian Politics 1872~1922*(London, 1986), 32쪽.

찰, 교육, 의료봉사, 도로 등의 업무는 지방에서 담당하게 되었다. 경비는 중앙정부의 배정액과 지방세로 충당하도록 했으며 부족액은 지방세와 경비 절약으로 대체하되 회계연도 말까지 사용하지 않은 액수는 중앙정부로 이관되지 않고 지방정부가 처분하기로 규정했다.[18]

메요 총독이 그의 개혁을 통해 단순히 재정의 지방 분담만을 모색했던 것은 아니다. 그는 이 조치가 "지금까지의 제반 행정보다 더욱 지방자치를 발전시키고 시자치제를 강화하며 원주민과 유럽인의 협조를 기할 수 있는 기회를 부여하리라고"[19] 예견했다. 정복의 시대는 지나갔고 이제 개혁의 시대가 열렸다고 보았던 메요는 인도 정부에 능률적인 행정을 보급하고자 했다. 영국이 인도를 지배한 지 이미 1세기가 지났음에도 불구하고 행정 분야에서 인도인을 훈련시키려는 영국측의 진지한 시도가 없었던 점을 그는 개탄했다. 영국인 지배자가 당장 인도를 떠난다고 할 때 조그마한 지역 문제를 다스릴 만한 원주민조차도 없음을 지적하면서 지방정부가 인도인과 보다 긴밀히 협조할 것을 강조했다. "우리 행정부에서 원주민으로부터 기대할 수 있는 최선의 도움은, 경쟁시험이나 또는 제대로 교육받지 못한 무능력한 사람들을 당장 승진시키는 방법을 통해서가 아니라, 우리가 할 수 있는 한 많은 사람들이 조용히 자기 지역에 대한 책임을 맡고 또 지역의 문제를 다스리도록 교육시키는 데에서 구할 수 있을 것이다."[20]

메요 총독의 의도가 정치적 권력까지 지방에 이양하려는 것은 아니었다. 그는 결코 분권주의자가 아니었다. 메요의 재정개혁은 매우 신중한 조치였으며 그는 지방예산의 세목을 검열할 수 있는 권한을

---

18) G. Singh, *Landmarks in Indian Constitutional and National Development*, Vol. I (Delhi, 1973), 91쪽.

19) P. Griffiths, *British Impact on India*(London, 1978), 315쪽.

20) S. Gopal, *British Policy in India 1858~1905*(Cambridge University Press, 1988), 93쪽.

보유하고 있었다. 그는 중앙정부가 일단 약화되거나 직권을 위임하고 나면 그날부터 영국의 지배는 붕괴하기 시작하고 영국인은 궁극적인 철수를 위한 준비를 서둘러야 할 것이라고 믿었으며,[21] 중앙으로부터의 일사불란한 통제를 원했고 어떤 형태로든지 인도제국이 해체되는 것을 받아들일 수 없었다.

메요는 제국주의의 기운이 보수당을 중심으로 영국에서 강하게 일어날 무렵 인도 총독으로 부임했다. 그는 글래드스턴 자유당 정부의 첫 집권기에 인도 총독으로 활약했지만 사실상 보수당의 디즈레일리 전 수상이 이미 총독으로 선정해놓은 사람이었다. 메요는 아일랜드 문제를 다루는 데 있어서 디즈레일리의 신임을 받는 관리였기 때문에 그 역시 철저한 제국주의 정신을 마음속 깊이 간직했을 것이다. 결과적으로 인도의 지방자치에 커다란 활력을 불어넣었던 인물이 메요였지만, 그는 영국이 통치하는 동안 유일하게 원주민에 의해 피살당한 인도 총독이기도 했다.

메요 총독의 '1870년의 결의'를 낳은 동기는 지방자치를 위해 어떤 양보 조치를 부여하려는 것보다는 주로 행정적 능률을 증대시키려는 데 있었다. 그의 개혁 조치는 캘커타에 이어 이듬해부터 마드라스, 봄베이, 벵골, 서북주, 중부주 및 미얀마에까지 차례로 확대되어 지방자치 기구의 유용성이 인식되고 선거 원리가 점차 확대 보급되었다.

그러나 지역위원회는 지방정부에 의해 임명되었고 정부의 통제 아래 운영되었으며 독자적으로 세금을 부과하거나 공채를 조달할 수 있는 권한도 갖고 있지 못했다. 제국 정부는 각 지역 사이의 불균형과 지방의 실제 요구액에 대한 고려도 없이 1870년 당시 경비에 근거하여 각 지방의 예산을 산출했으므로, 그동안 최대한의 경비 절감을

---

21) 같은 책, 94쪽.

단행해온 곳은 지역 발전을 기대하기 어렵게 되는 면도 나타났다. 시자치제를 발전시킬 성싶은 요인들이 존재했지만 정부의 의도는 재정적, 행정적으로 중앙정부에 도움을 줄 수 있는 시자치체(市自治體)를 창설하는 것이었다. 지방세가 자발적이 아닌 강제적 규정으로 전환함에 따라 오히려 정부 관리의 시자치에 대한 간섭이 늘어나는 현상을 보이기도 했다.

3 리펀 총독의 지방자치제 도입

진정한 의미에서 인도의 지방자치는 리펀 총독에 의해 시작되었다. 그는 인도 총독에 임명되기 전에 이미 인도 문제에 정통한 인물로 알려져 있었다. 리펀은 일찍이 1861년에 영국 정부의 인도부상(차관)을 지냈는데 이것이 인도에 대한 관심과 지식을 갖게 된 계기였다. 그는 총독 참사위원회에 비관리(非官吏) 위원을 두기로 처음으로 규정했던 '1861년의 인도참사회법(the Indian Councils Act, 1861)'을 통과시키는 데에도 큰 역할을 했다.[22] 또한 몇 년 후 리펀은 단명(短命)한 러셀 내각에서 인도상(印度相)을 역임하기도 했다.

리펀 총독은 잠시 수상의 자리에 올랐던 자유주의자 고드리치 자작의 아들로 태어났으며 당대의 진보적인 자유주의자들의 영향을 받았다. 자유주의자들은 궁극적으로 인도의 정치적 발전을 조장해야 한다고 강조하면서 전제 권력을 약화시키고 지방의 솔선수범을 권장하기 위해서 분권 정책을 추구해야 한다고 주장했다. 존 스튜어트 밀이나 매콜리 등이 얼마간 계몽전제정치의 필요성을 주장한 데 비해 리

---

22) A. Denholm, *Lord Ripon 1827~1909: Political Biography*(London, 1982), 141쪽.

편은 더 나아가 인도인에게 정치교육으로서 대의정치제도를 훈련시키는 것이 필요하다고 생각했다. 리펀의 정치적 견해는 캐나다 총독이었던 더럼 Lord Durham이 일찍이 유명한 '더럼 보고서'(1839)에서 식민지에 대의정부를 인정해주어야 한다고 주장함으로써 영국의 제국주의적 이상에 엄청난 충격을 몰고온 바 있는 그 자유주의 이념과 서로 통하는 것이었다.

19세기 후반에 이르러 인도의 중요성은 영국에서 더욱 강조되었다. 보수당의 제국주의자들뿐만 아니라 대부분의 영국인들이 인도는 그 경제적, 군사적, 전략적 중요성에 있어서 대영제국을 밀고 나가는 바퀴의 역할을 하고 있다고 믿게 되었다.

리펀은 오랫동안의 의회 활동을 통해 인도 국민에 대한 영국인의 관심을 환기시키려 노력했으며 자신이 적극적으로 참여했던 협동조합 운동에서의 협동 이론을 인도 문제에도 적용했다. 그는 인도를 통치하는 데 있어서도 협동의 원리가 대립의 원리보다 우위에 놓여야 한다는 신념을 가지고 있었다. 산업, 사회 관계 혹은 국제적 상호 관계에 적용되는 협동 원리는 지배자와 피지배자 간에도 상호 신뢰와 의무감을 바탕으로 삼아 강조되어야 한다는 것이 그의 생각이었다.[23]

자유주의 정책을 추진함에 있어서 과단성이 결여된 인물로 묘사되기도 하는 리펀 총독이지만 인도 문제에 대해서는 나름대로 확고한 신념을 가지고 있었다. 리펀은 "나는 인도 국민을 위해 좋은 일을 하도록 하느님에게 선택되었다는 사명감을 지니고 인도에 왔다."[24]라고 부인에게 보낸 편지에서 밝히고 있다. 글래드스턴 수상에게 보낸 서

---

23) A. Denholm, "Lord Ripon and Liberal Party Indian Policy 1859~1909", *The Quarterly Review of Historical Studies*, Vol. XVI, No. I(1976), 9쪽.

24) S. Gopal, *The Viceroyalty of Lord Ripon 1880~1884*(Oxford University Press, 1983), 3쪽.

한에서도 리펀 총독은 "우리가 우리 영국인들의 이기적이고 편협한 국가적 목적에서가 아니라 인도 국민들의 이익을 위해 그들을 다스리고 그들의 복지를 증진시키기를 희망할 뿐"[25]이라는 점을 인도인에게 확신시키는 것이 자신의 사명이라고 기록했다.

메요와 리펀 모두 글래드스턴 집권기에 인도 총독으로 부임했지만 전자는 보수당 집권 말기에 선정된 사람을 수상이 그대로 임명했을 뿐이며, 후자는 제2차 집권기 때 글래드스턴 자신이 자유당의 정책을 적극적으로 추진하도록 임명한 사람이었다. 글래드스턴은 모든 인간은 평등하다는 생각에서 인도인의 입장과 마음을 이해하려고 했다. "영국이 인도를 통치하는 데 있어서 영국인의 최대 의무는 지배의 영속을 기도하는 것이 아니라 스스로에게 책임을 지도록 인도인을 훈련시키는 것이다. …… 인간의 권리는 기독교 문명권에만 한정된 것이 아니며 인도 국민의 감정과 원망(願望)은 영국인의 의무로서 깊이 고려되어야 한다."[26] 이것은 글래드스턴 자신의 신념일 뿐만 아니라 자유당의 정책이었으며 그것을 위임받은 인물이 리펀 총독이었다.

글래드스턴은 유능한 시민들에게 선거권을 확대하는 일은 그 규모가 크든지 작든지 간에 그만큼 국력에 보탬이 되리라고 보았다. 근대 국가의 힘은 대의제도에 놓여 있다는 것이 그의 신념이었다. 그는 1880년 선거 유세에서 "인도에서 우리가 갖게 될 자격은 그곳에서의 우리 존재가 인도 국민에게 도움이 되어야 한다는 첫 번째 조건과 인도인으로 하여금 그 사실을 보고 알아차리도록 만들어야 한다는 두 번째 조건에 달려 있다."[27]라고 간결하게 표현했다. 지금까지 선거 운동에서 당지도자는 초연한 자세를 취해왔던 관례를 깨고 글래드스

---

25) Ripon to Gladstone, 22 October, 1881, *Gladstone Papers*.

26) S. Gopal, *British Policy in India 1858~1905*, 301, 303쪽.

27) A. Denholm, *Lord Ripon 1827~1909*, 139쪽.

턴은 스코틀랜드의 미들로티언 선거구민 앞에 직접 호소함으로써 새로운 선거 풍토를 조성했는데 이때 인도 문제를 중대한 정치적 이슈로 제시했던 것이다. 따라서 글래드스턴이 내세웠던 자유주의 원리는 리펀 총독이 부임 이후 수행해야 할 중대한 책무가 되었다.

리펀은 서구식 교육을 받은 원주민과 동일한 견해를 가지고 통치 정책을 수행해나가려 시도했던 첫 총독이었다. 리펀은 지방자치제의 도입이 중앙과 지방에서 대의정부를 수립하는 데 첫걸음 역할을 하리라고 믿었다. 그는 지방자치제가 "행정적 면에서의 개선이라는 관점에서보다는 오히려 정치적 국민교육의 도구로서 바람직하다는"[28] 점을 지적했다. 주민들의 지역적 지식과 관심이 지역 행정 차원으로보다 자유롭게 확대됨에 따라 자연히 행정적 능률이 뒤따를 것으로 보았다. 지방정부의 형태는 상당 정도 보급이 진척된 실정이므로 구체적인 개혁보다는 여기에 새로운 활력을 불어넣는 작업이 필요하다고 보았다.

교육의 확대와 철도, 전신의 부설 등은 인도 국민의 의식과 생활 태도에 커다란 충격을 주었으며 이러한 변화 속에서 서구 사상의 영향을 받은 젊은 층은 새로운 이상과 야망을 갖게 되었다. 인도인의 자각 운동이 "해마다 더욱 빠르고 강렬하게 일어나고 있는데…… 이 신생(新生)의 진보 정신이 맹목적인 무관심이나 어리석은 억압으로 인해 심각한 정치적 위험의 싹으로 자라나는 것을 막아야 한다"[29]라고 리펀 총독은 강조했다.

영어교육이 도입된 후 서구식 교육을 받은 사람들이 인도에서 급증했다. 1857년 캘커타, 봄베이 및 마드라스에 각각 유니버시티가 설

---

28) B. Misra, 앞의 책, 602쪽.

29) L. S. O'Malley, *Modern India and the West: A Study of the Interaction of their Civilizations*(Oxford University Press, 1988), 746쪽.

298

립된 이후 국민회의의 성립(1885) 이전까지 중등교육을 마치고 대학 입학시험까지 합격한 사람은 48,251명이었다. 유니버시티의 설립 이전에도 특수 대학 혹은 단과대학 교육과정이 있었으므로 1880년대 전반에 이르면 서구 문화에 친숙한 인도인들이 무려 5만 명에 이르렀다.[30]

그들은 인도의 전체 인구에 비하면 매우 적은 숫자이지만 결코 무시할 수 없는 국민 지도층으로서 성장해나갔다. 그들은 야망을 가지고 있으면서도 조국의 현실에 대한 불만과 자신들의 위치에 대한 불확신 속에서 고민하고 있었다. 리펀 총독은 신흥 교육중간계급의 중요성을 인식하고 그들에게 활동 영역을 제공하려고 했다. 리펀은 "영국인이 도입한 교육, 문명, 물질적 진보 등으로 야기된 인도인의 야망과 포부에 배출구를 마련해주는 것이 필요하다."[31]라고 주장했다.

리펀은 글래드스턴 수상에게 보낸 서한에서 "너무 빨리 나아가는 것도 위험스럽지만 뒤로 처져 있는 것은 더욱 위험스러운 일"[32]이라고 말하면서 시의 적절한 개혁을 주장했다. 영어교육을 통해 서구의 정치제도를 동경하게 된 인도인들에게 활동 무대를 마련해주는 것은 "국민의 정치교육을 점진적으로 또 안전하게 증진시키는 당장의 효과를 기대할 수 있을 뿐만 아니라, 대의정치를 더욱 발전시키는 길을 닦아"[33] 주리라고 리펀 총독은 기대했다. 리펀은 영국과 인도의 관계에 있어서 지금까지 "두 민족이 보여온 태도 대신에 개방적인 자유주의적 정신을 정치, 사회 문제에 심었던" 사람으로서 "교육이 진전됨에 따라 전국적으로 공공심을 가진 지식층이 급증하고 있는데 이

---

30) S. Gopal, *The Viceroyalty of Lord Ripon*, 222쪽.
31) L. O'Malley, 앞의 책, 746쪽.
32) B. Misra, 앞의 책, 41쪽.
33) 같은 책, 41쪽.

들을 이용하지 않는 것은 비정(秕政)일 뿐만 아니라 전적으로 힘의 낭비"[34]라고 생각했다.

지방자치에 선거 원리를 도입하려는 리펀 총독의 계획에 대하여 인도 각 지방의 영국인 관리들이 반대하고 나섰다. 벵골 주정부는 서유럽 국가의 관습에 근거하며 원주민의 모든 전통과 이상에 맞지 않는 정치제도가 갑자기 도입되었을 때 그 시도는 필연적으로 실패할 수밖에 없다는 의견을 개진했으며, 지사 이든은 "이 조치가 일시적으로 적용될 경우 낙후된 지역에서는 너무나 세세하고, 발전한 지역에서는 너무나 단순한 것으로 여겨져 성공하지 못할 것"[35]이라고 말했다. 이든의 견해는 선거제도가 광범하게 확대될 경우 실패를 면할 수 없으며 행정관이 지역위원회의 장(長)이 되어야 한다는 것이었다.

마드라스 주정부도 선거제도는 주민이 이 제도에 익숙하지 않을 뿐만 아니라 존경받고 있는 계층이 선거에서 낙선할 것을 우려하여 후보자로 나서려고 하지 않기 때문에 실패할 수밖에 없다고 보았다.[36] 봄베이 주정부도 주민 사이에 오랫동안 존재해왔던 화해와 진정한 협조는 시정부 이외의 어디에서도 기대할 수 없다는 이유로 선거제도의 확대 실시를 반대했으며, 보수당원인 지사 퍼거슨은 리펀 총독의 계획된 조치가 "매우 급진적이고 시기상조"[37]라고 비난했다.

인도에 진보적인 지방자치제를 도입하려는 리펀 총독의 계획은 영국 정부 내에서도 반대에 부딪혔다. 리펀은 가까운 친구인 인도상 킴벌리의 지원을 기대했으나 결과는 반대였다. 대폭동 이후 총독의 권한이 크게 신장된 것이 사실이지만 인도상과 인도 총독정부의 관계

---

34) H. Tinker, 앞의 책, 43~44쪽.
35) L. P. Mathur, *Lord Ripon's Administration in India*(New Delhi, 1982), 180쪽.
36) 같은 책, 180~181쪽.
37) R. J. Moor, 앞의 책, 35쪽.

는 가끔 "우화 속에서의 이리와 양의 그것"[38]으로 묘사되기도 했다. 특히 모국 정부의 간섭이 심해 총독정부가 힘들여 겨우 비축해놓은 모든 것에 대해 인도상이 그 처분권을 주장하고 나설 정도였다.

킴벌리는 총독의 계획이 너무 멀리까지 나아가고 있다고 생각했다. 뿐만 아니라 인도상은 보수적인 집단인 인도위원회의 압력을 받고 있었다. 각료의 한 사람인 인도상은 인도 총독에게 결정적인 영향력을 행사할 수 있는 지휘, 통제의 권한을 가지고 있었지만 인도위원회의 의견을 무시할 수 없었다.

1858년 인도가 영국 왕실의 직접 통치 아래 들어감에 따라 지금까지 동인도회사를 통할했던 감독국이 폐지되고 대신에 인도위원회가 설립되었다. 인도상을 의장으로 하며 차관을 포함한 열다섯 명의 인도전문가들로 구성된 이 위원회는 인도상에게 단순히 조언만을 했던 것이 아니라 사실상 그를 통제했다. 재정 문제에서 파수꾼 역할을 했던 이 위원회는 인도의 세입, 세출 문제와 총독 참사위원회의 위원을 임명하는 데 커다란 영향력을 행사하고 있었다.

인도위원회는 총독이 사전 협의도 없이 자신의 계획을 밀어붙이고 있다고 공격했으며, 리펀은 이미 1871년에 메요 총독이 통과시킨 조치를 보완하고 있을 뿐이라고 맞섰다. 인도상과 인도위원회가 반대했던 요점은 총독이 지역위원회에 선거 원리를 도입, 확대하려고 시도한다는 데 있었다. 인도상 측은 벵골 주지사 이든의 견해, 즉 지역자치위원회를 구성하는 데 있어서 선거 원리는 몇 개의 지역에만 선별적으로 도입되어야 하며 모든 것은 정부 대표로 주재하고 있는 행정관이 주도해야 한다는 입장을 지지했다. 이에 대해 리펀 총독이 사직하겠다는 강경한 태도를 보이자 인도상 측에서 후퇴하는 자세를 취하게 되었

---

38) B. Misra, 앞의 책, 37쪽.

다.[39] 글래드스턴은 리펀 총독의 계획에 대해 "진정한 호의"[40]를 표했으므로 총독은 여기에 고무되어 이 문제를 밀고 나갈 수 있었다.

지방자치제 실시에 관한 리펀 총독의 원칙은 '1882년의 결의(the Resolution of 1882)' 속에 구체적으로 명시되었다. 지방자치제의 확대에 관한 규정은 대강 다음과 같았다. 첫째, 정치교육은 지방정부의 주요 기능이며 이는 행정상의 능률보다 더 중요성을 가진다. 둘째, 농촌위원회는 시위원회와 동일한 형태로 설립된다. 셋째, 모든 위원회는 3분의 2 이상의 비관리(非官吏)를 포함해야 하는데 이들은 가능한 선출된 이들로 한다. 그리고 선거는 보다 진보적인 도회에서는 즉시 실시되며, 소도(小都)나 시골에서는 점차적으로 또 비공식적 실험 방법을 통해 실시한다. 넷째, 통제는 내부에서보다 외부로부터 이루어져야 한다. 다섯째, 모든 지방위원회의 의장은 가능한 한 비관리 가운데서 선출되어야 한다. 여섯째, 각 지방은 이 결의의 전체적인 지침을 지방의 사정에 따라 해석하여야 한다.[41]

'1882년의 결의'는 중앙정부가 지역위원회에 대해 행사할 수 있는 통제의 정도와 방법에 대해 언급했다. 정부는 지역단체의 활동을 교정하고 견제할 뿐 명령해서는 안 된다. 정부의 재가는 매우 신중을 요하며 어떤 활동에 대해 유효성을 부여하기 위해 필요하다. 예컨대 종교나 치안 문제 등에 영향을 미치는 사안에 개입하는 것은 지양하고, 공채를 모집하거나 공공재산을 처분하는 일, 세금을 부과하는 문제 등을 재가하는 데 머물러야 한다. 재정 문제의 재량권에 관해서 중앙정부는 고정된 예산액의 지출뿐만 아니라 어떤 지방세율의 관리

---

39) R. P. Marhur, "Lord Ripon and India Council", *The Quarterly Review of Historical Studies*, Vol. VIII, No. 3(1974), 130~131쪽.
40) R. J. Moor, 앞의 책, 35쪽.
41) H. Tinker, 앞의 책, 45쪽.

까지도 지방위원회에 위임하도록 한다. 면허세 등의 할당과 징수는 지방위원회의 소관으로 하며 지방세의 할당 총액은 수입과 지출의 균형을 가능한 한 유지하도록 고려해 결정해야 한다. 또 특별한 경우에 있어서나 혹은 지방위원회가 중요한 의무를 계속 등한시할 때는 그 활동을 지방정부가 잠정적으로 중지시킬 수 있는 권한을 가져야 한다. 마땅히 등한시되었던 의무가 만족스럽게 이행될 때까지 위원회의 의무를 맡을 사람들이 임명되어야 하는데 이러한 경우 새로운 위원회는 선출이나 임명에 의해 구성되어야 한다.[42]

지방정부를 절대적으로 억압할 수 있는 권한은 그때마다 총독이 다스리는 중앙정부의 동의를 필요로 했다. 사실 이러한 권한은 오래도록 모범적으로 지방자치가 이루어지고 있는 영국에서도 행정부에 주어져온 것이다. 지방위원회의 진행 상황을 처음부터 주의 깊게 살피는 것은 행정부 관리의 일반적인 업무 소관이었기 때문이다. 지방위원회가 과오를 범하는 것을 방지하기 위해 지방정부에 감독하고 통제할 수 있는 권한을 부여하면서도 리펀 총독이 의도했던 것은 행정관리가 가능한 한 지방위원회의 활동에 가까이 하지 못하도록 하는 것이었다.

행정관리가 지방위원회의 의장이 되어야만 그 기구의 활동을 직접적으로 인도하고 규제하는 데 편리할 것이라는 주장이 제기되었다. 그러나 행정관리가 시(市)나 지역위원회의 의장으로 있는 한 이 위원회가 지방 문제를 다루는 데 있어서 위원들 특히 비관리 위원들이 효과적으로 정치 훈련에 참여하고 지방 문제에 적극적인 관심을 갖도록 유도할 수 있는 기회가 거의 없으리라는 것이 총독의 생각이었다. 총독은 지방위원회의 실제적인 권한이 관리 아닌 위원들의 손안

---

42) M. Venkatarangaiya ed., *Local Government in India : Select Readings*(Bombay, 1969), 114~115쪽.

에 있고 실제적인 책임 또한 그들 자신에게 있다는 것을 느끼도록 만드는 것이 중요하다고 믿었다.[43]

따라서 가능한 한 관리 아닌 사람이 지방위원회의 의장으로 활동해야 하며 이의 임명은 지방정부의 인가 절차를 배제하고 자체 내에서 선출하는 방식이 바람직하지만, 각 지방의 사정을 고려하여 이 문제는 지방정부의 재량으로 남겨두기로 했다. 만약 비관리 위원 중에서 의장 적임자를 찾을 수 없을 때는 불가피하게 행정관리가 임명될수 있지만 이 경우에는 투표권을 갖지 못하도록 규정하는 편이 바람직하다는 것이 총독의 견해였다.

'1882년의 결의'에 대해 총독 측근의 집행위원 가운데 베어링과 호프만이 열렬한 지지를 보냈고 다른 위원들은 협조적이 아니었다. 주정부의 반응도 한결같은 것은 아니어서 주지사들이나 지방정부의 고위 관리들은 비관리 위원이 의장이 된다는 조항의 내용에 적지 않게 충격을 받았다. 그러나 리펀 총독의 계획은 그대로 추진되었다.

봄베이 주지사 퍼거슨은 총독의 지방자치 정책이 너무 급진적인 조치이므로 성공적으로 운영되어온 기존의 제도를 망쳐놓을 것이라고 비판하고 수정안을 중앙정부에 제출했으나, 리펀 총독은 국민 정치교육의 도구로서 지방자치를 확대하는 것이므로 정치적 위험성에 휘말릴 가능성은 없다는 점을 강조하면서 봄베이 주의 수정안을 기각했다.[44]

편잡 주정부는 리펀 총독의 정책에 충실히 따르는 시행세칙을 마련했는데 총독은 "모범적인 법안"[45]으로 이를 받아들였다. 벵골 주지사 톰슨은 총독의 동의를 얻어 벵골 주 자치법을 마련하고는 선거제도의 도입을 강조했다. 각 자치위원회의 위원 수는 39명을 넘지 않도록 제

---

43) 같은 책, 115~116쪽.

44) S. Gopal, *The Viceroy of Lord Ripon*, 107~108쪽.

45) L. P. Mathur, *Lord Ripon's Administration in India*, 191쪽.

304

한했으며, 그 가운데 3분의 2는, 선거가 허용될 경우 21세 이상의 남성 거주자 가운데 연 3루피 이상의 납세자와 대학 졸업자들의 손으로 선출하도록 했다.[46]

지방자치 실시에 관한 시행세칙은 리펀 총독의 재임 때 거의 모든 주에서 통과되었다. 지방자치구는 대체로 주(州) 밑에 질라를 두었고 다시 이를 세분한 하위 단위로 타실이 있었었다.[47]

리펀이 추진한 정책의 직접적인 결과로서 선거자치구가 크게 증가했다. 즉 새로운 지방자치제가 도입되기 이전인 1881년과 국민회의가 성립된 1885년을 비교해 볼 때 자치구의 수효는 크게 증가하지 않았지만 선거제에 의해 구성되는 자치위원회는 160여 개에서 약 480개로 현저히 증가했으며, 반면에 임명에 의한 자치위원회는 540여 개에서 약 250개로 크게 감소했다.[48]

주	자치구 총수	선출된 의원의 비율	전체 혹은 부분적으로 선출된 위원회	전원 임명된 위원회	의장	
					관리	비관리
벵골	147	50.4%	118	29	130	17
봄베이	162	10.8%	40	122	152	10
마드라스	54	24.6%	33	11	26	28
서북주	109	79.8%	101	8	103	6
펀잡	197	42.6%	122	75	120	77
중부주	58	60.2%	58	–	18	40
미얀마	13	45.8%	8	5	13	–

자치위원회의 구성(1885년)

---

46) 같은 책, 199쪽.
47) 예컨대 당시 약 4,000만 명의 인구가 밀집해 있었고 인도에서 가장 큰 주인 우타르프라데시는 각각 평균 3,200평방킬로미터의 규모를 가진 48개의 질라로 구분되었다. 이곳에는 정부의 대표인 행정관이 주재했으며, 이 질라는 다시 평균 640평방킬로미터 규모의 세 개에서 여덟 개까지의 타실로 나뉘었다.(S. H, Fremantle, 앞의 책, 58쪽.)
48) H. Tinker, 앞의 책, 48쪽.

리펀의 지방자치 개혁은 매우 진보적인 것으로서 향후 20년 동안 도시의 인구 변동에 따라 소수의 자치구가 폐쇄되고 새로운 자치구가 성립된 경우도 있었지만, 눈에 띄는 커다란 변혁은 나타나지 않았다. 리펀의 개혁은 영국의 자유주의 이념과 일치하는 것이었으며, 특히 농촌 자치단체 간의 조직망을 형성한 부분은 영국의 농촌위원회가 성립되기 수년 전에 계획된 과감하고도 혁신적인 개혁이었다. 리펀의 지방자치제는 중간계급에 의해 압도될 것을 우려한 인도의 귀족, 지주계급으로부터는 반발을 받기도 했지만 새로운 정치 활동을 펼칠 수 있는 무대를 갖게 된 신흥 중산층으로부터는 전폭적인 환영을 받았다.

4 지방자치 정책의 의도와 반응

'1882년의 결의'는 근본적인 지휘·관리·감독권은 중앙정부의 권한으로 남겨놓고, 시(市)행정 실무는 선출된 주민 대표에게 위임하며, 주민들은 비관리 의장이 주관하는 그들의 대표기관을 통해 자치 훈련을 받도록 계획했다. 치안 문제는 중앙정부의 소관으로 남겨두며, 지방자치단체는 교육, 공공 위생, 등화 설비, 도로, 식수(食水) 및 기타 공공사업을 관장하기로 결의했다. 행정의 전반적인 원칙은 런던이나 캘커타의 중앙정부에서 수립하고 그에 대한 집행은 지방에서 직접 실시하게 되었다.

영국은 인도를 지배하는 데 있어서 대리인이 필요했던 것이다. 사실상 통치권은 영국인이 장악하고 있으면서도 이민족이 직접 원주민을 다스린다는 인상을 주지 않기 위해 세부적인 실무는 인도인에게 맡겼던 이른바 이중통치제도는 일찍이 18세기 중엽 인도에서 영국의 지배권이 확립되던 초기 단계에 로버트 클라이브가 추구했던 통치제도였다. 이와 같이 조심스런 영국의 통치책은 면면히 이어져왔지만 리펀은 인도 원주민이 직접 선출한 다수의 대표들이 자신들의 지역 문제를 스스로 처리하도록 함으로써 인도인의 긍정적인 반응을 이끌어 냈다.

지방자치제의 도입은 지식층의 활동을 위한 정치교육 수단으로서 계획되었지만 원래는 정부의 재정적인 어려움을 타개하기 위한 발상이었다. 지방에 재정적 부담을 지우기 위해서는 더 많은 세금을 부과해야 했으며, 많은 과세는 지방에 대한 더 많은 간섭을 필요로 했다. 간섭을 가하면 가할수록 제국주의적 통치에는 그만큼 더 큰 위험을 초래하게 되었으므로 이에 대한 위무책(慰撫策)으로서 지방자치제가 인정되었다고 볼 수 있다. 지방자치를 잠재적인 힘을 가진 지식층에 대한 정치교육의 도구로 의도했던 리펀은 인도인으로 하여금 자기 지역의 문제를 스스로 처리하도록 훈련시킴으로써 마비되어 있는 기존 제도에 생기를 불어넣을 수 있을 것이라고 생각했다. 새로이 지방자치제가 도입되었지만 "인도인들은 영국인의 이익을 확보해주는 구조 속에서 활동하게 되는 셈이었다. 요컨대 새로운 제도는 협력자를 찾기 위해서 던진 더 넓은 그물이었다."[49]

리펀 총독은 정치적 교육과 행정적 능률도 계산했지만 인도인으로부터 나타날 불만의 위협을 우려했다. 리튼 총독의 이른바 '전진 정책'의 결과로 외교, 재정, 언론, 군사법 등 모든 면에 걸쳐 인도 원주민의 이익이 영국의 그것을 위해 희생당하고 있다는 생각이 인도에 팽배해 있음을 간파한[50] 리펀 총독은 인도인의 마음으로부터 이러한

---

49) Anil Seal, "Imperialism and Nationalism in India", *Modern Asian Studies*, 7. 3 (1973)(Cambridge University Press), 333쪽.

50) Briton Martin Jr., *New India 1885: British Official Policy and the Emergence of the

인식을 제거하고 영국 지배에 대한 원주민의 신뢰를 회복하는 것이 절실하다고 믿었다.

리펀은 글래드스턴 수상에게 보낸 사신에서 "반대되는 두 방향으로 끌어당기고 있는 완고한 관료층과 신흥 인도인 중산층 사이에서 불거지는 심각한 정치적 위험성"[51]을 지적했다. 그는 서구식 교육을 받은 원주민을 영국 측으로 끌어들어야 한다고 강력히 주장했다. 신교육을 받은 인도인들은 스스로를 민주 발전의 선구자로 생각하고 있는데, 그들의 정치적 열망과 기대가 무시당할 때 이 엘리트 계층은 영국 지배에 대한 심각한 적대 세력으로 나타날 가능성을 충분히 내포하고 있었다. "그들의 포부와 야망을 위한 합법적 통로를 마련해주지 않을 바에는 차라리 당장 우리의 대학들을 폐쇄해버리는 편이 더 나을 것이다. 왜냐하면 대학들은 불가피하게 우리 통치에 위협적이고 영향력 있는 적(敵)이 되고 말 사람들의 숫자를 해마다 엄청나게 늘리는 데만 도움을 줄 것이기 때문이다."[52]

메요 총독에 의해 이미 지방자치제의 씨가 뿌려졌지만 거의 결실을 맺지 못했던 것은 관료들이 냉담한 태도로 행정적인 면만을 바라보았을 뿐 지방정부의 정치적 측면을 무시했었기 때문이다. 따라서 시·지방 기구를 광범하게 민중적, 자치적으로 활성화할 필요가 있었다.

리펀은 교육받은 인도인으로부터 영국 지배에 대한 불만과 적의가 아닌 충성과 지지를 기대했다. 그의 지방자치 정책은 영국 통치의 보다 광범한 토대를 이론이 아닌 정치적인 기반 위에 확립하려는 것이었다. 리펀이 지방자치의 확대를 통하여 의도했던 바는 "유럽 민주주

Indian National Congress(Oxford University Press, 1987), 11쪽.

51) B. Misra, 앞의 책, 602쪽.

52) Anil Seal, *The Emergence of Indian Nationalism: Competition and Collaboration in the later Nineteenth Century*(Cambridge University Press, 1988), 148쪽.

의적 형태의 국민대표 선출이 아니라 그 사회에서 가장 학식이 깊고 영향력 있는 사람들로 하여금 자신들의 지역 문제를 다루는 데 관심을 갖고 적극적으로 참여하도록 점진적인 훈련을 시키려는 것이었다."[53] 리펀 총독은 인도에서 빠른 속도로 성장하고 있는 중산층이 영국의 대인도정책에 점점 비판적인 시각을 갖게 되리라는 점을 간파하고는 그들을 가급적 공직에 많이 채용하고 지방자치체에서 선거 제도를 확대 실시할 필요가 있다고 판단했다.

리펀 총독의 지방자치제 도입에 관해서는 상반된 평가가 내려졌다. 많은 영국인들과 영국인 단체들은 리펀이야말로 대영제국의 붕괴를 몰고 온 책임을 져야 한다고 주장하고 나섰다. 인도상이 총독에게 비협조적이었을 뿐만 아니라, 특히 인도 문제 전문가들로 구성되어 영국의 대인도정책에 막강한 영향력을 행사하고 있던 런던의 인도위원회와 인도에 거주하는 영국인 단체들은 리펀 총독을 "빗나간 감상 때문에 백인들의 이익을 포기해버린 배신자"[54]라고 매도했다.

영국 하원에서도 리펀 총독의 정책에 대한 비판이 일어났다. 보수당의 랜돌프 처칠Randolph Churchill은 리펀이 미래를 전혀 예견하지 못한 인물이라고 비난하면서 "리펀 총독은 도원경(桃源境)을 제시하여 영국 국민의 이익을 배반하는 짓을 저질러놓고 만족해하고 있다."[55]라고 혹평했다. 비판자들은 리펀이 인도 국민도 자치할 자격이 있으며 영국인은 단지 이에 대한 방해자일 뿐이라는 이론으로 인도인들의 독립심을 고취시킴으로써 궁극적으로 영국이 식민지 인도를 상실하게 될 길을 열어놓았다고 보았다.

다른 한편 영국 조야(朝野)에서도 비록 소수이지만 리펀 총독의

---

53) A. Banerjee ed., *Indian Constitutional Documents*, Vol. Ⅰ(Calcutta, 1981), 78쪽.

54) L. P. Mathur, *Lord Ripon's Administration in India*, 273쪽.

55) A. Denholm, *Lord Ripon 1827~1909*, 162쪽.

정책을 지지한 사람들이 있었다. 내각에서는 여러 각료가 총독의 성
실성을 높이 평가하는 분위기였으며, 글래드스턴 수상은 의회에서
"리펀은 자신의 직책에 대해 찬탄할 만한 자격을 갖추고 있으므로
장래의 어느 정부도 인도를 위해 그가 봉사해온 바를 기꺼이 강화시
켜 나갈 것이다."[56]라고 말했다. 크림 전쟁의 성녀 나이팅게일은 리펀
총독에게 사신을 보내 "당신은 인도 국민 대중의 마음을 정복했으며
또한 영국 내에서도 진실한 승리를 얻었다."라고 격찬하면서 리펀을
"인도의 구세주"라고 불렀다.[57]

수많은 역사가들이 리펀 총독의 정책을 긍정적으로 평가했다. 일례
로 영령인도사에 관한 권위 있는 저서를 남긴 로버츠P. Roberts는 리
펀을 "평화와 자유방임 및 자치의 미덕에 대한 강한 신념을 가졌던
글래드스턴 시대의 진정한 자유인"[58]으로 묘사하면서 억압 일변도로
나아갔던 리튼 총독과는 정반대의 정치적 견해를 가진 위대한 총독
으로 부각시켰다.

선거 원리를 확대하려 했던 리펀 총독의 지방자치 정책은 인도 측
으로부터는 소수의 지주와 귀족 등 보수적 세력을 제외하고는 한결
같은 환영을 받았다. 리펀의 지방자치는 단순한 과두 세력의 조직망
을 형성하는 것이 아니라, 새로운 자치기구라는 정치적 이상의 표현
으로 최대한 주민의 의사에 근거하는 형태의 것으로 모색되었기 때
문이다.

봄베이 지방에서 큰 정치적 영향력을 행사했던 초기 인도국민회의
의 지도자 메타P. Mehta는 "리펀 경은 의심할 나위 없이 인도인들에
게 가장 인기 있는 총독이었으며, 인도 국민에 대한 그의 변함없는

---

56) L. P. Mathur, 앞의 책, 237쪽.

57) C. W. Smith, *Florence Nightingale*(London, 1981), 402쪽.

58) P. Roberts, *History of British India*(Oxford University Press, 1967), 463쪽.

사랑, 인도인의 자유의 근거를 확대하려는 집념과 명료한 진실성 등
이 그로 하여금 '의인 리펀Ripon-the Righteous'이라는 칭호를 얻도
록 만들었다."[59]라고 격찬했다.

또 역시 초기 국민회의 활동에 있어서 가장 존경받는 민족지도자
의 한 사람이었으며 자유당원으로서 영국 하원에 진출한 첫 인도인
이었던 다다바이 나오로지Dadabhai Naoroji는 "리펀이야말로 인도
국민의 위대한 친구이며, 인도를 통치함에 있어서 영국 자유주의의
최고 원리를 심어준 그의 헌신은 그를 영국의 가장 위대한 애국자이
게 했다."[60]라고 말했다.

최대의 찬사는 인도 토후의 한 사람인 사히브 다얄Sahib Dayal로
부터 나왔다. 그는 전 총독 로렌스Lord Lawrence에게 보낸 서한에서
"만약 인도에서 영국 세력이 위기에 처한다면 영국 당국은 리펀을
인도에 보내면 될 것이다. 리펀은 몇 개 연대의 병력보다 영국을 위
해 훨씬 더 많은 일을 할 것이며, 인도 여성들은 패물을 팔아 그의
발아래 바칠 것이다."[61]라고 말했다.

인도인의 마음속에 리펀에 대한 기억은 그 후로도 오랫동안 남아
있었다. 1909년 인도국민회의의 의장 연설에서 모한 말비야Mohan
Malviya는 "리펀이야말로 인도가 지금까지 아는 바 가장 위대하고
가장 사랑받는 총독"[62]이라고 찬양했다.

리펀의 업적에 대한 인도인들의 반응은 그가 총독 직을 물러나서
영국으로 돌아갈 때 인도가 보여준 범국민적인 환송에서 뚜렷이 느
낄 수 있었다. "인도 역사상 유례없는 사랑과 찬탄과 감사의 환송 행

---

59) P. K. Rao, *Foreign Friends of India's Freedom*(Bangalore, 1973), 45쪽.

60) 같은 책, 45쪽.

61) L. Mathur, *Lord Ripon's Adminstration in India*, 239쪽.

62) 같은 책, 239쪽.

사가 조직되었으며"[63] 캘커타 전 시가는 명절과 마찬가지로 화려하게 불 밝혀 축제 분위기를 이루었다. 수많은 사람들의 환송 물결이 떠나는 총독에게 경의를 표했으며, 캘커타에서 봄베이에 이른 그의 퇴임 행정(行程)은 마치 열광적인 개선의 행진처럼 이어졌다.[64] 리펀은 "근대 지방자치의 진정한 창시자"[65]로 갈채를 받았으며 인도 국민에게는 위대한 자유 투사로 기억되었다.

5 앨런 옥타비안 흄과 인도국민회의

1885년은 '새로운 인도'의 출현을 알리는 해였다. 이해 발족한 인도국민회의는 후일 인도의 민족주의 운동 내지 독립운동을 주도하는 집단으로 성장했다. 인도의 현대 정치사는 국민회의 활동의 기록이라고 말할 수 있을 정도이다. 인도국민회의의 성립은 직접적으로는 영국인 앨런 옥타비안 흄이 노력한 결과였다. 그렇지만 국민회의의 출현은 인도 사회의 다방면에 걸친 발전에 따른 국민 각성이 가져온 당연한 논리적 결과였다. 특히 이른바 교육중간계급의 출현은 국민회의와 같은 단체의 출현을 오래전부터 예견하게끔 만들었다.

영어교육을 받은 교육중간계급의 성장이야말로 반세기 전에 매콜리가 의도했던 영국인 지배자와 인도 국민 사이에서 '통역자' 역할을 담당할 계층의 형성을 의미했다. 인도의 대학 교육은 1857년에 설립된 캘커타, 봄베이, 마드라스의 세 유니버시티가 중추적 역할을 담당

---

63) P. Rao, 앞의 책, 44쪽.

64) C. Andrews, G. Mookerjee, *The Rise and Growth of Congress in India*(Meerut, 1967), 84쪽 ; P. Roberts, 앞의 책, 470쪽.

65) P. Spear, *The Oxford History of Modern India 1740~1947*(Oxford, 1965), 277쪽.

했지만 1870년대 이후 교육기관은 전반적으로 크게 확장되어갔다.

벵골 지방은 정치적 중심지였으므로 교육도 거기에 상응하여 크게 발달했다. 1874년부터 10여 년 동안 벵골 지방의 대학생 수는 크게 증가했는데 대부분의 칼리지는 캘커타에 있었다. 1883년 벵골 주의 대학생 수는 3,756명이었고 캘커타에만 2,445명이 몰려 있었다. 같은 해 캘커타의 중등학교는 약 만 명의 학생들을 교육시켰다. 1882년의 경우 10년 만에 학교 수에서는 열일곱 배, 학생 수에서는 일곱 배의 증가를 보였다.[66] 봄베이 주와 마드라스 주는 벵골 주에 미치지는 못했지만 역시 교육의 신장세가 두드러졌다.

고등교육을 받은 인도의 젊은이들은 대부분 하위 직이긴 했지만 관리로 많이 채용되었으며 한편으로는 교사, 변호사, 언론인, 의사, 기사 등 다방면으로 진출해나갔다. 세 도시에 유니버시티가 설립된 지 20여 년이 지난 1880년경에는 영어교육을 통해 서양 문화에 친숙해진 인도인이 약 5만 명이나 되었다.[67] 이와 같은 현상은 영어교육에 의해 교육중간계급이 형성되어가는 과정이었으며, 언어가 통일되어 있지 않은 인도에서 그들은 영어를 매개어로 하여 조국의 현실 문제를 진지하게 논의할 수 있게 되었다. 분명히 그들은 무지하고 가난한 인도 국민을 이끌어가고 그들에게 커다란 영향력을 행사할 수 있는 지도자의 자질을 갖춘 사람들이었다. 그들은 영어교육의 영향을 받아 서구의 문물을 동경하면서도 조국의 현실을 비판적인 눈으로 바라보기도 했다.

1870년대부터 인도의 정치 현실에는 주목할 만한 변화가 일어나고

---

66) Anil Seal, *The Emergence of Indian Nationalism*, 21~22쪽.

67) Mary Cumpston, "Some Early Indian Nationalists and their Allies in the British Parliament 1851~1906", *The English Historical Review*, No. 299, April (1961), 288쪽.

있었다. 영어교육을 받은 인도인들은 지금까지 영국 통치자에 대해 보여온 협조자의 위치에서 벗어나 비판자의 태도를 취하기 시작했다.

1876년에 창립된 인도협회가 그러한 움직임의 표현이었다. 인도협회는 이전의 단체들이 지주를 비롯한 보수 세력에 의해 주도되었던 점을 비판하고 자신들은 "토지를 많이 소유하지 못했고 비교적 가난하며 사회적 지위가 낮은, 그렇지만 보다 젊고 잘 교육받은 사람들"[68] 이라고 강조했다.

인도협회의 창설자였던 슈렌드라나드 바너지는 당시까지 인도인으로서는 서너 명에 불과한 인도문관시험 합격자 가운데 한 사람으로서 징세관에 임명되었으나 당국의 강압에 의해 해직당한 후 민족주의 운동에 뛰어든 인물이었다. 그는 교육받은 인도인들의 우상으로 부상했다. 바너지는 마치니 G. Mazzini의 영향을 강하게 받았으면서도 그의 공화주의적 혁명론을 거부하고 "글래드스턴의 정치적 제자로서 또 버크 E. Burke의 열렬한 숭배자로서"[69] 영국 의회 정치에 대한 신념을 결코 버리지 않았다. 이런 면에서도 바너지는 당시 인도의 교육받은 중간계급이 생각하고 행동했던 표본을 보여주었다.

인도협회가 "인도의 정치적 공동 관심사에 대처하기 위해 국민의 단합을 도모하고 강력한 여론 단체를 형성하는 것"[70]을 목표로 내세웠던 것도 후일의 국민회의가 의도했던 바와 크게 다를 바가 없었다. 국민회의도 결국 인도 '국민'의 대표기관은 아니었고 국민의 의사를 대변한 것도 아니었다. 국민회의는 국민의 압도적인 다수가 문맹인 인도에서 "다만 한 줌의 교육받은 소수의 모임"이었을 뿐이며, 국민회의에서 활약했던 인도인 엘리트는 영국식의 사고방식을 가진 "지

---

68) Anil Seal, *The Emergence of Indian Nationalism*, 215~216쪽.

69) L. O'Malley, 앞의 책, 90쪽.

70) P. Griffiths, *The British Impact on India*(London, 1978), 262쪽.

314

식 귀족"[71]이었을 따름이다.

새로운 교육을 통해 영국의 민주정치를 터득하게 된 인도인들은 1880년대에 접어들면서 전 인도적 조직체를 구성하려는 움직임을 강하게 내보이기 시작했다. 이러한 현상은 통치자인 영국인의 입장에서 볼 때에는 그들의 목적으로부터 이탈해가는 우려할 만한 경향이기도 했지만, 다른 한편으로 생각할 때 인도 국민의 지도자인 이 계층을 효과적으로 조종할 수만 있다면 영국 정부에 동조적인 집단으로 이끌어갈 수도 있을 터였다. 영어교육에 의한 교육중간계급의 성장이야말로 근대 인도 정치사에서 중대한 전기를 마련하게 될 국민회의의 불가피한 출현을 예고하는 것이었다.

앨런 옥타비안 흄은 스코틀랜드 출신으로 개혁 성향이 짙은 집안에서 태어났다. 부친 조셉 흄Joseph Hume은 영국 정계에서 벤담과 제임스 밀 등의 영향을 받아 많은 사회 개혁을 이룬 급진적 정치가로서 유명했다. 동인도회사의 직원으로 인도에서 일하며 많은 재물을 모은 뒤 귀국해서는 국회의원에 당선된 그는 당시 인도에 진출하여 출세했던 영국인의 전형이었다.

앨런 옥타비안 흄도 1849년부터 동인도회사의 서기로 일하기 시작해 30년이 넘도록 지방 치안판사, 세관 감독관, 통상 세무관을 거쳐 총독정부의 비서관으로 근무하다가 자신의 자유주의적 견해와 보수당 정권의 리튼 총독정부 측과의 불화 때문에 관직에서 물러날 수밖에 없었다. 흄이 최종적으로 관직에서 은퇴한 것은 1882년이었지만 사실상 그는 1879년에 그만둔 셈이었다. 리튼 총독은 흄에게 편잡 주의 부지사 직을 제의했으나 흄은 그 자리가 즐기기에는 좋지만 아내와 자신이 원하는 바가 아니라고 하여 사양했다. 흄은 총독부 내의 자리를

---

71) R. P. Dua, *Social Factors in the Birth and Growth of the Indian National Congress Movement*(New Delhi : S. Chand & Co. 1987), 22쪽.

원했지만 이는 본국 정부에서 원하는 바가 아니었다. 이후 흄은 조류학자(鳥類學者)로서 평소의 관심 분야였던 새 연구에 전념했다.[72]

관직을 떠난 후 1883년 봄, 그는 캘커타 대학교 졸업생에게 보낸 공개서한에서 범국민적 조직체의 구성이 절실하다는 점을 강조했다.

자연스러운 사물의 질서에 따라 당신들은 인도에서 모든 정신적, 도덕적, 사회적 및 정치적 진보를 위한 가장 중요한 밑바탕을 이룩해야만 한다. 개인이나 국가를 막론하고 모든 주요한 발전은 내부로부터 일어나야 하며, 인도가 독창적인 힘을 기대하는 최고의 교양과 개화된 지성은 그대들에게 있다. …… 필요한 것은 통합과 조직이며 분명한 행동 노선이다. 이를 확보하기 위해서는 하나의 조직체가 요구되며, 비상한 관심을 가지고 무장하고 조직되어야 할 뿐만 아니라 인도 국민의 정신적, 도덕적, 사회적 갱생을 촉진시키는 것을 그 목표로 해야만 한다. 진실된 사람 쉰 명만 발기인으로 모인다면 이 단체는 조직될 수 있을 것이고 그 이후의 발전은 비교적 쉽게 이루어질 터이다. 그대들은 이 땅의 소금이다. 그대들 엘리트 가운데 충분한 희생정신과 조국에 대한 자존심과 사욕 없이 솔선수범하는 애국심을 갖고 있는 쉰 명을 찾지 못한다면, 또 조국의 대의를 위해 그대들의 여생을 바칠 각오가 되어 있지 않다면 인도의 장래는 무망(無望)할 뿐이다.[73]

이즈음 19세기로서는 가장 큰 규모의 기근이 간헐적으로 인도의 광범한 지역에 엄습했다. 가공할 기근이 1866~1867년에는 마드라스에서 캘커타에 이르는 동해안 지방을, 1868~1869년에는 우타르프라

---

72) W. Wedderburn, *Allan Octavian Hume: the Father of Indian National Congress*(New Delhi, 1988), 39~47쪽.

73) 같은 책, 50~51쪽.

데시 주, 펀잡 주, 라자스탄 주를 휩쓸었으며, 1873년에는 벵골 주, 비하르 주, 서북변경주 등을, 1876~1879년에는 마드라스 주, 마이소르 주, 하이데라바드, 서북주 및 봄베이 주를 강타했다.

기근으로 인해 농민들의 생활은 최악의 상태에 이르렀으며 무거운 지대(地代), 목화 시장의 침체, 고리대금업자인 바니아 계층의 횡포 등이 맞물려 규모는 크지 않았지만 산발적인 농민 폭동이 일어났다. 벵골 지방의 퍼브나 폭동(1873)과 데칸 폭동(1875), 봄베이 지방의 파드케 폭동(1878~1879) 등이 그것이다.[74] 또 여기에 아일랜드의 농민 운동과 자치운동이 인도의 농민 소요(農民騷擾)를 간접적으로 자극했다.

흄은 지식층의 불만 요인과 함께 일반 대중의 경제적 곤궁과 농민 폭동 등이 궁극적으로 무정부 상태를 초래할 가능성을 내포하고 있다고 보았다. 그가 입수한 정보에 의하면 "인도는 혁명적 폭동의 전야(前夜)에 있었으며"[75] 인도가 정치적으로나 경제적으로 아일랜드가 갔던 길을 걷게 될 것이라고 우려하는 영국인이 많이 있었다.

불안한 상태는 후일 국민회의 의장에 추대되기도 했던 웨더번 W. Wedderburn에게도 목격되었다. 봄베이 주에서는 경찰력을 능가하는 반도의 무리들이 날뛰고 있었고 푸네에서는 기병, 보병, 포병을 총동원해 반도와 싸워야 했다. 반도들은 무굴제국에 항거했던 마라타족의 영웅 시바지의 후계자로 자처하면서 대대적인 민족적 폭동을 일으키려는 움직임을 보였다.[76] 캘커타 민족회합에 참석한 유일한 영국인이었던 시인 블런트 W. S. Blunt도 직접 견문한 후 "인도에서 혁명이 일

74) Bipan Chandra, *The Rise and Growth of Economic Nationalism in India*(New Delhi, 1989), 395쪽 ; B. N. Pande ed., *A Centenary History of the Indian National Congress 1885~1985*, Vol. I(New Delhi, 1986), 11~12쪽.

75) S. Ghose, *The Renaissance to Militant Nationalism in India*(Calcutta, 1989), 129쪽.

76) W. Wedderburn, 앞의 책, 82쪽.

어날 위험성은 매우 높다."[77]라고 말했다.

흄은 심각한 상태에 대한 대비책으로 인도 국민대표의 조직체를 구상했는데 그 기본적인 목표를 세 가지로 요약했다.

첫째, 인도 국민을 구성하는 서로 다른 집단들을 하나의 국민적 통일체로 합일한다. 둘째, 국가의 정신적, 도덕적, 사회적 및 정치적 부문에 걸친 점진적 갱생(更生)을 조장한다. 셋째, 부당하고 유해한 조건들을 조정함으로써 영국과 인도 사이의 연합을 강화한다.[78]

흄의 계획은 의회 정치를 위한 훈련 도장으로서 국민 대표기관을 설립하여 그들에게 합법적인 정치 활동을 약속함으로써 폭동의 위험에서 벗어나려는 데 있었다. 그가 국민회의의 장래에 대해 전혀 우려하지 않았던 것은 아니다. 이와 같은 실험은 인도에서 처음으로 시도되는 것이었으며 언젠가 국민회의가 저항 활동을 전개할 가능성 또한 배제할 수 없었다. 그럼에도 불구하고 흄의 생각으로는 원주민과의 협조 체제를 갖추는 것이 영국과 인도 간의 관계에서 기대할 수 있는 최선책이었다. "진실을 배우는 하나의 길은 국민 ── 상하 모든 계층의 국민 ── 과 자유롭게 어울리며 우리가 진실하다는 것을 그들에게 보여주는 것이다. 그러면 그들은 우리를 믿고 우리에게 모든 진실을 말할 것이다. 이것은 최선의 길일 뿐 아니라 유일한 길이다."[79]

서구의 이념과 교육의 산물이기도 한 불만 세력이 자라고 있는데 이를 임시방편으로 덮어두기보다는 숨김없이 제도적으로 표출할 통로를 마련해주는 것이 가장 바람직한 일이었다. 과격한 운동에 우선

---

77) Mary Cumpston, 앞의 책, 290쪽.
78) W. Wedderburn, 앞의 책, 47쪽.
79) 같은 책, 75~76쪽.

적으로 초점을 맞추려는 인도인들에게는 선택의 여지가 없었다. "우리 자신의 행동에 의해 발생한 엄청난 힘을 막아줄 수 있는 안전판이 절실히 필요하며, 국민회의 설립보다 더욱 효과적인 안전판은 생각할 수 없다."[80]

인도 국민의 보수적인 경향과 준법정신, 그리고 놀라운 인내심과 순박성을 잘 알고 있는 흄은 인도인들의 희망이나 불만이 합법적이고 평화적인 방법으로 표현될 수 있는 길을 모색했다. 따라서 그가 계획하고 있는 국민 대표기관은 영국의 지배 체제를 파멸시킬지도 모를 압력 세력에 대한 안전판으로서 국민 여론의 합법적인 대변 기관 역할을 할 수 있어야 했다. 실제적인 민중의 지도자들로 하여금 국민의 어려움을 정부에 호소케 함으로써 국민의 불만이 폭발하는 것을 미리 막자는 의도였다. 따라서 초기 국민회의의 목표는 "정복에 근거한 정치 체제를 타협에 근거한 정치 체제로 전환시키는 것"[81]이기도 했다.

흄은 원래 국민회의에서 국민 지도자들이 사회 문제만을 논의하도록 계획했으며 국민회의 창립 대회의 의장을 맡게 되는 우메스 찬드라 보너지 Womesh Chandra Bonnerjee도 같은 생각을 갖고 있었다. 흄은 국민회의가 정치적 활동에 전념하는 것은 바람직하지 않다고 보았는데, 그것은 지방자치의 도입으로 캘커타, 봄베이, 마드라스 등지에는 정치단체의 활동이 인정되고 있었기 때문이었다.[82]

총독 더퍼린(Lord Dufferin, 재임 1884~1888)이 어떤 입장을 취했는지는 정확히 밝혀지지 않고 있지만, 임기 말에 즈음하여 교육중간

---

80) 같은 책, 77쪽.

81) O. P. Gautam, *The Indian National Congress: An Analytical Biography*(Delhi, 1985), 69쪽.

82) R. P. Dua, 앞의 책, 23쪽.

계급은 "극소수"일 뿐이며 국민회의는 "불충성스러우며 오도(誤導)되어왔고 대표성을 띨 수 없는 단체"[83]라고 혹평했던 것을 보면 국민회의가 정치 일변도의 단체로 나아가는 것을 희망하지는 않았을 것으로 보인다.

그러나 흄이 원래 의도했던 바와는 달리 국민회의는 정치적 단체로 나아가고 말았다. 흄 자신에 의해서 혹은 총독의 의도에 따라 국민회의의 성격이 변화했을 수도 있고, 그렇지 않으면 그들의 의도와는 달리 전혀 다른 방향으로 나아간 것일 수도 있다.

국민회의의 성립에 대한 '안전판' 이론은 좌파까지도 동조하는 상당히 설득력 있는 이론이다. 합법적이고 안전하며 정통적인 출구가 인도의 점증하는 불만 세력을 무마시키지 않는 한 사태는 얼마든지 위험스러운 방향으로 치달을 것이라고 흄이 판단했을 가능성은 충분하다. 흄은 인도문관으로 30여 년 동안 근무했으므로 1870~1880년대의 정치적 불안에 관한 정보를 충분히 입수하여 상황을 판단했을 것이다.

유사한 주장이지만 흄이 폭력적인 전복을 막기 위해 생각을 바꾸어 국민회의에 정치성을 부여했다는 이론도 있다. 국민회의 과격파 지도자의 한 사람이었던 라즈파트 라이 Lajpat Rai는 더퍼린 총독의 두뇌에서 창안된 국민회의는 인도의 정치적 자유를 위해서라기보다는 대영제국을 위험으로부터 구하려는 목적에서 출범했다고 보았다.[84] 그러나 이 이론은 국민회의가 창설될 당시 폭력적이고 혁명적인 활동이 난무하는 급박한 상황은 아니었다는 점에서 크게 설득력을 갖지는 못한다.

---

83) A. Banerjee, 앞의 책, 94쪽 ; B. Martin Jr., 앞의 책, 334쪽.

84) Prakash Chandra, *History of the Indian National Movement*(New Delhi : Vikas, 1997), 31쪽.

한편 국민회의는 외부의 도움 없이 인도 자체 내에서 탄생할 수 있는 충분한 배경 조건을 갖고 있었다는 주장이 제기되기도 했다. 비판 찬드라Bipan Chandra는 '안전판' 이론을 논박하면서 "인도 국민의 자각, 즉 1860~1870년대에 싹트기 시작해 1880년대에 들어서면 중요한 도약의 단계에 접어드는 정치적 자각의 절정에서 국민회의가 출현했다."라고 보았다. 따라서 국민회의는 흄의 도움 없이도 탄생했을 것이며 "만약 흄과 자유주의자들이 국민회의를 안전판으로 이용하려고 의도했다면 국민회의 지도자들도 흄을 피뢰침으로 이용하려는 의도를 가지고 있었다."[85]라고 찬드라는 주장했다.

흄은 국민회의를 창설함에 있어서 그 구성과 자격 문제에 관해 간단히 언급했다. 그는 특히 국민회의의 규약은 민주주의적이어야 하며 개인적인 야심에 휩쓸려서는 안 된다고 주장했다. 의장은 군림하는 것이 아니라 봉사의 자세를 가져야 한다고 강조하면서 "당신들 가운데 가장 위대한 인물을 당신들의 종으로 만들라."[86]라고 충고했다.

대표의 자격 요건으로는 다음 사항을 특별히 강조했다. "첫째, 공적 혹은 사적으로 결함이 없어야 한다. 둘째, 인도 국민의 물질적, 정신적, 도덕적, 정치적 지위를 개선하기 위한 진지하고 확고한 욕망을 가져야 한다. 셋째, 교육에 의해 적절히 계발된 뛰어난 지성을 갖추어야 한다. 넷째, 개인적인 희생이 요구될 때면 공적이고 이타적인 생각에 따라 자신을 버릴 각오가 되어 있어야 한다. 다섯째, 침착성과 독립성을 겸비해야 한다."[87] 흄은 먼저 지역위원회를 구성하고 회원 전원이 참석하든지 그렇지 않으면 그 가운데서 대표를 뽑아 파견

---

85) Bipan Chandra ed., *India's Struggle for Independence*(New Delhi : Vikas, 1988), 80~81쪽.
86) W. Wedderburn, 앞의 책, 51쪽.
87) 같은 책, 53~54쪽.

하는 것이 좋을 것이라는 의견을 제시했다.

흄은 총독 더퍼린의 동의를 얻어 인도의 지식층과 함께 인도국민연합Indian National Union이란 이름의 단체를 결성하기로 합의했다. 국민연합은 정부와 제휴하면서 여론에 따른 건전한 토론장으로 이용되며 회의 장소는 대표들의 의견에 따라 주요 도시에서 교대로 개최키로 계획했다. 흄은 총독에게 국민연합의 의장은 개최 지역의 주지사가 맡는 것이 좋겠다고 건의하면서 봄베이 주지사 레이Lord Reay를 추천했다. 그러나 총독은 국민연합의 연례 회의에서는 정치적 동향을 정부에 알려주어야 하고, 또 참석자들이 자유롭게 의사 표시를 할 수 없을지 모른다는 이유에서 지사는 의장 직을 맡지 않는 것이 좋겠다는 의견을 밝혔다.[88]

흄은 영국으로 가서 전 총독 댈후지Dalhousie와 리펀 등 '영향력 있는 동지들'에게 인도국민연합의 계획을 알려 지지를 얻은 후 첫 모임 직전에 인도로 되돌아왔다. 인도국민연합의 첫 회의는 원래 푸네에서 개최하기로 결정하여 각 지방의 대표에게 통지했으나 예정일을 며칠 앞두고 두 가지 중대한 변경이 있었다. 회의 개최일에 박두하여 푸네에서 콜레라가 창궐했으므로 회의 장소를 부득이 봄베이로 변경했고, 회의 명칭은 '의장'이 사회를 보고 '대표'라 불리는 사람들이 참석하므로[89] 인도국민연합이라는 이름 대신에 인도국민회의Indian National Congress로 개칭하기로 했다. 그리하여 '새로운 인도'의 출현을 알리는 인도국민회의는 1885년 12월 28일 봄베이의 고쿨다스 테즈팔 산스크리트 대학Gokuldas Tejpal Sanskrit College에서 그 첫 회합을 갖게 되었다.

---

88) Mary Cumpston, 앞의 책, 290쪽.
89) 같은 책, 292쪽.

맺음말

　영국은 장기간 인도를 통치하면서 종종 자유주의 정책을 도입했다. 물론 이들 개혁은 자유 민주적인 요소를 다분히 포함하고 있었던 것이 사실이지만, 필자는 그보다는 오히려 개혁 속에 포함되어 있는 제국주의적 의도를 밝히려고 노력했다. 결론적으로 이들 개혁을 추진했던 리펀이나 흄은 인도에 자유주의적 제국주의를 실현하려는 의도를 가지고 있었다고 말할 수 있을 것이다.

　글래드스턴 영국 수상의 대리인으로 인도에 왔던 리펀 총독은 일련의 자유주의적 개혁을 도모함으로써 수많은 역대 인도 총독 중에서 인도 국민으로부터 가장 많은 존경과 사랑을 받았던 인물이었다. 리펀 총독의 지방자치제 실시는 영국이 인도의 민주정치 발전을 위해 공헌한 획기적 업적으로 평가받고 있다. 그러나 그의 지방자치제 도입에도 제국주의적 의도가 포함되어 있었음을 부인할 수 없다.

　원래 지방자치란 중앙정부의 재정적 부담을 경감하려는 데에서 비롯된 제도이지만 리펀 총독은 지방자치를 행정의 능률보다 정치교육을 위한 도구로 도입했다. 영어교육을 받아오면서 영국의 민주정치를 터득한 인도의 교육받은 중간계급을 그대로 방치하는 것은 힘의 낭비요 비정(秕政)일 뿐이라고 그는 생각했다. 그는 교육받은 인도인들을 하나의 정치적 실체로 인정하면서 그들의 열망과 불만을 토로할 수 있는 배출구를 마련하여 대영제국의 권위가 유지되는 선에서 그들의 야망을 충족시켜주는 것이 현명하다고 판단했던 것이다. 리펀 총독의 통치 목표는 이들을 영국 지배에 대한 적대 세력이 아니라 협력 집단으로 끌어들이는 것이었으며, 그렇게 함으로써 기대되는 효과는 영국의 인도 지배가 지속적으로 확고하게 보장되리라는 것이었다. 당시 영국에는 전례 없이 제국주의적 분위기가 팽배했다는 점을 생각하면 오히려 리펀 총독을 신중하고 현명한 자유주의적 제국주의자로 보는 것이 타당할지도 모르겠다.

리펀 총독의 계획이 완전히 성공적인 결과를 가져왔다고 볼 수는 없다. 그것은 총독 자신은 철저한 자유주의자였지만 인도에 주재하는 많은 영국인 관리들은 보수주의자들로서 지방자치제의 실시에 적극적으로 협조하지 않았기 때문이다. 물론 리펀 자신도 선거제도의 확대를 원했으면서도 각 지방에서 채택할 선거 방법에 관해서는 너무도 관대하게 지방정부의 재량권으로 남겨놓았다. 리펀 총독은 완전한 인도 국민의 대표기관을 구상하지 않았으며 그가 항상 염두에 두었던 것은 중산층이었을 뿐 하층계급에까지 참정권이 대폭적으로 확대되는 것은 결코 원치 않았다.

역사가들은 대체로 리펀 총독을 단순히 글래드스턴의 대리인으로 보는 경향이 있었다. 그러나 그것은 리펀의 일관된 민주주의에 대한 신념이 글래드스턴 수상의 정치적 이념과 일치했을 뿐이며, 급진적인 운동에 적극 참여했던 특히 초기의 정치 활동을 간과한 평가이다. 의회에서 급진파로서 리펀이 보인 활약과 기독교사회주의 및 농업협동조합 문제에서 남다른 적극성을 띠었던 점 등이 그가 인도에서 추진한 정책과 관련해 검토되어야 하며 이 내용은 앞 장에서 고찰한 바 있다.

리펀 총독의 지방자치 정책은 당장 인도 국민에게 깊은 신뢰감을 부여했다는 점뿐만 아니라 장기적으로는 인도의 민주정치 발전에 공헌했다는 점에서 높이 평가할 수 있다. 리펀은 인도의 정치적 발전을 위해 진지하게 노력하는 영국 정부의 성실성을 보여줌으로써 인도인으로 하여금 영국 지배가 결국 인도인에게 이익이 된다는 점을 이해시키려고 노력했다. 리펀의 지방자치 정책은 길게 볼 때 인도의 정치적 독립의 근거를 마련했다. 그는 궁극적으로 인도가 정치적 자치로

가는 길을 밝힐 횃불을 든 것이다. 그렇다고 리펀을 대영제국의 해체를 촉진시킨 인물로 평가해서는 결코 안 된다. 영국의 인도 지배가 영속할 수 없는 것이었다면, 오히려 그는 영국의 위대한 정치적 유산인 입헌주의와 대의정부에 의해 다스려지는, 보다 지속적이고 고귀한 정치제도에 근거한 인도제국의 수립에 헌신한 인물로 평가되어야 할 것이다.

리펀 총독이 영국의 인도 지배가 장기적으로 보장받기 위해서는 원주민의 협조가 불가결하다고 판단하고 인도의 교육받은 중간계급과 제휴할 필요성을 강조했던 것은 앨런 옥타비안 흄이 의도했던 바와 상통하는 것이었다. 흄은 교육중간계급의 활동 무대로 국민회의를 구상했으며 이 단체는 영국과 인도의 연합을 강화시켜주는 도구로, 즉 영국 통치에 대한 방해자가 아니라 협력자로서 기능할 것으로 기대했다.

흄은 '새로운 인도'의 출현을 예고하는 인도국민회의를 창설했다. 국민회의의 성립은 일찍이 매콜리가 영어교육의 도입을 통해 계획했던 이상이 실현된 것이었다. 흄은 인도인으로부터 사랑받고 존경받는 다정한 친구였지만 그가 국민회의를 설립함으로써 의도했던 바는 인도 국민의 대표 기관이나 민족주의 단체로서가 아니었다.

리펀 총독의 지방자치제 도입에서 볼 수 있듯이 흄의 마음속에도 영국의 인도 통치를 원활하게 하려는 목적이 자리 잡고 있었다. 흄은 인도 국민의 불만이 고조되는 상황에서 영국의 통치를 파국으로 몰고 갈지도 모를 대중의 압력에 대한 안전판으로서 국민회의를 계획했다. 초기에 국민회의는 영국 정부에 충성심을 가진 집단으로서 출발했다. 이 단체가 인도인들의 자발적인 모임이 아니라 영국인 전직 관리에 의해 창설되었다는 점이 국민회의 스스로의 성격을 규정짓고 말았던 것이다.

국민회의는 교육중간계급을 중심으로 한 하나의 정치운동 단체의 길을 걷게 되었다. 이 정치운동은 대영제국의 권력 구조 안에서 정치 활동 모임에 참여할 수 있는 기회를 포착하고자 했으며, 가능하다면 권력을 나눠 가지는 데 목적이 있었다. 타협에 근거한 정치 기구로 계획되었던 국민회의에서 교육중간계급은 그들의 활동 범위를 확대 하려 노력했을 뿐이지 식민 지배의 전복을 위한 혁명운동에 대해서 는 강한 거부감을 가지고 있었던 것이다.

무굴 왕조의 세계(世系)표

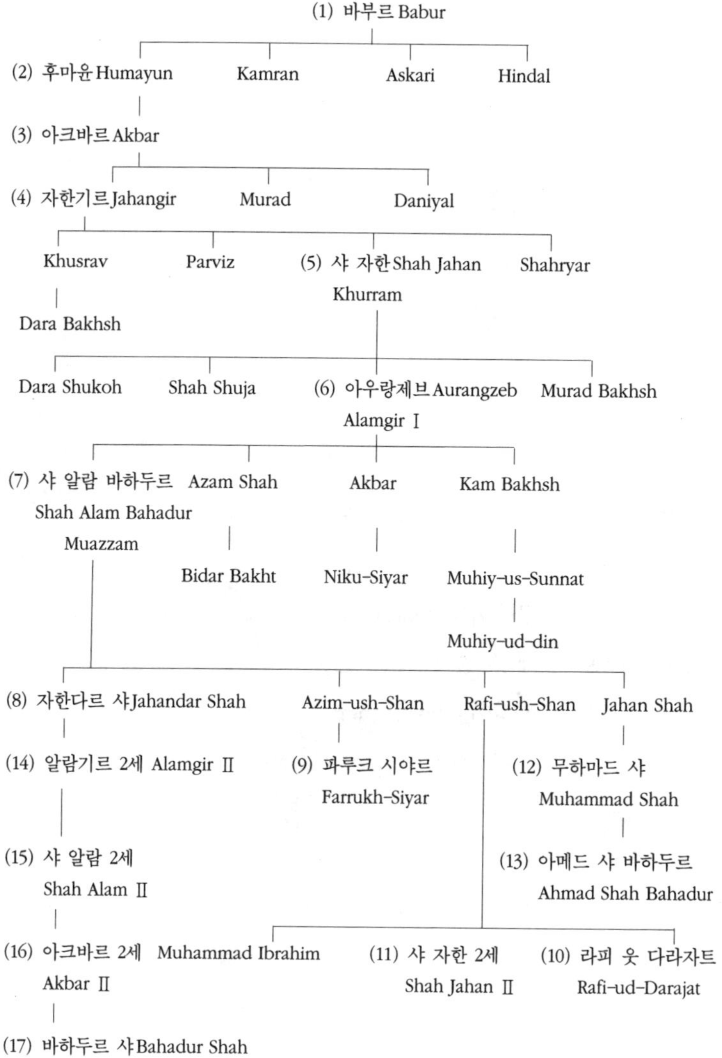

(1) 바부르 Babur
(2) 후마윤 Humayun   Kamran   Askari   Hindal
(3) 아크바르 Akbar
(4) 자한기르 Jahangir   Murad   Daniyal
Khusrav   Parviz   (5) 샤 자한 Shah Jahan   Shahryar
Khurram
Dara Bakhsh
Dara Shukoh   Shah Shuja   (6) 아우랑제브 Aurangzeb   Murad Bakhsh
Alamgir I
(7) 샤 알람 바하두르   Azam Shah   Akbar   Kam Bakhsh
Shah Alam Bahadur
Muazzam
Bidar Bakht   Niku-Siyar   Muhiy-us-Sunnat
Muhiy-ud-din
(8) 자한다르 샤 Jahandar Shah   Azim-ush-Shan   Rafi-ush-Shan   Jahan Shah
(14) 알람기르 2세 Alamgir II   (9) 파루크 시야르   (12) 무하마드 샤
Farrukh-Siyar   Muhammad Shah
(15) 샤 알람 2세   (13) 아메드 샤 바하두르
Shah Alam II   Ahmad Shah Bahadur
(16) 아크바르 2세 Muhammad Ibrahim   (11) 샤 자한 2세   (10) 라피 웃 다라자트
Akbar II   Shah Jahan II   Rafi-ud-Darajat
(17) 바하두르 샤 Bahadur Shah

영국의 벵골 지사 및 인도 총독

벵골 지사

1757～1760	클라이브 Robert Clive
1760～1765	밴시터트 Henry Vansittart
1765～1767	클라이브 Robert Clive
1767～1769	베럴스트 Henry Verelst
1969～1772	카티어 John Cartier
1772～1774	헤이스팅스 Warren Hastings

인도 총독

(직무대리의 경우에는 이름 앞에 꽃무늬표(*)로 표시했다.)

1774～1785	헤이스팅스 Warren Hastings
1785～1786	* 맥퍼슨 Sir John Macpherson

1786~1793   콘월리스 Earl(Marquess) Cornwallis

1793~1798   쇼어 Sir John Shore(Lord Teignmouth)

1798~1798   *클라크 Sir A. Clarke

1798~1805   웰즐리 Marquess Wellesley (Earl of Mornington)

1805~1805   콘월리스 Marquess Cornwallis(재임)

1805~1807   *발로 Sir George Barlow

1807~1813   민토 Baron(1st Earl of) Minto (I)

1813~1823   헤이스팅스 Marquess of Hastings(Earl of Moira)

1823~1823   *존 애덤 John Adam

1823~1828   애머스트 Baron(Earl) Amherst

1828~1828   *베일리 William Butterworth Bayley

1828~1835   벤팅크 Lord William Cavendish-Bentinck

1835~1836   *메트캐프 Sir Charles (Lord) Metcalfe

1836~1842   오클런드 Baron(Earl of) Auckland

1842~1844   엘렌버러 Baron(Earl of) Ellenborough

1844~1844   *버드 William Wilberforce Bird

1844~1848   하딩 Sir Henry (Viscount) Hardinge

1848~1856   댈후지 Earl(Marquess of) Dalhousie

1856~1862   캐닝 Viscount(Earl) Canning

1862~1863   엘긴 8th Earl of Elgin (I)

1863~1863   *네이피어 Sir Robert Napier(Baron Napier of Magdala)

1863~1863   데니슨 Sir William T. Denison

1864~1869   로렌스 Sir John (lord) Lawrence

1869~1872   메요 Earl of Mayo

1872~1872   *스트레이치 Sir John Strachey

1872~1872   *네이피어 Lord Napier of Merchistoun

1872~1876   노스부르크 Baron(Earl of) Northbrook

1876~1880   리턴 Baron(1st Earl of) Lytton (I)

1880~1884   리펀 Marquess of Ripon

1884~1888   더퍼린 Earl(Marquess of) Dufferin

1888~1894   랜즈다운 Marquess of Lansdowne

1894~1899   엘긴 9th Earl of Elgin (II)

1899~1905   커즌 Baron (Marquess) Curzon of Kedleston

1905~1910   민토 4th Earl of Minto (II)

1910~1916   하딩 Baron Hardinge of Penshurst (II)

1916~1921   쳄스퍼드 Baron Chelmsford

1921~1925   레딩 Earl of Reading

1925~1926   *리턴 2nd Earl of Lytton (II)

1926~1931   어윈 Lord Irwin

1931~1936   윌링던 Earl of Willingdon

1936~1943   린리스고 Marquess of Linlithgow

1943~1947   웨이벌 Viscount(Earl) Wavell

1947~1948   마운트배튼 Viscount(Earl) Mountbatten(인도 독립 전
후의 총독)

1948~1950   라자고팔라차리 Sri Chakravarti Rajagopalachari

연표

1498	바스코 다 가마가 캘리컷에 도달하여 인도항로를 발견하다.
1504	바부르가 카불을 장악하다.
1509	포르투갈의 알부케르케 총독이 인도에 도착.
1510	포르투갈 세력이 고아를 정복하다.
1511	바부르가 사마르칸트를 탈환하다.
1526	바부르가 무굴 왕조를 창건하다.
1530	후마윤이 바부르를 계승하여 즉위.
1540	후마윤이 셰르 칸에게 패배하여 신드 지방으로 퇴각. 그는 후에 페르시아로 망명한다.
1555	후마윤은 왕위를 되찾으나 이듬해에 사망한다.
1556~1605	아크바르 대제가 인도 대륙을 통치.
1571	파테푸르시크리 시를 건설하여 수도로 삼다.
1572~1592	아크바르 대제가 구자라트, 벵골, 카슈미르 및 오리

사를 정복해나가다.

1580	예수회 선교단이 아그라에 도착.
1582	아크바르 대제가 경신교(敬神敎)를 선포하다.
1600	영국 동인도회사 설립.
1602	홀란드 동인도회사 설립.
1606	왕자 쿠스라브가 반란을 일으키다. 시크족의 제5대 그루(스승) 아르잔을 처형.
1608	영국 상인이 처음으로 무굴 황실을 방문.
1609	홀란드의 상인들이 풀리커트에 상관(商館)을 설치하다.
1612	영국의 첫 상관을 수라트에 설치하는 것이 허용되다.
1615~1618	영국 제임스 1세의 첫 사신(使臣)인 토머스 로가 무굴 조정에 체류.
1628~1657	샤 자한의 통치기.
1639	영국이 마드라스 부근에 세인트조지 성(城)을 건설하다.
1648	무굴제국의 수도를 아그라에서 델리로 천도하다.
1653	타지마할 완공.
1658~1707	아우랑제브의 통치기.
1659~1680	시바지가 마라타 힌두 세력을 통합하여 무굴제국에 대항함.
1661	포르투갈이 봄베이를 영국에 양도하다.
1664	프랑스 동인도회사가 활동을 시작되다.
1668	프랑스의 상관이 수라트에 설치되다.
1674	퐁디셰리에 프랑스의 근거지를 세우다.
1681	아우랑제브가 데칸의 아우랑가바드에 새 수도를 건설.
1698	영국 동인도무역회사가 새로이 출범하다.

1702	두 동인도회사(영국 동인도회사와 영국 동인도무역회사)가 통합되다.
1720~1740	마라타족의 바지 라오 1세가 북인도까지 세력을 확장하다.
1739	페르시아의 지배자 나디르 샤가 델리를 약탈하다.
1742~1754	프랑스의 뒤플레가 퐁디셰리 지사(知事)로 활약.
1744~1748	인도에서 첫 영불전쟁(英佛戰爭) 발발.
1745	로힐라족이 흥기하다.
1756~1763	유럽에서 7년전쟁이 일어나다.
1757	플라시 전투. 영령인도사(英領印度史)가 시작되다.
1757~1760	로버트 클라이브가 벵골 지사로 부임.
1761	퐁디셰리의 함락으로 프랑스 세력이 쇠퇴. 파니파트 전투에서 아프가니스탄의 왕 아메드 샤 두라니가 마라타족의 기세를 제압하다.
1765~1767	로버트 클라이브가 두 번째로 벵골 지사에 부임.
1769~1770	참혹한 기근이 엄습하다.
1772	워런 헤이스팅스가 벵골 지사에 부임.
1773	인도에서 총독 통치를 실시하기로 결정한 인도통치규제법이 영국 의회를 통과하다.
1774~1785	초대 인도 총독으로 워런 헤이스팅스가 부임하다.
1780	첫 영어 신문 ≪*Bengal Gazette*≫ 발행.
1784	피트법의 통과로 총독의 권한 강화. 런던에 인도 문제를 통제하는 감독국(監督局)이 신설되다.
1786~1793	콘월리스 총독이 부임하여 벵골 지방에 영구정액제(永久定額制)를 실시하다(1793).
1786~1793	워런 헤이스팅스에 대한 탄핵재판이 진행되다.

1798～1805   웰즐리 총독이 영토 확장 정책을 추진하다. 하이데
              라바드와 종속조약을 체결하고(1798) 티푸 술탄의
              마이소르를 병합하다(1799).

1800   캘커타에 포트윌리엄 대학 설립.

1813   동인도회사의 특허법 갱신. 자유무역과 선교활동을
              인정함.

1814～1816   구르카 전쟁이 일어나다.

1816   캘커타에 힌두 칼리지 설립.

1817～1818   마라타 전쟁. 영국 동인도회사가 마라타족을 최종적
              으로 제압하다.

1824～1826   제1차 미얀마 전쟁.

1828～1835   벤팅크 총독의 부임. 사티〔殉死〕를 금압하는 등 사
              회 개혁을 단행하다.

1833   특허법을 갱신함에 따라 동인도회사의 무역 활동에
              대해 주어져온 특혜가 철폐됨으로써 정치적 기능만
              남게 되다.

1835   매콜리의 주도로 영어교육을 도입. 영어를 행정 및
              법정(法廷) 언어로 채택하다.

1839～1842   제1차 아프가니스탄 전쟁.

1843   노예제도 철폐.

1845～1846   제1차 시크 전쟁.

1848～1856   댈후지 총독이 서구화 정책과 영토 병합 정책을 추
              진하다.

1848～1849   제2차 시크 전쟁. 펀잡 지방이 영령인도에 병합되다.

1853   인도에 철도가 처음으로 개통됨. 인도문관의 선발에
              공개경쟁시험제도를 채택.

1856	오우드가 영령인도에 병합되다. 대학법 제정.
1857	캘커타, 봄베이, 마드라스에 유니버시티가 설립되다.
1857~1858	대폭동(세포이 항쟁) 발발.
1858	동인도회사의 지배가 종식되고 영국 정부의 직접 지배가 시작되다. 감독국이 폐지되고 인도상(印度相)이 인도 문제를 통할하다.
1861	인도참사회법에 의해 총독이 임명하는 입법참사회가 구성되다.
1867	인도와 영국 사이에 전신 시설이 개통되다.
1875	아리아 사마지의 설립. 알리가르에 무슬림 대학(알리가르 이슬람 대학교)이 세워지다.
1876~1880	리턴 총독이 부임하여 이른바 '전진 정책(前進政策)'을 추진하다.
1877	빅토리아 여왕이 공식적으로 인도 국왕임을 선포하다.
1878	지방어신문법을 공포하여 인도 신문을 통제함.
1878~1880	제2차 아프가니스탄 전쟁.
1879	면직물 수입관세를 철폐하다.
1880	기근 구제법 제정.
1880~1884	리펀 총독이 부임하여 자유주의적 개혁을 추진하다. 지방자치제를 도입하다(1882).
1885	인도국민회의가 창설되다.
1885~1886	제3차 미얀마 전쟁. 상부(上部) 미얀마를 영령인도에 병합하다.
1892	입법참사회법의 통과로 중앙 및 지방의 입법참사회가 확대되다.
1899~1905	커즌 총독 부임.

1904	영령인도 군대가 티베트에 원정하다.
1905	벵골 주(州)를 동·서 벵골 주로 분리하다. 스와데시 운동 및 불매운동, 국민교육운동이 광범하게 확산되어나가다.
1906	무슬림연맹 창설.
1907	국민회의가 분열되어 과격파가 축출되다. 타타 철강회사 설립.
1909	몰리-민토 개혁으로 무슬림에게 분리선거제를 인정하다.
1911	인도의 수도를 캘커타에서 델리로 천도하다. 인구조사 실시.
1915	국민회의 온건파의 지도자인 고칼레 사망.
1916	국민회의와 무슬림연맹의 화해로 러크나우 협정이 체결되다.
1919	몬터규·쳄스퍼드 개혁. 롤래트법이 통과되고, 암리차르 학살 사건이 일어나다.
1920	국민회의 과격파의 지도자인 틸라크가 사망하다.
1920~1922	킬라파트 운동. 마하트마 간디가 비협력운동을 전개하다.
1928~1929	사이먼 위원회가 인도를 방문.
1930~1931	간디가 '소금 행진'과 제1차 시민불복종운동을 추진하다.
1930~1932	원탁회의. 제2차 시민불복종운동을 전개하다.
1931	간디-어윈 협약 조인. 간디가 제2차 원탁회의에 참석하다.
1935	1935년의 인도통치법이 통과되다. 인도의 연방제를

제시.

1937	미얀마가 인도로부터 분리되다.
1940	진나의 무슬림연맹이 파키스탄의 분립을 결의하다.
1942	크립스 사절단이 인도를 방문. 간디를 위시한 국민회의는 의회에서 영국의 인도철수결의안을 통과시키고 이의 요구 운동을 전개해나간다.
1944	간디와 진나의 회담이 성과 없이 끝나다.
1946	각료 사절단의 인도 방문. 임시정부가 수립되고 자와할랄 네루가 수상으로 추대되다. 제헌의회가 소집되다.
1947	인도가 독립하다. 이후 인도와 파키스탄은 분립의 길을 걷는다.

찾아보기

조길태

고려대학교 사학과를 졸업하고 같은 과 대학원에서 문학 박사 학위를 받았다. 인도 델리 대학교 대학원에 유학하고 영국 케임브리지 대학교 연구 교수를 지냈다. 아세아문제연구소 연구원과 강원대학교 사학과 교수를 거쳐 현재 아주대학교 사학 전공 교수이자 인문대학장으로 재직 중이다. 저서로 『인도사』, 『인도 민족주의 운동사』, 『인도의 오늘』, 『개관동양사』, 『세계문화사』 등이 있고, 옮긴 책으로는 『서양 문명의 제문제』, 『서양사신론』, 『봉건제도에서 자본주의로의 전환』 등이 있다.

영국의 인도 통치 정책

1판 1쇄 찍음 · 2004년 9월 10일
1판 1쇄 펴냄 · 2004년 9월 15일

지은이 · 조길태
펴낸이 · 박맹호
펴낸곳 · (주) 민음사

출판등록 · 1966. 5. 19. (제16-490호)
서울시 강남구 신사동 506 강남출판문화센터 5층 (135-887)
대표전화 515-2000 · 팩시밀리 515-2007
www.minumsa.com

값 20,000원

ⓒ 조길태, 2004. Printed in Seoul, Korea

ISBN 89-374-5435-1 94910
ISBN 89-374-5420-3 (세트)